KB007349

일론 머스크와
지속가능한
인류의 미래

일론 머스크와

지속가능한
인류의 미래

권종원 지음

클라우드나인

지속가능한 인류의 미래를 위한 비전과 계획

전 세계적으로 일론 머스크Elon Musk만큼 화제를 몰고 다니는 사람이 또 있을까? 그만큼 극과 극을 오가는 평가를 받는 사람이 또 있을까? 그를 좋아하는 사람들은 천재적인 발명가이며 시대를 앞선 사상가이자 불굴의 혁신가로 높이 평가한다. 반대로 그를 깎아내리는 사람들은 헛된 꿈을 꾸는 몽상가로 심지어는 사기꾼으로까지 묘사한다. 보통 사람들은 그를 운 좋게 성공해서 억만장자가 된 사업가 정도로 알고 있다. 정말 그러할까?

나는 그를 인류의 지속가능한 미래를 설계하고 직접 실행에 옮기는 선지자이며 불굴의 탐험가로 보는 것이 더 타당하다고 생각한다. 그가 구상하는 마스터플랜은 인류가 지금껏 품어보지 못한 원대한 비전과 체계적인 실행계획을 담고 있다. 그는 세 가지의 큰 방향성에서 마스터플랜을 차곡차곡 실행에 옮기고 있다. 그것은 지속가능한 지구를 만들고 우주 문명을 건설하고 슈퍼 인공지능의 위협에 대비하는 것이다.

우주에서 인류의 미래를 찾다

청소년기에 삶의 의미를 고민하던 일론 머스크는 우주에서 해답을 찾았다. 낙천적이고 모험심이 강한 그는 실존주의 철학자들의 사상이 너무 부정적이라고 느꼈다. 그는 공상과학 작가 더글러스 애덤스Douglas Adams와 아이작 아시모프Isaac Asimov의 저서들에 심취했고 인류가 '우주를 무대로 활동하는 종족'이 되는 미래를 꿈꾸기 시작했다. 그렇게 된다면 사람들이 매일 오늘보다 내일이 나을 것이라고 느끼고 미래를 긍정적으로 생각하게 될 것이라고 보았다. 지구에만 터전을 가지고 있으면 공룡처럼 한순간에 멸종할 수 있기 때문이다. 그는 다행성 종족이 되고 먼 미래에는 은하계로 뻗어나가는 문명을 꿈꾸었다. 그러기 위해서 자신이 살아 있는 동안에 화성에 식민지를 건설하는 것을 목표로 잡았다. 그는 생전에 많은 사람이 화성에 정착하는 것을 보고 싶어 하고 '지구에서 태어나서 화성에 묻히기'를 바라고 있다.

칼 세이건Carl Sagan은 우주에서 우리를 도와줄 손길이 오리라는 단서가 없다고 말했다. 지구는 당분간 인류가 살아가야 할 터전이다. 당장 우리가 당면한 가장 큰 위협은 기후 변화이다. 스티븐 호킹Stephen Hawking은 수백 년 내에 지구가 불덩어리가 될 것이고 다른 행성으로 이주할 수 있는 기간은 100년밖에 안 남았다고 경고했다. 일론 머스크는 지구를 지속가능 에너지 사회로 전환해 기후 변화를 최대한 늦추고 동시에 화성에 정착지를 건설하려고 하고 있다.

그는 자기가 돈을 버는 목적은 화성 이주에 필요한 천문학적인 자금을 모으기 위함이라고 한다. 그가 벌이고 있는 다양한 사업들은 궁극적으로 '우주를 무대로 활동하는 문명'의 건설을 위한 초석이 될 것이다. 그는 인류를 화성으로 이주시킬 대형 로켓을 개발하고 있다. 지구가 화성과 가장 가까워지는 주기인 26개월마다 10만 명의 인원을 1,000대의 대형 로켓에 100명씩 탑승시켜 화성으로 보낼 계획이다. 이런 방식으로 10회에 걸쳐 총 100만 명을 보내 정착지를 건설하려고 한다. 공상과학 소설에 나오는 스토리를 평생의 과제로 삼고 실제로 추진하고 있다. 이 원대한 프로젝트가 성공한다면 인류는 그에게 상상하기 힘든 큰 빚을 지게 될 것이다.

돈이 아닌 미션을 좇아 세계 1위 부자가 되다

일론 머스크는 우주로켓, 전기 자동차, 인공지능 등 손대는 사업마다 그 분야의 산업지형을 송두리째 바꾸고 있다. 그래서인지 그는 구체제의 사람들로부터 많은 비판과 조롱을 받아왔다. 게다가 각종 언론 매체는 그가 괴팍하고 예측할 수 없는 괴짜라는 이미지를 만들어왔다. 그런 세간의 평가가 어떻든 그만큼 미래에 대한 통찰력이 뛰어난 사람은 없을 것이다. 어떤 사람들은 그가 시간여행이 존재한다는 것을 증명한 것 같다고 말한다. 마치 미래에서 온 사람처럼 불가능해 보이는 여러 개의 프로젝트를 실행에 옮긴 후 상상을 초월하는 속도의 기술 혁신을 통해 성공 스토리를 써나가고 있기 때문이다.

일론 머스크는 토머스 에디슨Thomas Edison처럼 다양한 분야에서 획기적인 발명을 하는 천재이다. 그러나 그의 천재성보다도 놀라운 것은 강력한 추진력이다. 그는 어릴 적부터 머릿속에서 구상해온 인류의 미래를 결정지을 혁신적인 아이디어들을 사업의 형태로 현실화했다. 자기 자신조차도 성공 가능성이 매우 낮다고 보았다. 하지만 반드시 해야 할 일이라는 의무감으로 불가능해 보이는 사업들을 시작했다. 재사용 가능한 우주로켓, 몇백만 달러짜리 슈퍼카의 성능을 능가하는 전기 자동차, 인간의 두뇌를 인공지능과 연결하는 인터페이스 등 한결같이 인류의 지속가능 여부를 가름할 수 있는 핵심 기술들을 사업으로 실행하고 있다.

작년에 이 책의 집필을 구상하기 시작할 당시만 해도 일론 머스크는 세계 부자 순위 50위권 바깥이었고 테슬라의 경영 실적도 낙관할 수 없었다. 그런데 채 1년이 지나기도 전에 테슬라의 기업가치는 하늘로 치솟았다. 일론 머스크는 세계 1위의 부자로 등극했다. 하지만 이건 시작일 뿐이다. 자율주행 차량 호출 서비스 사업, 우주 기반 인터넷 위성 통신망 사업, 주택과 지역사회용 태양광 발전과 에너지 저장 인프라 사업, 인간의 뇌와 컴퓨터를 연결하는 인터페이스 사업 등 미래 선도형 사업들이 뒤를 이어서 큰 히트를 칠 준비를 하고 있다.

성공의 열쇠는 엄청난 속도의 기술 혁신이다

일론 머스크가 벌인 사업들의 성공 요인은 무엇일까? 첫째도 기술 혁신, 둘째도 기술 혁신, 셋째도 기술 혁신이다. 그는 하나같이 불투명한 사업 전망을 가진 첨단 기술 회사들을 시작했다. 그 사업들이 성공하기 위해서는 눈부신 속도의 기술 혁신을 통해서 단시간에 소비자에게 매력 있는 제품을 내놓아야 했다. 그런데 그는 이것을 해내고 있다.

예를 들자면 일론 머스크의 로켓은 우주로 발사된 후 지상이나 바다 위의 착륙 지점으로 활강해서 돌아온 후 수직으로 착륙한다. 그래서 마치 비행기처럼 재사용할 수 있다. 그가 만든 전기 자동차는 사상 최소로 정지 상태에서 시속 97킬로미터(0~60마일)까지의 가속시간에서 2초벽을 허물었다. 가솔린차들은 도저히 따라올 수 없는 성능이다. 일론 머스크의 회사들은 이런 획기적인 기술들을 끊임없이 개발하고 상용화하고 있다. 경쟁사들이 따라올 수 없는 속도로 진행되는 기술 혁신의 결과 '승자독식winner-take-all' 효과를 톡톡히 누리고 있다.

그는 기술이 시간이 지남에 따라서 자연적으로 발전한다는 것을 믿지 않는다. 오직 해당 분야의 사람들이 헌신적으로 노력할 때만 기술이 전진하고 그렇지 않으면 거꾸로 퇴보한다고 주장한다. 현재 인류가 당면하고 있는 심각한 문제들을 극복하기 위해서는 기하급수적인 속도로 기술 혁신이 이루어져야 한다고 보고 있다. 그의 바람대로 30년 내에 화성에 정착지를 건설하기 위해서는 얼마나 빠르게 관련 기술들이 발전해야 할까? 또한 더 늦기 전에 온실가스를 획기적으로 줄이려면 얼마나 빠르게 미래형 전기 자동차와 효율적인 재생 가능 에너지 인프라를 개발해야 할까? 한마디로 지속가능한 인류의 미래는 기술 혁신의 속도에 달렸다고 할 수 있다.

기술 개발에 모든 역량을 집중하는 일론 머스크의 회사들은 제품 홍보 예산이 없다. 막대한 광고비를 지출하는 레거시 자동차 회사들과 달리 테슬라는 광고를 하지 않는다. 오직 압도적으로 우수한 성능을 가진 제품을 만드는 데 전념하고 있다. 그 결과 놀라운 신기술들을 쉴 새 없이 개발해 제품과 생산 공정에 적용하고 있다. 시간이 갈수록 기술 격차가 줄어들기보다는 더욱 벌어지고 있다. 이런 뉴스들이 매스컴에 오르내리고 시중에서 입소문을 타면서 자연스럽게 인지도가 올라간다. 그런 까닭에 제조업체의 가치사슬 내에서 큰 비용과 인력이 투입되는 마케팅 조직과 비용이 필요가 없다. 탄탄한 조직과 위계질서를 중시하는 제조 산업에 가장 중요한 것은 기술 혁신이라는 새로운 경영 패러다임을 제시하고 있다.

인류의 미래를 위한 비전과 미션은 계속돼야 한다

일론 머스크는 성공 가능성이 지극히 낮은 사업들을 추진하면서 숱한 난관과 파산의 위기를 맞았다. 그때마다 포기하지 않고 밤낮을 잊고 직접 실무를 진두지휘하면서 기적적으로 살아났다. 지금도 미션 완수를 위해서 쉬는 법을 모른다. 그의 혁신적인 사고방식과 불굴의 실행력은 젊은 세대에게 값으로 매길 수 없는 영감과 동기를 불어넣고 있다. 그가 가진 원대한 비전과 계획이 앞으로 어떻게 전개될지 예단할 수는 없다. 그러나 미래 세대들이 그가 성취한 성과와 비전을 유산으로 이어받아 계속 수행할 것이다. 우리는 먼 훗날 이렇게 회상할지도 모른다. 세상을 바꾼 일론 머스크와 동시대인이었다고.

이 책은 그의 지속가능한 인류의 미래를 위한 비전과 계획과 성과를 객관적인 사실과 데이터에 기반해서 살펴본다. 아울러 각 분야 전문가의 다양한 평가와 의견을 함께 실어 객관적으로 판단할 근거를 제공하고 있다. 모쪼록 이 책이 그의 웅대한 비전과 초인적인 노력에 대해서 이해와 공감의 폭을 넓히는 계기가 되기를 희망한다.

2021년 1월

권종원

|차례|

❸ 우주 프로젝트:
지구를 벗어나 다행성 종족이 되자

④ 인공지능 프로젝트:
인류를 생존의 위협에서 구하자

미래의 설계자:

일론 머스크의 미션

1

세상을 바꾸는 혁신가

우주적인 비전과 미션

"오늘날 세계적 혁신가들 중 누가 가장 오랫동안 지속적으로 영향을 미칠 것인가?"

이와 같은 질문을 받는다면 아마 빌 게이츠Bill Gates, 스티브 잡스Steve Jobs, 제프 베이조스Jeff Bezos, 마크 주커버그Mark Zuckerberg 같은 사람들이 떠오를 것이다. 그들은 분명 우리의 일상생활을 혁명적으로 바꾼 혁신가들이다. 그러나 칼 세이건의 뒤를 잇는 저명한 천체 물리학자 닐 디그래스 타이슨Neil deGrasse Tyson에게 물어보면 그 답은 간단하다. 바로 일론 머스크이다.[1]

닐 디그래스 타이슨은 CNBC와의 인터뷰에서 "일론 머스크가 하는 일은 단순히 스마트폰에 탑재될 멋진 앱을 만드는 것이 아닙니다. 그는 사회, 문화, 소통 방식, 그리고 인류 문명을 다음 세기로 이끌어가기 위해서 필요한 동력들에 관해서 생각하고 있습니다."

닐 디그래스 타이슨은 일론 머스크가 과소평가되고 있다고 생각한다.

"테슬라 자동차를 산 사람들은 일론 머스크를 좋아합니다. 우주 탐험을 이해하고 소중하게 여기는 사람들도 역시 일론 머스크를 이해하고 소중하게 여깁니다. 우리는 미래 문명의 프런티어에 서 있습니다. 그러나 그는 사회의 모든 분야로부터 충분한 인정을 받지 못하고 있습니다. 그가 개척하는 성과들이 사람들의 삶을 변화시키게 되면 결국 그 공로를 인정받게 될 것입니다."

일론 머스크와 가장 자주 비교되는 사람은 아마도 스티브 잡스일 것이다. 스티브 잡스는 최초로 개인용 컴퓨터PC를 개발해서 사람들의 책상 위에 올려놓았다. 그리고 다시 인터넷과 연결된 컴퓨터를 스마트폰 형태로 사람들 손에 쥐여 주었다. 그가 현대인들의 생활양식에 끼친 영향은 계산할 수조차 없다. 그는 전통적인 의미의 경영자보다는 끊임없이 기술 혁신을 주도하는 천재 엔지니어이자 발명가이다.

그런 면에서 일론 머스크는 스티브 잡스와 흡사하다. 그는 스티브 잡스처럼 자신이 벌인 사업에서 직접 엔지니어링과 디자인 실무를 주도하면서 끊임없이 혁신적인 기술을 개발하고 있다. 다른 점은 일론 머스크의 비전은 지구를 벗어나서 우주적인 스케일을 갖고 있고 사업 범위가 우주로켓 사업부터 전기 자동차와 인공지능에 이르기까지 광범위하다는 것이다.

물론 일론 머스크가 스티브 잡스보다 더 뛰어나다는 의미는 아니다. 그가 하는 일은 현재 진행형이므로 판단은 후대에 이루어질 것이다. 다만 그의 비전과 관심 범위가 스케일이 더 웅대하기 때문에 젊은 세대들에게 또 다른 차원의 영감을 준다는 것은 인정해야 한다. 스티브 잡스가 우리 삶의 방식을 바꿨다면 일론 머스크는 우리가 살고 있는 세상을 바꾸고 있기 때문이다.

일론 머스크는 어떤 계기로 이렇게 원대한 비전과 미션을 갖게 됐을까? 이에 대해서 알아보자. 그는 어린 시절부터 사고의 깊이와 폭이 남달랐다. 그는 열두 살에서 열다섯 살 사이에 실존적 위기에 빠져 있었다고 한다.[2] 당시 그에게는 인생의 모든 것이 덧없어 보였다. 그래서 그는 삶의 의미를 알아내기 위해서 다양한 책들을 읽었다. 처음에는 실존주의 철학을 대표하는 니체와 쇼펜하우어의 책들을 탐독했지만 부정적이라고 느꼈다. 그런 그에게 긍정적인 철학을 정립하도록 도와준 사람들이 있었다. 그는 트위터에 자신의 철학은 더글러스 애덤스Douglas Adams와 아이작 아시모프Isaac Asimov로부터 가장 큰 영향을 받았다고 말했다.

그가 가장 좋아하는 사상가로 꼽은 더글라스 애덤스가 쓴 코믹 공상과학 소설 『은하수를 여행하는 히치하이커를 위한 안내서』는 사고의 범위를 광대한 우주로 확장하였다. 그는 이 책을 통해서 우주에 대해서 더 깊이 이해할수록 궁극적인 질문인 '삶의 의미는 무엇인가?'를 이해하는 데 가까워질 수 있다고 생각했다. 그는 우주라는 무대가 인간 의식의 범위와 크기를 넓히는 데 중요하다고 생각했다. 그리고 인류가 '우주를 무대로 활동하는 종족Spacefaring Species'이 되는 미래를 꿈꾸기 시작했다.

그에게 큰 영향을 준 또 하나의 책은 아이작 아시모프가 7권에 걸쳐 연작으로 쓴 공상과학 대하소설 『파운데이션』 시리즈이다.[3] 이 책은 미래의 우주에서 거대한 은하 제국의 붕괴와 재탄생을 묘사한 작품이다. 그는 이 책을 읽으면서 인류의 문명을 지속하고 발전시키기 위해서 무슨 조치를 해야 하는지에 대해서 깊게 생각하기 시작했다.

일론 머스크는 더글러스 애덤스와 아이작 아시모프로부터 영향을 받아 인생의 의미를 탐구하다가 염세적이고 부정적으로 되는 것을 거부했다. 그는 인류가 미래를 긍정적으로 만들려면 '우주를 무대로 활동하는 문명'을 건설해야 한다고 생각했다. 우주를 무대로 활동하는 종족은 매일 아침 일어나면 오늘은 어떤 새로운 모험을 할 것인지 생각하고 오늘보다 내일이 더 나을 것이라고 믿을 수 있다는 것이다. 그는 이를 위해서 할 수 있는 일들을 실행에 옮겨야 한다는 것에서 삶의 의미를 찾았다.

"지구상에도 시급히 해결해야 할 과제가 많은데 왜 화성에 가려고 하나요?"

2017년 4월 테드 강연Ted Talk에서 받은 질문에 그는 다음과 같이 설명했다.[4]

"테슬라가 아니어도 화석연료는 유한하기 때문에 지속가능 에너지로 가는 것은 필연입니다. 테슬라는 기후 변화의 위협 때문에 그 시기를 최대한 앞당기려고 하는 것입니다. 10년만 앞당길 수 있어도 지구 환경에는 아주 좋은 일입니다. 하지만 화성에 가는 것은 필연이 아니라 선택입니다. 나는 사람이 아침에 일어나면 살고 싶다고 느끼는 미래를 원합니다. 우주를 무대로 활동하는 미래는 사람들에게 긍정적인 동기를 불러일으킵니다. 나는 누군가의 구세주가 되려는 것이 아닙니다. 단지 미래를 생각할 때 슬퍼지고 싶지 않을 뿐입니다."

청중들로부터 박수가 터져 나왔고 사회자는 아름다운 말이라고 평가했다.

그는 청소년기에 인생의 목표를 정했고 인류의 미래를 위해 자신이 할 일이 무엇이지 진지하게 생각했다. 인류가 궁극적으로 우주를 무대로 활동하는 종족이 되려면 매우 긴 세월이 필요하다. 그래서 그는 자기가 살아 있는 동안 실행할 수 있는 두 가지 과제에 초점을 맞추었다. 첫째는 화성에 정착지를 건설함으로써 인류가 훗날 다행성 종족이 되고 더 먼 훗날에 은하계를 무대로 활동하는 문명을 건설할 수 있도록 첫발을 내딛는 것이다. 둘째는 현재 인류의 유일한 터전인 지구를 최대한 오래 지속하게 하는 것이다. 그러기 위해서는 지구를 지속가능 에너지 사회로 하루빨리 전환해 기후 변화의 위협을 줄여야 한다고 생각했다. 그는 이 두 가지 과제를 실현하기 위해서 우주로켓 사업, 전기 자동차 사업, 지속가능 에너지 사업에 매진하고 있다.

여기에 또 하나의 미션이 추가됐다. 그것은 인류의 생존을 위협할 슈퍼 인공지능의 탄생에 대비하는 것이다. 그는 최첨단 인공지능의 개발 과정을 가까이서 지켜보고는 슈퍼 인공지능의 탄생이 임박했다고 판단했다. 인공지능의 위협에 대해서 정치권과 사회 지도층의 주의를 환기하려고 노력했지만 큰 호응이 없었다. 그래서 직접 우호적인 인공지능을 개발하는 비영리 연구소를 설립했고 인간과 인공지능이 연결돼 공생하는 시스템 개발 회사도 설립했다.

사업가인가, 혁신가인가

세간에는 그를 평가하는 다양한 시각이 있다. 특히 그의 우주로켓 사업과 전기차 사업 초기에 자금난에 시달릴 때 많은 전문가의 비판과 조롱을 받았다. 최근 들어서야 여러 사업체의 실적이 개선되고 테슬라의 주가가 하늘로 치솟으면서 높이 평가하는 전문가들이 많아졌다. 그를 새로운 비즈니스 모델을 창출한 천재적인 사업가라고 칭송한다. 그러나 그를 사업가라는 틀에 가두는 것은 불공평하다. 그는 인류의 미래를 설계하는 선지자이며 끊임없이 기술 혁신을 주도하는 혁명가이다. 그의 사업이 성공하든 실패하든 이 점은 훼손할 수없는 본질이다.

일론 머스크는 조 로건Joe Rogan이 진행하는 인기 팟캐스트 방송 인터뷰에서 자신을 사업가로 보는 시각에 대해서 불편한 감정을 드러냈다.[5]

"사람들은 제가 하는 일에 대해서 잘 이해하지 못하는 것 같아요. 그들은 제가 사업가라고 생각하는 것 같아요. 위키피디아에 들어가면 제가 거물 사업가Business magnate라고 소개돼 있어요. (웃으면서) 누가 이것 좀 바꿔주세요. 거물magnate을 자석magnet으로요. (진지하게) 사실 제가 하는 일의 80%는 엔지니어링과 생산 공정에 관련된 것들이죠. 즉 하드코어 엔지니어링과 디자인이에요. 구조, 기계, 전기, 소프트웨어, 유저 인터페이스, 우주 공학 같은 것들이죠."

그가 직접 기술적인 실무에 참여하는 것은 사업들이 점진적인 기술 발전 속도로는 성공할 수 없기 때문이다. 예를 들어 그는 자기가 죽기 전에 화성에 많은 사람이 가서 정착지를 건설하는 것을 보고 싶다고 했다. 그러려면 기술 개발이 점진적으로 이루어지는 게 아니라 기하급수적인 속도로 이루어져야만 가능하다고 판단했다.

우주탐사, 전기차, 지속가능 에너지, 인공지능 등과 관련된 다양한 사업들이 지금까지 파산하지 않고 성공 신화를 써온 것은 바로 끊임없는 기술 혁신 덕분이다. 그가 세운 최종 목표를 달성하기 위해서는 앞으로도 어려운 기술적 난제들로 가득한 긴 여정을 앞에 두고 있다. 그는 기술 혁신 속도를 더욱 끌어올려야 한다고 생각해서 직접 연구개발 팀원들과 불철주야 기술 혁신에 몰두하고 있다.

그는 우주로켓 회사인 스페이스엑스와 전기차 회사인 테슬라를 설립할 때 살아남을 확률을 각각 10퍼센트로 추정했다.[6] 그래서 그는 친구들에게 투자하지 말라고 하고 자기의 개인 자산만 투자했다. 친한 친구 중 한 명은 로켓 발사가 실패하고 폭발하는 영상들만 모아서 보여주며 뜯어말리기도 했다. 그는 무모한 사업을 시작한 것은 돈을 벌기 위해서가 아니라 자신이 해야만 하는 중요한 과제이기 때문이라고 말했다.

그는 지금까지 9개의 사업체를 설립했다. 그중 인류의 화성 이주를 목적으로 설립한 스페이스엑스가 가장 기술적으로 어려운 사업이다. 그래서 자기 시간의 50퍼센트 이상을 여기에 할당하고 나머지 시간을 다른 사업들에 쓰고 있다고 한다. 하지만 그는 테슬라가 대량생산을 시작할 때 예상보다 더 많은 기술적 문제점들을 해결해야 했다. 그럴 때마다 밤낮을 잊고 초인적인 노력을 기울여서 난관들을 극복해왔다. 지금도 여전히 시간을 쪼개서 완전히 다른 분야 사업의 기술 개발 업무를 직접 관장하고 있다.

일론 머스크와 같이 여러 개의 첨단 사업체의 핵심 실무를 직접 수행하는 최고경영자는 지금까지 아무도 없었다. 앞으로도 그와 같은 사람은 나오기 힘들 것이다. 일론 머스크는 로켓 엔진과 우주선을 디자인하고 자동차 생산라인의 문제점들을 직원들과 함께 뒹굴며 개선하고 인간의 뇌에 심는 칩을 개발하는 등의 실무에 직접 참여한다. 그러기 위해 각 관련 분야의 지식을 스스로 학습해 전문가가 된 천재이자 강인한 의지와 추진력을 가진 혁명가이기도 하다.

그의 회사들은 마케팅 부서와 마케팅 예산이 없다. 창조적인 혁신 기술과 탁월한 성능의 제품 자체가 마케팅 도구인 것이다. 그는 남들이 어떻게 평가하든 자신의 주된 업무는 하드코어 엔지니어링과 디자인이라고 강조한다. 그는 앞서 언급한 2018년 조 로건과의 인터뷰에서 다양한 이슈에 대해서 허심탄회하게 얘기했다. 로건은 유명 코미디언이자 UFC 해설가로 유명하다. 특히 그의 팟캐스트 방송인 '조 로건 익스피어리언스Joe Rogan Experience'는 구독자가 1,000만 명 가까이 되는 인기 프로그램이다.

조 로건은 일론 머스크와 함께 위스키도 마시고 비속어도 섞어가면서 진솔한 이야기를 끌어냈다. 그러다가 마리화나가 섞인 담배를 피우다가 한번 맛 좀 보라고 권유했다. 캘리포니아에서는 마리화나가 합법이다. 일론 머스크는 마리화나 담배를 어색하게 한 모금 빨고는 바로 뱉었고 자신은 마리화나를 피지 않는다고 말했다. 하지만 이미 늦었다. 모든 언론 매체는 일론 머스크가 마리화나를 핀다며 사진과 함께 대서특필했고 월가로부터 비난이 쇄도했다. 마치 모두가 그는 마약을 하는 불안정한 사람이라는 이미지를 만들려고 노력하는 것처럼 보였다.

일론 머스크도 사람인지라 세간의 비판이 종종 불편했지만 회피하는 법이 없다. 특히 불공정하다고 느낀 비판에 대해서는 소셜미디어를 활용해 정면으로 대응해왔다. 2018년 CBS의 〈60분〉에 출연해 진행자인 레슬리 스탈Lesley Stahl에게 자신의 적극적인 소셜미디어 활

동에 대해서 다음과 같이 설명했다.[7]

스탈   당신은 트윗을 많이 올리죠?

머스크 나는 내 자신을 표현하기 위해서 트윗을 사용합니다. (웃으며) 어떤 사람들은 헤어 스타일을 사용하는데 나는 트윗을 사용하죠.

스탈   당신은 비평가들에게 반격하기 위해서 트윗을 사용하나요? 언론과 일종의 전쟁을 치르고 있죠?

머스크 트위터는 전쟁터입니다. 누군가 전쟁터에 뛰어든다면 제게는 '좋아, 당신 검투장에 들어왔군. 한번 싸워보자.'라는 상황이 되죠.

일론 머스크는 자신이 하는 일에 대한 확고한 신념을 가지고 있다. 그는 비판에 상처를 입기도 했지만 타협을 거부하고 정면으로 대응하면서 자신의 의지대로 계획한 것들을 밀고 나간다. 그의 그러한 태도와 비전과 미션에 동조하는 사람들이 늘고 있다. 수많은 젊은 사람들이 그의 회사에서 일하려고 줄을 서고 있고 열렬한 팬덤도 점차 커지고 있다.

하루에 식비 1달러로 생활하기

그는 확고한 신념과 불굴의 추진력을 가졌다. 그에 대해 인간적으로 더 깊게 이해하기 위해 성장 배경을 간단히 살펴보자. 그는 1971년 6월 28일 남아프리카의 프리토리아에서 캐나다 출신의 모델이자

머스크의 어린시절 (출처: 일론 머스크 인스타그램)

영양사 경력을 가진 어머니 메이 머스크May Musk와 남아프리카 국적의 엔지니어인 아버지 에롤 머스크Errol Musk 사이에서 태어났다.[8] 그의 외증조부인 존 일론 홀드먼John Elon Haldeman은 미국의 미네소타 출신으로 캐나다로 이주했다.

그는 자신의 특이한 이름 '일론'은 외증조부로부터 물려받았다고 했다. 외할아버지 조슈아 노먼 홀드먼Joshua Norman Haldeman은 매우 모험심이 강했다. 캐나다는 개인의 생활을 너무 많이 제재한다고 불만을 품고 한번도 가본 적이 없는 남아프리카로 이주했다. 외할아버지는 자가용 비행기를 타고 남아프리카 곳곳을 누비며 정착할 곳을 찾아다닌 끝에 프리토리아에 정착했다. 실제로 외할아버지 부부는 단발 비행기로 남아프리카에서 호주까지 최초의 비행 성공 기록을 갖고 있다. 그는 자기의 모험심이 외할아버지로부터 물려받은 것 같다고 말했다.

아버지 에롤 머스크는 능력이 뛰어난 전기 기계 엔지니어였다. 일론 머스크는 아버지의 영향을 받아 기계 장치들을 분해하고 조립하는 것을 좋아했다. 그는 궁금증이 있을 때마다 아버지에게 물어봤고

사물의 작동 원리 등 실제적인 지식을 습득했다. 아버지의 사업이 성공한 덕분에 풍요로운 생활을 했다. 그러나 1980년 부모가 이혼함으로써 가정이 해체됐다. 처음에 그는 두 동생과 함께 어머니와 생활했다. 어머니는 생활력이 강했고 가족들을 먹여 살리기 위해 하루에 네 가지 일을 하기도 했다. 2년 후 그는 혼자 지내는 아버지를 측은하게 생각해 어머니와 두 동생을 떠나 아버지에게로 갔다. 그렇지만 그 결정을 후회했다. 아버지와 함께 지내면서 큰 고통을 겪었기 때문이다. 지금도 그에 대한 트라우마가 있다고 한다.[9]

어린 시절부터 일론 머스크는 한번 깊은 생각에 잠기면 주위에서 무슨 일이 일어나도 알아차리지 못했다. 심지어 친구들이 소리를 지르고 제자리 뛰기를 해도 의식하지 못했다. 어머니와 의사들은 귀머거리가 아닌지 확인하기 위해서 검사를 했을 정도였다. 마침내 아들이 구상하는 발명에 대해서 몽상에 깊이 빠져든 상태인 것을 알게 된 어머니는 이렇게 회상하며 말한다.[10]

"그 애가 자기 두뇌 속으로 들어가면 다른 세상에 갔다는 것을 알 수 있죠. 지금도 그래요. 이제는 새로운 로켓 같은 것을 디자인하고 있다는 것을 알기 때문에 그냥 내버려 두죠."

그는 열 살 때 아버지를 졸라서 컴퓨터를 산 뒤 스스로 베이직 프로그래밍을 배웠다. 열두 살 때 「블래스타Blastar」라는 컴퓨터 게임을 만들어서 500달러를 받고 잡지사에 팔았을 정도로 컴퓨터 프로그래밍에 뛰어난 재능을 보였다.[11] 지금도 인터넷에서 접속하면 이 게임을 플레이할 수 있다.

그는 지적 탐구심이 강해서 틈만 나면 책을 읽었고 그러다 보니 학교 친구들과의 교제가 원활하지 않았다. 그는 한동안 지속적으로 불량 학생들의 폭력에 시달렸다. 한때는 너무 많이 맞아서 의식을 잃고 일주일간 병원 신세를 진 적도 있었다. 학교에서는 폭력에 시달리고 집에서는 난폭한 아버지 때문에 고통받으며 매우 힘든 청소년기를 보냈다.

그는 고등학교를 졸업한 후 남아프리카 공화국을 떠나서 어머니의 나라인 캐나다로 이주했다. 그가 캐나다로 이주한 이유는 명확하게 알려져 있지는 않다. 악명 높은 인종차별 정책 아파르트헤이트Apart-heid를 밀어붙이는 정권하에서 군대에 징병되는 것을 피하기 위해서였다는 말도 있다. 또 어릴 적부터 동경하던 실리콘밸리에 진출하기 위해서였다는 말도 있다. 지구상에서 혁신적인 기술 개발이 가장 많이 이루어지는 곳은 실리콘밸리이다. 그는 어릴 적부터 기술 혁신의 메카인 실리콘밸리로 진출하는 것을 간절히 원했다.

다행히 일론 머스크는 어머니가 캐나다 국적을 갖고 있어서 1년간의 서류 준비와 신청 절차를 거쳐서 여권을 발급받을 수 있었다. 열일곱 살이 된 그는 여권을 발급받자마자 아무런 계획도 세우지 않은 채 무작정 캐나다로 가 전화번호부를 뒤져서 몬트리올에 있는 외증조부에게 연락을 했다. 그러나 외증조부는 이미 미네소타로 떠난 후였다. 그는 오갈 데 없는 신세가 됐다. 캐나다 전역에 흩어져 있는 외가 친척들을 찾아다니며 여러 가지 막노동을 하면서 1년을 보냈다. 그는 외가로부터 물려받은 강인한 모험심 덕분에 힘든 시기를 잘 견뎌냈다. 그러는 동안 어머니와 두 동생도 캐나다로 이주해 다시 가족이 모이게 됐다.

그의 강인한 의지를 상징하는 일화가 있다. 그는 열일곱 살 때 자신의 한계를 시험하기 위해서 극도로 식비를 줄이고도 살 수 있는지 알아보기로 했다. 하루에 1달러의 식비만 가지고 생활하는 실험을 감행했다. 결과는 성공적이었다. 한 달에 30달러면 충분히 살 수 있었던 것이다.[12]

"생존에 필요한 내 임계치는 꽤 낮더라고요. 대형 슈퍼마켓에서 핫도그와 오렌지 주스를 다량으로 사고 가끔 파스타와 병에 든 토마토소스를 먹으면 되더라고요. 싸구려 아파트와 컴퓨터 한 대만 있으면 굶지 않고 살 수 있다는 것을 깨달았죠."

그는 적어도 식비 관점에서 하루 1달러로 버틸 수 있다면 한 달에 30달러 버는 것은 쉬우니까 언제든지 부담 없이 자신이 하고 싶은 사업을 시작할 수 있다는 자신감을 얻게 됐다.

그는 1989년 킹스턴에 있는 퀸즈 대학교에 입학해서 2년을 다녔다. 그 후 1992년 미국 아이비리그에 속하는 펜실베이니아 대학교로 전학해 1995년 와튼스쿨에서 경제학 학사학위를 받았고 예술과학대학에서 물리학 학사학위를 받았다. 경제학과 물리학을 공부하기 위해서 대학교를 5년 동안 다녔다. 그는 친구들과 지적인 대화를 마음껏 나누며 대학 생활을 보냈다. 1995년 펜실베이니아 대학교를 졸업한 후 스탠퍼드 대학교에서 응용물리와 재료과학 분야의 박사 과정을 시작하기 위해서 캘리포니아로 이주했다. 그러나 인터넷 창업 붐 속에서 대학원 등록 후 이틀 만에 학업을 포기했고 사업을 시작했다.

미래를 위한 사업들

그는 청소년기부터 컴퓨터, 우주 탐험, 지속가능 에너지 등 인류의 미래를 결정할 요인들에 관심을 집중했다. 지난 25년에 걸쳐서 그는 다양한 업종의 회사들을 설립했다. 완전히 다른 분야의 사업체들을 동시에 운영하면서 초인적인 능력과 노력으로 성공 신화를 써왔다. 하나같이 기술 회사이다. 이 회사들은 현재의 세상을 바꾸고 미래를 앞당기고 있다. 그러다 보니 오직 예상을 뛰어넘는 속도의 기술 혁신이 이루어져야 성공할 수 있다.

"충분히 발전된 기술은 마술과 구별할 수 없다."

일론 머스크는 공상과학 작가 아서 C. 클라크Arthur C. Clarke의 말을 트위터에 올렸다. 그는 동시대인들에게는 마술로 보이는 미래형 신기술들을 개발하고 있다. 그는 시간이 가면 기술이 자연적으로 발전하는 것이 아니라고 말한다. 예를 들면 1969년에 아폴로 우주선이 달에 착륙한 이후 달에 가는 것이 중단됐고 그다음에 개발한 우주왕복선은 지구궤도에 머물렀으나 이마저 중단됐다면서 미국의 우주 탐사 기술은 거꾸로 바닥까지 퇴보했다는 것이다. 위대한 고대 문명을 이룩한 이집트는 피라미드를 짓는 방법을 잊어버렸고 거대한 수로 시스템을 건설한 로마제국도 그 기술을 잊어버렸다. 그는 기술 혁신은 많은 사람의 헌신적인 노력의 결과라고 강조한다.

그가 일반적인 경영자들과 달리 오직 기술 혁신으로만 승부하며 지난 25년간 쉼 없이 달려오면서 설립하고 경영한 회사들을 시간 순서대로 간략하게 살펴보는 것도 흥미로울 것이다. 어린 시절부터 품었던 꿈들을 한 단계씩 실현해 온 여정을 알 수 있기 때문이다.

1995년 일론 머스크가 시작한 첫 번째 사업은 집2Zip2라는 웹 소프트웨어 회사이다.[13] 어릴 적부터 소프트웨어 프로그래밍에 재능이 있던 그는 동생 킴벌Kimbal과 함께 엔젤 투자자들에게서 자금을 구해서 회사를 창업했다. 당시 회사 사무실과 숙소를 모두 마련할 돈이

집2 시절의 일론 머스크 (출처: 일론 머스크 인스타그램)

없어서 사무실만 구했다고 한다. 밤에는 사무실 바닥에서 잠을 잤고 아침 일찍 근처에 있는 YMCA에서 샤워한 후에 집에서 출근하는 척 했다고 한다.

그는 신문사들을 위한 지도와 길 안내 기능과 전화번호 검색 기능을 가진 인터넷 시티가이드를 개발했다. 지금은 이와 유사한 앱들이 많이 있지만 그 당시로는 획기적인 아이디어였다. 집2에서 일하는 기간 내내 그는 밤낮으로 코딩 작업에 매달리면서 제품에 계속 새로운 기능을 추가했다. 1998년 기준 『뉴욕타임스』 『시카고 트리뷴』 등 160개의 신문사와 서비스 계약을 체결했을 정도로 크게 성장했다. 1999년 2월 PC 제조회사인 컴팩에 3억 700만 달러에 매각했다. 그는 자신의 7% 지분에 해당되는 2,200만 달러를 손에 쥐었다.

일론 머스크는 집2의 매각으로 거액을 번 한 달 후인 1999년 3월 두 번째 사업으로 1,000만 달러를 투자해서 21세기형 온라인 금융 서비스 회사인 엑스닷컴X.com을 설립했다.[14] 2000년 이 회사는 1년 전에

페이팔 시절의 일론 머스크 (출처: 일론 머스크 인스타그램)

페이팔PayPal을 개발한 경쟁사인 콘피니티Confinity와 합병했고 일론 머스크는 CEO가 됐다. 합병된 회사는 페이팔 서비스를 향상하는 데 집중했고 회사 이름도 페이팔로 개명했다. 그는 인프라를 유닉스 대신 마이크로소프트로 바꾸길 원했다. 하지만 다른 임원들이 반대했고 의견 충돌로 이어져 CEO 자리에서 강제로 물러나게 됐다. 그럼에도 페이팔은 닷컴dot-com 붐이 한창이던 시절에 가장 성공한 회사 중 하나가 됐다. 2002년 이베이가 15억 달러에 페이팔을 인수했다. 대주주인 그는 지분 11.7%에 해당하는 1억 6,500만 달러를 받았다.[15] 무일푼으로 시작해서 어마어마하게 큰돈을 번 것이다. 통상적으로 그런 억만장자들은 안전하게 재산을 관리하고 편안한 삶을 추구한다. 그러나 이 시점부터 그는 어릴 적부터 꿈꿔오던 지속가능한 인류의 미래를 설계하기 위한 프로젝트들에 본격적으로 착수했다.

두 사업의 성공으로 거액을 손에 쥔 일론 머스크가 첫 번째로 시작한 프로젝트는 어린 시절부터 꿈꿔왔고 가장 성공 가능성이 낮은 우

스페이스 엑스	2002	인류를 우주 종족으로 만들기 위해 화성에 식민지를 건설한다.	• 기술 혁신을 통해서 로켓 발사 비용을 획기적으로 낮춘다. • 수만 개의 통신 위성을 지구 궤도에 촘촘하게 배열하여 초고속 인터넷 서비스를 전 지구에 제공한다.
▼			
테슬라	2003	기후 변화에 대응하여 지속가능 에너지 사회로의 전환을 앞당긴다.	• 전기차를 널리 보급하여 차량 전동화를 선도한다.
▼			
솔라시티	2006	가정과 지역사회 전체를 지속가능 에너지 사회로 변환한다.	• 태양광 루프 타일, 가정용 에너지 저장 장치, 대규모 배터리 단지용 설비를 생산한다.
▼			
하이퍼 루프	2012	도시 교통 체증을 해결하기 위해 지하터널로 이동하는 신개념 운송 시스템을 개발한다.	• 대형 진공 튜브 안을 비행기보다 빠른 시속 1,000킬로미터 이상의 속도로 운행하는 운송 시스템을 개발한다.
▼			
오픈AI	2015	인류에 대한 인공지능의 위협에 대비한다.	• 우호적인 인공지능을 개발하여 전 인류에게 혜택이 돌아가게 한다.
뉴럴링크	2016	인공지능에 의한 인류의 종말 위협에 대처한다.	• 인간의 두뇌를 컴퓨터에 무선으로 연결하여 초지능 인류를 탄생시킨다.
▼			
보링 컴퍼니	2016	도시 교통 체증을 해결한다.	• 지하에 3차원 터널 시스템을 건설한다.

주 개발 사업이었다. 그 후 전기 자동차, 태양광 발전과 에너지 저장장치, 인공지능 등 인류의 미래를 결정지을 사업들을 순차적으로 진행해왔다.

이 사업들은 한결같이 획기적인 기술 혁신이 이루어져야만 성공할 수 있는 것들이다. 그의 사업들이 하나하나 자리를 잡고 순항하면서 관련 산업들의 지형이 송두리째 바뀌고 있다. 한 사람이 이처럼 어려운 다수의 사업들을 기획하고 직접 실행해 나가는 것을 보면 실로 경이롭다. 그가 벌인 사업들은 한결같이 기술적으로 성공 가능성이 아주 낮았다. 그중 한 가지만 성공해도 대단한 업적으로 치부될 것이다. 그런데 그는 모든 사업의 기술 실무를 직접 책임지고 이끄는 엔지니어이면서 동시에 경영을 책임지는 CEO이다. 이런 사례는 실로 전무후무하다.

일론 머스크가 천재여서 가능한 일일까? 그렇지는 않다. 그가 아무리 천재라고 해도 대단한 노력이 필요했다.[16] 그는 자신이 가진 정신적, 신체적 에너지를 모두 쏟아붓는 노력파이다. 일례로 2018년 테슬라의 첫 대중화에 성공한 모델3의 양산을 시도할 때 생기는 수많은 문제를 해결하기 위해서 공장 바닥에서 자면서 주당 120시간을 일했다. 주말도 없고 밤낮을 잊은 채 몇 시간 쪽잠을 잔 후 바로 일하고 다시 몇 시간 눈 붙인 후 또 일하는 패턴을 반복했다. 그는 만성적인 수면 부족과 과로에 시달렸다고 한다. "그 당시에 제 두뇌 신경세포들을 다 태워버린 것 같습니다."라고 회상했다. 이제는 정상적인 주당 80~90시간으로 돌아왔다고 한다. 의료 전문가들은 이것도 몸과 뇌가 휴식을 통해서 재충전하기에는 충분하지 않은 시간이라고 판단했다. 그러나 그는 주당 80시간이면 관리할 수 있다고 말한다.

그에게는 양질의 수면이 매우 중요하다. 그는 조 로건과의 인터뷰에서 자기 머릿속에는 새로운 아이디어들이 쉬지 않고 떠올라서 멈추기가 어려울 때가 있다고 토로했다. 머릿속에 컴퓨터의 윈도 화면들이 여러 개 켜져 있는 것 같아서 잠들기 힘들다는 사실을 사람들이 알게 되면 자기처럼 되고 싶어 하지 않을 것이라고 했다. 만약 영원히 이 생각들을 끄지 못하면 자기는 어떻게 되겠냐고 심각한 표정으로 말했다.

그가 아무리 노력형 천재라고 해도 완전히 다른 분야의 불가능해

보이는 프로젝트들을 성공적으로 추진해온 것은 상식선에서 이해하기 어렵다. 그는 숱한 기술적인 난관에 부닥치게 될 때마다 '제1원칙 사고방식'을 적용해 어려운 문제들을 해결해왔다고 설명한다. 지금은 그뿐만 아니라 함께 일하는 직원들도 제1원칙 사고방식을 사용하는 데 익숙해져 있다. 그의 기술 혁신의 원동력인 제1원칙 사고방식이란 무엇일까?

2
|
제1원칙 사고방식

어떤 것을 알게 해주는 첫 번째 기초

철학에서 제1원칙First principle은 다른 명제 혹은 가정에서 유추할 수 없는 기초 명제 혹은 가정을 의미한다.[17] 2,000년 전에 아리스토텔레스Aristoteles는 "제1원칙은 어떤 것에 대해 알게 해주는 첫 번째 기초이다."라고 정의했다. 수학에서는 이를 공리 또는 공준이라고 한다.

이론적으로 제1원칙 사고방식은 계속 더 깊이 파고들어서 현상에 대한 가장 기초적인 사실만 남을 때까지 내려가라는 것이다. 르네 데카르트René Descartes는 이 철학을 받아들여 "더 이상 의심할 수 없는 진실만 남을 때까지 체계적으로 의심할 수 있는 모든 것을 의심하라."라는 '데카르트식 의문'이라 불리는 방법으로 발전시켰다.[18]

제1원칙 사고방식은 아리스토텔레스 이래 수많은 위대한 사상가들이 사용한 접근 방식이다. 그러나 제1원칙 사고방식 철학을 가장

제1원칙 사고방식을 창시한 아리스토텔레스와 이를 발전시킨 데카르트

효과적으로 실천한 사람은 일론 머스크일지도 모른다. 그가 지금까지 창안한 독창적 아이디어들도 경이롭지만 실제 사업으로 실행해 성공한 사례들은 믿기 힘들 정도이다. 한 가지만 성공해도 대단한 업적이다. 전문가들조차 불가능하다고 비웃은 다수의 프로젝트를 그는 어떻게 성공했을까?

"제1원칙 사고방식을 적용해서 문제점들을 분석한 후 끌어낸 해결책을 실행에 옮긴 것뿐입니다." "이미 알려진 것들을 모방하기보다는 제1원칙에서 출발해 추론하는 것이 중요하다고 생각합니다. 우리가 통상 생활을 영위하는 방식은 남들이 하는 방식을 따라서 하는 겁니다. 약간만 바꿔서 반복하는 거죠. 이런 방식이 제1원칙 사고방식보다 쉽기 때문이죠."

일론 머스크는 2013년 한 인터뷰에서 자신의 제1원칙 사고방식에 관해서 설명했다.

"제1원칙이란 세계를 바라보는 물리학적인 방법입니다. 정확한 의미는 가장 기초적인 사실들까지 분해해서 내려간 후에 거기서부터 추론해서 거슬러 올라가는 겁니다. 그런데 이 방식을 쓰면 훨씬

리튬이온 배터리 가격($ /kWh)

1,183
22%
917
21%
8%
721
11%
663
588
35%
381
23%
293
26%
219
18% — 13%
180
156

2010 2011 2012 2013 2014 2015 2016 2017 2018 2019

전기차용 리튬이온 배터리 가격이 매년 빠르게 하락하고 있다. (출처: 블룸버그NEF)

더 많은 정신적인 에너지가 소모됩니다."

"한 가지 사례를 들면 사람들은 전기 자동차용 배터리가 너무 비싸다고 말합니다. 과거에 그래 왔기 때문에 앞으로도 그럴 것으로 생각합니다. 어리석은 생각입니다. 과거에 킬로와트시kWh당 가격이 600달러였기 때문에 앞으로도 훨씬 더 나아지지 않을 것이라는 거죠. (중략) 제1원칙을 따르면 우리는 이렇게 생각합니다. 배터리의 성분이 되는 재료들이 무엇인가? 이 재료들의 시장 가격은 얼마인가? 배터리는 탄소, 니켈, 알루미늄, 폴리머, 철강 케이스를 가지고 있다. 재료별로 분리해서 런던 금속시장에서 구매하면 비용이 얼마나 들까? 오, 이런! 킬로와트시당 비용이 80달러밖에 안 되네. 명백하게 당신은 이 재료들을 직접 사서 배터리 형태로 조립하는 현명한 방법을 찾아내야 합니다. 그러면 사람들이 아는 것보다 훨씬 싸게 배터리를 만들 수 있습니다."

스페이스엑스의 로켓 제조 현장 (출처: 스페이스엑스)

일론 머스크가 스페이스엑스에서 로켓을 디자인하고 제작하는 프로세스 역시 제1원칙 사고방식을 적용한 사례다. 그는 처음에는 화성 프로젝트를 위해서 로켓 강국인 러시아에서 대륙간탄도미사일 ICBM 로켓을 구입하려고 했다. 러시아를 몇 번 방문한 후에 로켓 가격이 천문학적으로 높다는 것을 알게 됐다. 그래서 로켓 구입을 포기하고 돌아오는 비행기 안에서 이 문제를 다시 생각하기 시작했다. 로켓은 무엇으로 만들어지는가? 우주항공 등급의 알루미늄 합금, 티타늄, 구리, 탄소 섬유들이다. 이 재료들의 시장 가격을 대충 적용해보고는 로켓의 재료비가 전체 가격의 3%에 불과한 것을 깨달았다.[19]

그는 직접 회사를 설립해 원재료들을 싼값에 구입해 로켓을 제작하기로 마음먹었다. 스페이스엑스의 탄생 배경이다. 그로부터 6년 후 로켓 발사 비용을 10분의 1로 낮추고도 로켓 발사에 성공해 안정적인 수익 기반을 다질 수 있게 됐다.

형태보다는 기능에 집중하는 사고방식

제1원칙 사고방식은 말로는 쉽지만 실제로 적용하기는 매우 어렵다. 사람들은 '기능'보다는 '형태'를 최적화하는 경향이 있기 때문이다. 여행 가방 발명 스토리가 완벽한 사례이다. 사람들은 수천 년 동안 가방을 이용해왔다. 또한 바퀴가 달린 마차나 수레도 사용해왔다. 그러나 바퀴가 달린 여행 가방은 1970년이 돼서야 발명됐다.[20]

어느 날 버나드 새도Bernard Sadow는 공항에서 여행 가방을 질질 끌고 있었다. 그는 한 작업자가 바퀴 달린 수레 위에 무거운 기계를 올려서 굴리고 가는 것을 보고 바퀴 달린 여행 가방을 발명했다. 이전의 형태를 바꾸는 것이 종종 혁신으로 여겨진다. 그러나 그는 모두가 어떻게 더 보기 좋은 가방을 만들지 형태에 초점을 맞출 때 어떻게 더 효과적으로 운반할지 기능을 생각했던 것이다.

사람들의 모방하는 습성은 제1원칙 사고방식에 공통적인 장애물이다. 사람들은 미래를 내다볼 때 '기능'을 투영하는 대신에 현재의 '형태'를 투영한다. 예를 들면 기술의 발전을 비판할 때 어떤 사람들은 묻는다. "하늘을 나는 자동차가 어디에 있어?" 실제로 우리는 하늘을 나는 자동차를 가지고 있다. 바로 비행기이다. 이 질문을 하는 사람들은 형태(자동차를 닮은 비행체)에 너무 초점을 맞춰서 기능(비행 운송)은 간과한다.

낡은 관행과 이전의 형태는 종종 아무런 의심 없이 받아들여진다. 일단 받아들여지면 창조성에 한계선을 긋게 된다. 이것이 점진적인 개선과 제1원칙 사고방식 사이의 핵심적인 차이다. 점진적 개선은 한계선 내에서 일어나는 경향이 있다. 그러나 제1원칙 사고는 이전의 형태를 버리고 기능을 가장 앞에 그리고 중심에 두기를 요구한다.

이것이 스스로 사고하는 방법을 배우는 방식이다.

일론 머스크가 실천하던 제1원칙 사고방식은 이제 스페이스엑스나 테슬라 등에서 직원들의 일하는 방식이자 DNA로 자리 잡았다. 이들 회사의 공통된 특징은 경쟁사보다 월등히 앞선 신기술을 끊임없이 개발해 제품에 적용하는 것이다.

3

인류의 미래 설계 프로젝트

작고 아름답고 연약한 지구

1960년대의 아폴로 미션은 역사상 최초로 인간이 달에 발을 디디게 했다. 달에 대한 수천 년의 신비가 풀린 순간이다. 하지만 아폴로 미션의 가장 큰 성취는 어쩌면 지구를 재발견한 것일지도 모른다.[21] 1968년 12월 24일 달의 궤도 위에 있던 아폴로 8호의 우주비행사들은 칠흑같이 어두운 우주에서 갑자기 밝고 푸른 색이 달의 지평선 위로 나타나는 것을 목격했다. 무척이나 아름다운 푸른 공 모양의 지구가 달 표면 위로 떠오르고 있던 것이다. 비행사 윌리엄 앤더스William Anders는 급히 컬러 필름을 찾아서 이 모습을 사진에 담았다. 그 당시에 비행사들이 나눈 대화를 들어보자.

앤더스 오 마이 갓! 저기 저 광경을 좀 봐! 지구가 올라오고 있

아폴로 8호에서 촬영한 달 표면 위로 떠오르는 지구의 모습 (출처: 나사)

> 　　　어. 너무 예뻐.
> 보어만 (농담으로) 사진 찍지 마. 작업 스케줄에 없어.
> 앤더스 (웃으며) 짐, 컬러 필름 가지고 있어? 한 통 넘겨줄래?
> 로벨 　우아! 정말 굉장해.

이 사진은 후에 '지출地出, Earthrise'이라는 유명한 이름이 붙여졌다. 자연 사진작가 게일런 로웰Galen Rowell은 이 사진을 "지금까지 촬영된 가장 영향이 큰 환경 사진"이라고 선언했다. 사람들이 엄청나게 큰 세상이라고 생각하던 지구가 우주에서 보면 작고 연약한 푸른 공에 불과하다는 것과 인간을 포함한 모든 생명체의 터전인 지구가 얼마나 소중한지를 느끼게 했다. 이 사진은 지구 보호 운동을 촉발하는 계기가 됐다.

1977년 9월 또 하나의 인상적인 지구 사진이 촬영됐다. 태양계와 그 바깥의 우주를 탐사하기 위해 발사한 보이저 1호가 1차 임무를 완수하고 태양계를 벗어나려던 참이었다. 천체물리학자 칼 세이건의 부탁으로 나사는 보이저 1호에게 사진기를 돌려서 지구의 모습을 마지막으로 촬영하도록 지시했다. 그렇게 해서 60억 킬로미터 떨어진 거리에서 지구의 사진이 촬영됐다. 사진 속의 지구는 사진기에 반사된 태양 빛의 한 줄기 속에서 픽셀 하나보다도 작은 푸른 점으로 나타났다. 칼 세이건은 이 사진을 '창백한 푸른 점Pale Blue Dot'이라고 이름을 붙였다. 1994년 같은 이름으로 책을 출간했다.[22]

"그 점을 다시 보라. 그 점이 여기 있다. 그 점은 보금자리이다. 그 점은 우리다. 그 점 위에서 당신이 사랑하는 모든 사람, 당신이 아는 모든 사람, 당신이 들어본 적 있는 모든 사람, 지금까지 존재했던 모든 인간이 살아왔다. 우리의 기쁨과 고통의 집합체와 수천 개의 확신에 찬 종교들, 이데올로기들, 그리고 경제 독트린, 우리 인류 역사의 모든 사냥꾼과 채집꾼, 모든 영웅과 겁쟁이, 모든 문명의 창조자와 파괴자, 모든 왕과 농부, 사랑에 빠진 모든 젊은 연인, 모든 어머니와 아버지, 희망에 찬 어린이, 발명가와 탐험가, 모든 윤리학 교사, 모든 부패한 정치가, 모든 슈퍼스타, 모든 성인과 죄인이 그곳에서 살았다. 한 줄기 햇빛 속에 떠 있는 작은 먼지 위에서.

지구는 광대한 우주 경기장에 있는 아주 작은 무대이다. 한 점의 일부분을 차지하기 위해서, 영광과 승리를 위해서, 모든 장군들과 황제들에 의해 흘려진 핏물의 강을 생각해보라. 한 귀퉁이의 거주자들이 자신들과 별로 다를 바 없는 다른 귀퉁이의 거주자들에게 가하는 끊임없는 잔혹성을 생각해보라. 얼마나 자주 오해가 발생하는지, 얼마나 서로를 죽이고 싶어서 안달이 났는지, 얼마나 증오가 끓어오르는지를 생각해보라.

우주에서 우리가 특권적인 지위를 가지고 있다는 거만한 자세와 허구의 자만심과 환상을 이 창백한 푸른 점이 도전하고 있다. 우리의 행성은 거대한 우주의 암흑 속에 있는 외로운 점일 뿐이다. 우리의 미미함과 이 모든 광대함 속에서 우리를 우리 자신들에게서 구원해줄 도움의 손길이 다른 곳으로부터 올 것이라는 아무런 단서가 없다.

지구는 지금까지 생명체가 살 수 있는 유일한 세상이다. 적어도 가까운 미래에 인간이 이주할 수 있는 곳은 아무데도 없다. 방문할 수는 있어도 정착하기에는 아직 이르다. 좋든 싫든 당분간은 지구가 우리가 살아야 할 곳이다.

천문학을 하면 겸손해지고 인성을 쌓을 수 있다고 얘기한다. 멀리서 찍은 아주 작은 우리의 세상만큼 인간의 자만이라는 어리석음을 더 잘 증명해주는 것은 없다. 서로에게 더 친절하게 대하라는 의무와 우리가 알고 있는 유일한 집인 '창백한 푸른 점'을 보존하고 아끼라는 것을 강조하고 있다."

인간의 우주 탐험은 미지의 우주에 대한 지식과 상상력을 키워준 것 못지않게 지구의 소중함을 일깨워주었다. 우리의 보금자리 지구는 광활한 우주에 외로이 떠 있는 눈부시게 아름다운 작은 공 또는 창백한 푸른 점에 불과하다. 인간이 이곳을 소중하게 보존해야 한다

보이저 1호의 카메라에 아주 작은 점으로 촬영된 지구의 모습 (출처: 나사)

는 것을 일깨워주었다. 인간이 지구에 가하는 환경 파괴가 돌이킬 수 없는 지점을 통과하기 전에 필요한 조치를 서둘러 해야 한다는 것을 깨우쳐준 것이다.

지속가능 에너지 사회

"인간은 2600년까지 지구를 거대한 불덩어리로 만들 겁니다."

스티븐 호킹은 2017년 베이징의 한 콘퍼런스에서 과도한 에너지 소비는 불과 몇 세기 안에 지구를 거주 불가능한 곳으로 만들 것이라고 경고했다.[23] 그는 또한 인류가 다른 행성에 식민지를 건설할 수 있는 기한이 100년밖에 없다고 했다.

일론 머스크는 기후 변화의 위협을 줄이기 위해서 행동에 나섰다. 2015년 봄 그는 테슬라 콘퍼런스에서 다음과 같이 발표했다.

"우리의 목표는 세계가 에너지를 소비하는 방식을 근본적으로 바꾸는 것입니다. 테슬라는 화석연료 에너지를 전기 에너지로 대체함으로써 자동차 산업을 혁명적으로 바꾸려고 합니다. 궁극적 목표는 세계가 지속가능 에너지에 기반을 둔 사회로 변모하는 것입니다."[24]

그는 전기 자동차를 시작으로 가정, 도시, 지역사회에서 사용하는 에너지도 100% 전기로 바꿀 계획을 차근차근 실행에 옮기고 있다. 자동차 배터리뿐만 아니라 가정용으로 태양광 패널이 내장된 지붕 타일과 에너지 저장 배터리를 생산하고 있다. 또한 지역사회용으로 대규모 에너지 저장 단지ESS, Energy Storage System 건설에 필요한 인프라와 하드웨어 시스템을 직접 생산하고 있다.

그가 사용하고자 하는 전기는 화력이나 원자력 발전으로 생산하는 것이 아니라 100% 친환경 지속가능 에너지로 생산된다. 태양광, 풍력, 수력 등 이산화탄소와 방사능 폐기물의 배출이 없는 에너지원을 사용하는 것이다. 이런 에너지를 우리나라에서는 신재생 에너지renewable energy로 부른다. 이 용어는 '신新'이라는 표현이 붙어서 마치 새로운 에너지처럼 착각하게 만든다. 정확한 용어는 재생가능 에너지이다. 인류가 수천 년 동안 사용해온 에너지이기 때문이다

종종 비슷한 의미로 사용되는 재생가능 에너지와 지속가능 에너지sustainable energy는 에너지를 이해하는 관점의 차이다. 둘 다 태양, 바

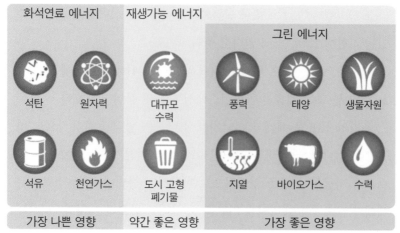

에너지 종류별 환경에 미치는 영향

화석연료 에너지	재생가능 에너지	그린 에너지		
석탄	대규모 수력	풍력	태양	생물자원
원자력	도시 고형 폐기물	지열	바이오가스	수력
석유				
천연가스				
가장 나쁜 영향	약간 좋은 영향	가장 좋은 영향		

(출처: 미국 환경보호국)

람, 비, 조류, 파도, 지열 등 같은 에너지원에서 수집된다. 재생가능 에너지는 시간개념상 사용 즉시 재생되는 에너지이고, 지속가능 에너지는 고갈될 위험이 없어 미래 세대에 부담을 지우지 않는 에너지라는 뜻이다.[25] 재생가능 에너지는 에너지원의 특성에 초점을 맞춘 것이고, 지속가능 에너지는 사회적 개념이라고 볼 수 있다. 두 용어의 정의는 다소 다르지만, 친환경적이면서 현재 세대가 미래 세대가 사용할 에너지를 당겨쓰지 않는다는 공통점이 있다. 화석연료와 원자력은 미래 세대에 부담을 지우기 때문에 지속가능 에너지가 아니다. 일론 머스크가 꿈꾸는 지속가능 사회는 바로 지속가능 에너지에 기반을 둔다.

위의 그림은 미국 환경보호국EPA, Environmental Protection Agency에서 환경에 미치는 영향을 기준으로 분류한 에너지원들을 보여준다.[26] 가장 악영향을 미치는 에너지원은 석탄, 원자력, 석유, 천연가스이다.

그보다 좀 더 유익한 에너지원은 대규모 수력과 도시 고형 폐기물이다. 그리고 가장 유익한 에너지원은 풍력, 태양, 생물자원, 지열, 바이오가스, 저강도 수력이다.

사실상 우리가 사는 지구 전체는 태양 에너지에 의존하고 있다. 태양이 없다면 지구는 온도가 섭씨 영하 270도(절대온도 3도)의 어둡고 얼어붙은 바윗덩어리에 불과할 것이다. 지구에 있는 모든 생물과 무생물의 활동은 태양 에너지를 사용하기 때문에 가능하다. 화석 에너지도 결국은 태양 에너지이다. 태양 에너지로 살아가던 동식물들이 땅속에 묻혀서 몇백만 년 동안 화석으로 응축된 형태이기 때문이다. 화석연료를 대량으로 사용한다는 것은 땅속에 있는 엄청난 양의 탄소를 단기간에 공기와 바다에 풀어놓는 것을 의미한다.

일론 머스크는 "인간이 화석연료를 사용한 것은 인류 역사상 가장 어리석은 실험이다."라고 비판했다.[27] 그는 화석연료를 사용하는 근본 원인은 저렴하기 때문이라고 했다. 화석연료 에너지 산업은 그동안 환경 오염에 대한 의무 조치 사항이 없었다. 이것은 간접적으로 보조금을 받는 것과 똑같은 특혜라고 할 수 있다. 그러므로 화석연료를 사용하는 단체들이 적합한 환경 부담금을 지불하는 것이 합리적이고 공평하다고 지적했다.

기후 변화대응지수CCPI, Climate Change Performance Index는 국가별로 온실가스 배출량(40%), 재생에너지(20%), 에너지 사용량(20%), 기후정책(20%)을 기준으로 산정한다. 2020년 자료의 지도에서 빨간색으로 표시된 국가들은 최악의 성적표를 제출했다.[28] 대한민국은 세계에서 네 번째로 성적이 나쁘다. 아직도 국내에 수십 개의 화력발전소가 가동되고 있으며 해외에도 수출하고 있다. 우리나라도 국제적인

2020년 기후 변화 성과지표

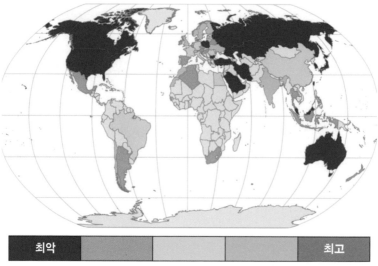

최악				최고

(출처: 독일 민간기후연구소 저먼워치)

의무를 이행하기 위해서는 탈 화석연료 에너지 정책을 강력하게 추진해야 한다.

사람들은 재생가능 에너지는 너무 비싸다는 선입견이 있다. 그러나 재생가능 에너지의 비용은 매년 급속하게 하락하고 있다. 현재 새로 건설되는 재생가능 에너지 설비는 화석연료 에너지를 사용하는 발전 설비보다도 비용이 적게 든다.

국제재생에너지기구IRENA, International Renewable Energy Agency는 2019년에 신설된 재생가능 에너지 발전 시설의 절반 이상이 새로 신설된 화력발전소보다도 발전 단가가 낮다고 발표했다.[29] 이 기구는 이제 상황이 확실하게 역전됐다고 선언했다. 특히 태양 에너지와 풍력을 이용한 발전 비용이 급격하게 하락했다. 2010~2019년 기간 동안 발전 비용 감소율을 살펴보면 태양광은 82%, 태양열은 47%, 육상풍

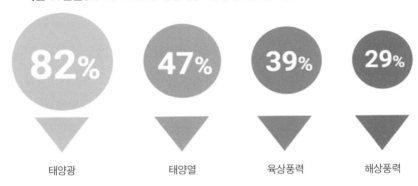

지난 10년간(2010~2019) 재생가능 에너지 비용 감소율

82%	47%	39%	29%
태양광	태양열	육상풍력	해상풍력

(출처: 국제재생에너지기구IRENA)

력은 40%, 해상풍력은 29%가 감소했다.

2021년까지 신설될 태양광 설비보다 발전 비용이 높은 전 세계 화력발전 능력을 합치면 그 규모가 총 1,200기가와트에 달한다. 그 중에서 특히 원가가 가장 높은 500기가와트 분량의 화력 발전 능력을 태양광과 풍력 발전으로 대체한다면 연간 230억 달러의 비용을 절감할 수 있다. 또한 전 세계 국내총생산GDP의 1%에 해당하는 9,400억 달러의 경제 부양 효과가 있고 전 세계 이산화탄소 배출량의 5%에 달하는 1.8기가 톤을 줄일 수 있다고 한다.

일론 머스크는 재생가능 에너지의 미래를 굳게 믿고 있다. 화석연료 에너지를 계속 사용하면 고갈되는 것은 시간문제이다. 결국에는 우리가 사용할 에너지가 없어져서 소멸할 것이기 때문이다. 재생가능 에너지로 전환해야 하는 것은 당연한 것이고 환경에 더 이상 나쁜 영향을 주기 전에 빠르게 전환해야 한다고 주장한다.

그러면 얼마나 많은 태양광 패널을 설치해야 미국 전체의 에너지를 충족할 수 있을까? 그는 이렇게 설명한다. "네바다, 텍사스, 혹은 유타주의 작은 귀퉁이만 있으면 된다. 가로세로 160킬로미터의 면적이면 충분하다. 미국 전역에 24시간 공급 가능한 에너지 저장 배터리 단지의 규모는 가로세로 1.6킬로미터의 면적만 있으면 된다. 지속가능 에너지 사회로 변화하기 위해서는 태양광 발전 단지와 가정집 지붕 위의 태양광 패널을 동시에 활용하고 또한 풍력, 지열, 수력 등의 에너지원을 함께 이용할 필요가 있다.[30]

에너지 산업과 자동차 산업은 세계에서 가장 큰 산업이다. 이 두 가지 산업이 지구온난화의 주범이라고 할 수 있다. 일론 머스크는 메이저 오일 회사들이 지속가능 에너지 사회로의 전환을 늦추기 위해서 강하게 저항하면서 정치적 영향력을 행사한다고 생각한다. 그는 이에 대항하기 위해서 자동차의 전동화electrification를 가장 중요한 첫 단계로 삼았다. 또한 가정용, 산업용, 지역사회용 태양광 발전 설비와 시스템을 직접 개발하고 생산하고 있다.

인류의 미래를 위한 마스터플랜

일론 머스크가 지금까지 추진해온 사업들은 하나하나가 모두 독창적이고 위험 부담이 큰 것들이다. 아마 그가 돈을 벌려고만 했다면 더 쉬운 사업을 택했을 것이다. 그러나 그는 지속가능한 인류의 미래를 위협하는 중요한 문제들을 파악한 후 해결 방안들을 사업이라는 형태로 실행에 옮기고 있다. 그가 지금 벌이고 추진하는 일들은 원대한 계획하에 단계적으로 추진하는 것처럼 보인다. 그는 인류의 미래를 위해서 어떤 마스터플랜을 가지고 있는 것일까? 다음 세 가지로 요약할 수 있다.

첫째, 지구를 지속가능한 사회로 만든다. 지구는 우주적 스케일에서 보면 하나의 푸른 점에 불과하다. 여기에 수십억 명의 사람과 수많은 생명체가 살고 있다. 환경 파괴가 돌이킬 수 없는 단계까지 가기 전에 하루빨리 지속가능 에너지에 기반을 둔 사회를 정착시켜야 한다. 온실가스 배출에 가장 큰 영향을 주는 자동차부터 시작해서 가정, 도시, 국가 전체를 재생가능 에너지 기반의 사회로 바꾸어야 한다.

둘째, 인류를 다행성 종족으로 만든다. 1억 년 이상 지구에서 활보하던 공룡이 순식간에 멸종됐다. 현생 인류가 탄생한 것은 불과 1만 년 전이다. 그 짧은 기간에 우리는 세계를 완전히 파괴할 수 있는 핵무기를 개발했다. 소행성의 충돌, 슈퍼 바이러스의 전파, 화산 대폭발 등 다양한 인류 종말 시나리오가 있다. 인류의 전멸 가능성에 대비해서 다행성 종족이 될 필요가 있다. 궁극적으로는 우주를 무대로 활동하는 종족이 돼야 한다. 그 첫 번째 단계가 화성에 거주지를 만드는 것이다.

셋째, 인공지능의 위협에 대비한다. 인공지능의 발달 속도는 예상을 뛰어넘었다. 이미 인공지능은 우리의 일상생활에 깊숙이 파고들었다. 앞으로 20년 이내에 사람처럼 다양한 분야에서 지적 활동을 할 수 있으며 지능이 월등히 높은 슈퍼 인공지능이 등장할 가능성이 매우 크다. 불멸하는 초지능이 탄생하게 되는 것이다. 늦기 전에 이에 대비해야 한다.

지구 프로젝트:

지속가능한 사회를 구축하자

1

테슬라

테슬라의 고유한 문화

일론 머스크의 테슬라 모터스는 2003년 7월 1일에 제이비 스트라우벨JB Straubel, 마틴 에버하드Martin Eberhard, 마크 타페닝Mark Tarpenning, 이언 라이트Ian Wright와 함께 공동 설립됐다. 2004년 일론 머스크는 이사회 의장이 됐다. 초기에 그는 로드스터Roadster 모델 디자인에 관여했지만 그 외에는 관여하지 않았다. 그러나 2008년 금융 위기가 덮치고 로드스터의 출시가 지연되자 CEO이자 제품 설계자로서 직접 경영을 책임지게 된다. 현재 그는 전 세계 자동차 회사 중에서 가장 오랫동안 CEO 자리에 있다.

그는 지구온난화의 주범인 이산화탄소 배출을 저감하기 위해서는 전기 자동차가 빨리 보급돼야 한다. 이것이 테슬라가 자동차를 생산하는 근본적인 이유라고 강조한다. 회사의 설립 목적과 미션에서부

2017년에 열린 세미트럭과 신형 로드스터 신차발표회 (출처: 테슬라 유튜브)

터 다른 레거시 자동차 회사들과는 확연히 다른 것이다. 실리콘 밸리에서 기술 회사로 시작한 테슬라는 탄탄한 조직과 위계질서를 갖춘 디트로이트의 자동차 회사들과는 조직문화와 운영 방식이 확연하게 다르다. 일론 머스크와 테슬라를 좋아하는 사람들은 독특한 문화를 공유하고 공감한다. 대표적인 사례를 하나 살펴보자.

2017년 11월 신형 로드스터 스포츠카의 신차발표회가 있었다.[31] 이 차는 정지 상태에서 시속 60마일(97킬로미터)까지 이르는 0~60마일 가속 시간이 불과 1.9초이다. 역사상 최초로 2초 벽을 돌파한 세계에서 가장 빠른 시판용 자동차가 탄생한 것이다. 기본 가격이 20만 달러인 이 차는 200만 달러가 넘는 슈퍼카인 부가티 베이런보다도 0.6초가 빠르고 맥클라렌P1보다는 1초 정도 빠르다. 최고 시속은 무려 400킬로미터이고 한 번 충전하면 1,000킬로미터를 주행할 수 있는 압도적인 성능을 갖추었다. 가솔린차보다도 전기차의 파워트레인 성능이 훨씬 우수하다는 것을 입증했다.

"이런 일을 하는 이유는 가솔린차에 하드코어 스맥다운hardcore smackdown을 가하기 위해서입니다."

일론 머스크가 신형 로드스터를 소개하면서 한 말이다. 스맥다운은 미국의 프로레슬링에서 사용하는 용어인데 상대방을 인정사정없이 가격해 쓰러뜨린다는 의미이다. 또한 인기 있는 프로레슬링 토너먼트의 명칭이기도 하다. 그는 단지 친환경 이미지로 어필하기보다는 전기차가 내연기관차보다 훨씬 더 우수한 기술이라는 것을 증명함으로써 가솔린차에 치명적인 타격을 가하려고 한다.

일론 머스크는 2004년 테슬라의 이사회 의장으로 합류한 이래 전기차 혁명을 주도하고 있다. 그는 기후 변화에 대응하기 위해서 다른 자동차 회사들도 자동차의 전동화electrification에 빨리 동참하기를 바라고 있다. 그는 내연기관차 대비 전기차의 우수함을 증명함으로써 자동차 시장을 변화시키고 다른 자동차 회사들도 전기차 혁명에 동승할 수밖에 없는 환경을 조성하려고 노력하고 있다.

일론 머스크와 테슬라는 서구권, 특히 미국에서 강력한 팬덤층을 확보하고 있고 일종의 컬트 문화를 공유한다. 테슬라의 신차발표회는 록 콘서트장을 방불한다. 환호와 웃음과 박수가 끊임없이 터져 나온다. 엄숙하고 진지한 다른 자동차 회사들의 신차발표회와는 완전히 다른 문화이다.

그와 테슬라는 종종 스티브 잡스와 애플과 비교된다. 스티브 잡스가 신제품을 발표할 때마다 팬들이 열광했다. 제품이 출시되는 날은 먼저 사기 위해서 매장 앞에 밤새워 줄을 섰고 신제품을 손에 쥔 후

WWW 챔피언십 메인 이벤트에서 '스맥다운' 모습. 테슬라는 이런 식으로 가솔린차에 엄청난 타격을 가하려고 한다.

환호했다. 스티브 잡스는 신제품마다 새로운 혁신 기술을 적용했고 기대에 부풀었던 열렬한 팬들을 실망시키지 않았다. 2007년 스티브 잡스가 발표한 신제품 아이폰은 스마트폰이라는 형태의 인터넷에 연결된 PC를 사람들의 손안에 쥐여 주었고 그 이후 전 세계인의 생활 방식이 크게 달라졌다. 마치 석기 시대에서 청동기 시대로 한순간에 넘어간 것 같은 변화를 일상생활에서 느끼고 있다. 이제 현대인들은 스마트폰이 없는 삶은 상상할 수가 없다. 스마트폰은 현대인들의 신체 일부가 됐다.

일론 머스크의 테슬라도 스티브 잡스의 아이폰 못지않은 강력한 팬덤을 형성한다. 그와 팬들은 공유하는 독특한 문화와 유머 코드를 공유한다. 2017년 신차발표회에서 신형 로드스터가 무대에 등장할 때 다이내믹한 배경음악과 함께 대형 스크린에 컬러풀한 격자무늬가 빠르게 퍼졌다. 그때 다음과 같은 멘트가 나온다.

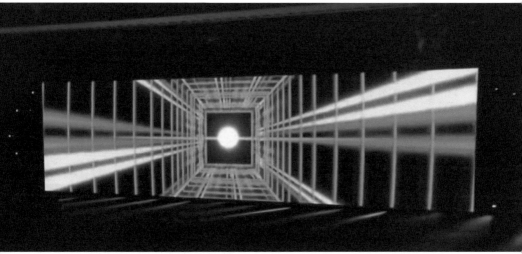

신형 로드스터가 등장하기 전에 대형 스크린에 펼쳐진 플래드 무늬 (출처: 테슬라 유튜브)

"플래드로 간다!Gone to plaid!"

객석에서 큰 웃음소리와 함께 환호성이 터져 나왔다. 이 표현은 재미있고 특별한 의미가 있었던 것이다. 머스크가 신형 로드스터의 엄청난 성능을 설명하면서 이렇게 말했다.

"루디크러스ludicrous를 이길 수 있는 유일한 것은 플래드plaid입니다."

객석에서는 또다시 큰 환호성이 터져 나왔다. 일론 머스크와 테슬라 마니아들은 이 표현들이 의미하는 것을 알기에 배꼽 잡고 웃으며 즐기는 것이다. 이 표현들은 일론 머스크가 좋아하는 영화 「스페이스볼스Spaceballs」에서 따온 것이다. 이 영화는 풍자 영화 감독으로 유명한 멜 브룩스Mel Brooks의 1987년 작품이다. 「스타워즈」 3부작을 중심으로 「스타트렉」 「에일리언」 「혹성탈출」 등 유명한 공상과학 영화들을 패러디한 코미디 영화이다. 테슬라의 문화를 이해하려면 이 영

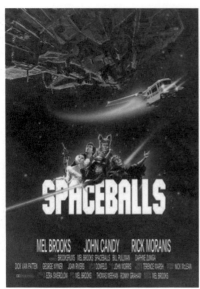

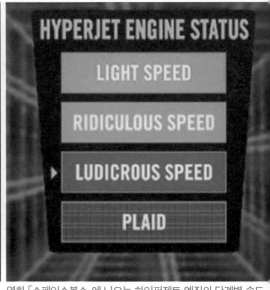

영화 「스페이스볼스」의 포스터 　　　　영화 「스페이스볼스」에 나오는 하이퍼제트 엔진의 단계별 속도

화를 꼭 감상해야 한다. 물론 영화도 매우 재미있다.

　이 영화에서 나오는 우주선의 하이퍼제트 엔진은 몇 단계의 속도를 선택할 수 있다. 가장 느린 단계는 빛의 속도light speed이고, 그다음 단계가 어리석은ridiculous 속도, 그보다 빠른 단계는 터무니없는ludicrous 속도, 가장 빠른 단계는 플래드plaid 속도이다. 플래드는 스코틀랜드에서 즐겨 입는 의상의 격자무늬를 일컫는다.

　영화에서 적군의 우주선이 주인공들이 탄 우주선을 추격하다가 의도치 않게 플래드 속도로 비행하면서 추월해버리는 우스꽝스러운 장면이 나온다. 이때 주인공들의 얼굴에 격자무늬가 투영되면서 "저놈들이 플래드 속도로 가버렸네!"라고 말하는 장면이 나온다. 신형 로드스터가 발표회에서 격자무늬와 함께 등장하는 장면은 여기서 따온 것이다.

테슬라는 하이퍼제트 엔진의 여러 주행 모드를 실제로 제품에 장착했다. 운전자들은 그렇게 장착된 주행 모드로 가속 출발할 때마다 웃으며 즐거워한다. 테슬라는 운전자들에게 단순한 교통수단을 제공하는 것이 아니라 새로운 혁신 기술에 대한 체험과 즐거움을 동시에 주고 있다.

2014년에 모델S 차량은 '미친insane' 가속 모드를 장착했는데 97킬로미터(0~60마일) 도달시간을 3.2초로 낮추어서 페라리나 람보르기니와 같은 가속 능력을 실현했다. 대형 LCD 패널에서 미친 모드를 선택한 후 놀라운 순간 가속을 즐기는 사람들의 동영상이 유튜브에서 큰 인기를 끌었다.[32] 친구, 연인, 어머니, 할머니, 어린이들이 편하게 앉아 있다가 순간적으로 가속할 때 롤러코스터를 타고 내려가는 것과 같은 짜릿함에 경악한 후 환호하는 모습은 많은 사람의 구매욕을 북

돋웠다.

2015년 모델S P90D 모델이 '터무니없는ludicrous' 가속 모드를 장착함으로써 97킬로미터(0~60마일) 가속 시간이 2.8초로 단축됐다. 이로써 럭셔리 세단인 모델S가 슈퍼카 그룹에 합류한 것이다. 그 후 성능이 더 향상된 모델S P100D 모델은 2.4초를 기록함으로써 가격이 100만 달러가 넘는 슈퍼카들보다 빠른 가속 능력을 갖추게 됐다.

이렇게 테슬라는 코미디 영화에서 사용하는 유머러스한 표현을 실제 시판 모델에 사용했다. 테슬라 소유주들은 친구들에게 자기 차량의 주행 모드를 설명하고 급가속 테스트를 할 때마다 함께 웃음을 터뜨렸다. 그런 까닭에 마니아층이 형성되고 판촉 효과가 극대화됐다.

스티브 잡스가 개발한 스마트폰은 이름만 전화기일 뿐 실제론 전화 걸기 기능을 갖춘 컴퓨터이다. 마찬가지로 일론 머스크의 전기차는 운송 기능을 갖춘 디지털 엔터테인먼트 공간을 추구한다. 특히 자율주행 기능이 향상된다면 운전자에게 실내 공간은 무선으로 이메일을 주고받고 전화 통화를 하고 업무를 처리하고 TV를 보고 영화와 음악을 감상하는 개인 인포테인먼트infortainment 공간이 될 것이다.

자동차 산업은 보수적인 문화를 대변한다. 포드가 대량생산한 초기의 자동차들은 모두 검은색이었다. 헨리 포드Henry Ford는 고객들이 다른 색깔의 차를 원하자 다음과 같은 유명한 말을 남겼다. "고객이 어떤 색깔을 선택해도 좋습니다. 그 색깔이 검정색이기만 하다면."

일론 머스크와 테슬라의 팬덤층이 공유하는 자유분방한 문화는 이렇게 보수적인 자동차 산업을 변화시키고 있다. 테슬라는 자동차를 단순히 '탈 것'이 아니라 '즐기고 교감하는 것'으로 바꾸고 있다. 그러나 공룡처럼 덩치가 큰 회사들은 변화에 적응하는 데 시간이 걸릴

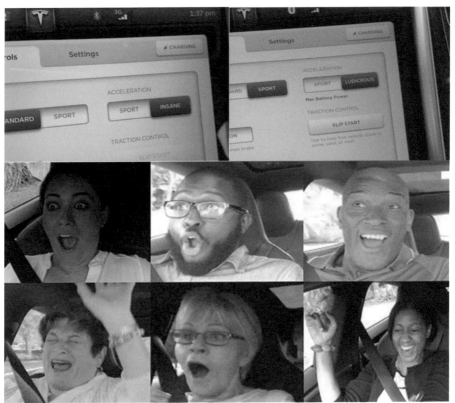

테슬라의 '미친' 가속 모드를 체험하면서 즐거워하는 사람들 (출처: 드래그 타임스 유튜브)

수밖에 없다. 급속하게 팽창하는 전기차 시장에 대응하면서 테슬라 와 경쟁하려면 보수적인 전통을 부수고 환골탈태해야 한다. 아니면 스마트폰 개발을 등한시하다가 몰락한 세계 1위의 핸드폰 회사 노키 아와 같은 운명에 처할 가능성이 크다.

지금까지 테슬라는 혁신적인 자동차들을 연속적으로 출시해왔고 앞으로도 계속 놀라운 신차종들을 발표할 예정이다. 테슬라는 신제 품을 발표할 때마다 매번 전기차가 가솔린차보다 훨씬 더 우수하고 빠르고 운전하는 것도 즐겁다는 것을 입증했다. 가장 주목할 점은 신 모델마다 새로운 혁신 기술이 적용되면서 성능과 품질 기준을 새롭 게 정의하고 있다는 것이다. 그들은 어떻게 이런 혁신 아이디어를 샘

솟듯이 도출할 수 있을까?

　테슬라는 자동차 회사이지만 실리콘밸리의 하이테크 기업처럼 운영된다.[33] 역사가 깊고 규모가 큰 기존의 자동차 회사들은 보수적이고 관료적인 전통과 문화를 가지고 있어서 잘 짜인 조직의 틀 내에서 일상 업무가 진행된다. 반면에 테슬라는 맨몸으로 시작해서 고속 성장해왔기에 고수하거나 파괴할 기존의 전통이 없다. 모든 역량은 새로운 첨단 기술을 끊임없이 개발하는 데 집중된다. 이런 테슬라의 작업 문화 덕분에 경쟁사 대비 월등한 기술 경쟁력을 획득했고 고속 성장의 원동력이 됐다.

　테슬라의 하이테크 문화는 직원들이 높게 설정된 목표를 달성하기 위해서 끊임없이 깊이 파고들게 만들고 있다. 그들은 제1원칙 사고 방식을 바탕으로 항상 새로운 아이디어를 창출하고 현장에 적용하려고 헌신적으로 노력한다. 일론 머스크는 모델3의 양산체제를 단시간에 갖출 수 있었던 것은 모든 직원의 고통을 감수하는 노력과 주당 100시간 이상 근무한 결과라고 설명한다.

　상당수 직원은 강도 높은 작업 문화를 못 견디고 회사를 떠났다. 그러나 젊은 사람들은 오히려 이 점을 테슬라의 매력으로 인식한다. 미국의 넘버원 구직 사이트인 핸드셰이크의 통계를 보면 테슬라는 그 어느 회사보다도 많은 구직과 인턴십 신청을 받고 있다. 테슬라에 입사하려는 신청자들은 매년 증가하고 있다. 젊은 사람들에게 가장 큰 매력은 '세계가 지속가능 에너지로 전환하는 것을 가속화시킨다.'라는 회사의 미션과 CEO인 일론 머스크가 직접 직원들과 함께 일에 쏟아붓는 열정이다. 한 직원은 더 높은 보수를 제시한 애플을 거절하고 테슬라를 선택한 것은 당연한 결정이라며 이렇게 말한다.

"젊은이들이 테슬라에 매료되는 점은 즉각적인 만족감입니다. 자신이 노력한 결과로 믿을 수 없는 일들이 몇 달 만에 결실을 보는 것입니다."

인턴들도 정직원들과 마찬가지로 이런 작업 문화에 매력을 느낀다. 모델3의 생산량 증대가 한창일 때 한 인턴에게 생산라인의 속도를 증가시킬 아이디어가 떠올랐다. 그는 이 아이디어를 자기 팀에게 파워포인트로 설명했고 좋은 반응을 얻었다. 이에 고무된 그는 다음 주에 관리자들에게 자신의 제안을 설명할 계획을 세웠다. 그런데 동료들은 이튿날 바로 생산라인에 적용했고 큰 효과를 보았다. 직원들은 새로운 시도를 두려워하기보다 "그냥 내일 한번 해보지 뭐."라는 태도를 지니고 있다. 테슬라의 직원들은 스스로 혁신적인 아이디어를 도출하고 적용하면서 높은 성취감과 자부심을 느끼고 있다.

일론 머스크와 테슬라의 기술진은 제1원칙 사고방식을 사용해서 도출한 혁신적인 아이디어들을 시도하는 데 주저함이 없다. 학위나 졸업장보다는 실패를 두려워하지 않는 자세와 실력을 더 중요하게 생각한다. 그는 테슬라에서 일하기 위해서는 학위는 중요하지 않고, 심지어 고등학교 졸업장이 없어도 된다며 자율주행 인공지능팀에 지원하라고 독려하는 트윗을 올렸다.[34]

"테슬라에 지원하세요! 인공지능팀은 내게 직접 보고합니다. 우리는 거의 매일 만나고 이메일과 텍스트를 주고받고 있습니다. 박사학위는 필요조건이 아니며 고등학교 졸업장이 없어도 상관없어요. 인공지능에 대한 깊은 이해가 있고 하드코어 코딩 시험만 통과하면 됩니다."

테슬라는 앞으로도 사람들을 짜릿하게 흥분시키는 새 자동차 모델들과 에너지 제품들을 속속 출시하고 생산 능력도 계속 확대할 계획이다. 그래서 회사는 더 많은 직원을 모집해야 한다. 높게 세워진 목표와 긴 근무시간에도 불구하고 도전과 압박을 즐기는 사람들을 끌어들이는 데 아무런 문제가 없을 것으로 보인다.

혁신적인 제품들

테슬라는 초기에 실리콘밸리의 하이테크 벤처기업들과 비슷한 사업 전략을 구사했다. 먼저 매력 있는 고급형 모델을 판매해서 벌어들인 현금을 후속 모델을 개발하는 데 투자해 선순환 사업구조를 정착시키는 것이다. 비록 여러 번 고비가 있었지만 지금까지는 이 전략이 성공했다.

로드스터는 2008년부터 2012년 사이에 테슬라 모터스가 판매한 첫 모델이다. 이 차는 최초로 고속도로 주행 허가를 받은 양산용 배터리 전기차이다. 전기차로서는 처음으로 주행가능거리 320킬로미터(200마일)를 돌파했다. 97킬로미터(0~60마일) 도달시간은 3.7~3.9초이고 최고 속도는 시속 200킬로미터이다.

사람들은 전기차는 느리고 못생기고 지루한 골프 카트처럼 생겼다는 이미지를 가지고 있었다. 그런데 로드스터의 등장은 전기차에 대한 고정관념을 송두리째 바꾸어버렸다. 전기차는 빠를 뿐만 아니라 섹시하기까지 했다. 유명 코미디언 제이 레노Jay Leno는 CBS 방송 프로그램 〈제이 레노의 차고〉에서 이 차량에 관한 일화를 소개했다.[35] 로드스터가 시판된 지 얼마 안 돼서 할리우드의 스타들 사이에 조지 클루니George Clooney가 처음 보는 차를 타고 신호등에 대기하고

조지 클루니의 검정색 로드스터와 제이 레노의 체리색 로드스터

(출처: 그린카 리포트, CNBC)

있다가 파란불로 바뀌자 총알같이 치고 나갔던 것이 화제가 됐다. 제이 레노는 이에 깊은 인상을 받아서 자신도 로드스터를 구입했다고 한다.

로드스터는 총 2,450대가 판매됐다. 가격이 10만 달러 이상의 고가 차량이다. 이때 테슬라의 직원 수는 500명에 불과했다. 첫 상품인 로드스터는 테슬라가 자립하는 기반을 제공했다.

모델S는 테슬라가 두 번째로 출시한 모델로서 대형 럭셔리 세단이다. 주행거리가 500킬로미터가 넘는다. 그동안 전기 자동차의 가장 큰 단점으로 꼽혔던 짧은 주행거리를 단숨에 극복함으로써 전기차 시대를 본격적으로 열어젖혔다. 미국 시사주간지 『타임』의 2012년 최고 발명품 25개 중 하나로 선정됐고 여러 매체에서 2013년 최고의 승용차라는 타이틀을 얻었다.[36, 37]

사람들은 성능과 스타일과 혁신적인 기술에 감탄했다. 거의 모든 면에서 최고의 자동차였던 것이다. 터무니없는ludicrous 모드의 가속 능력은 출발과 동시에 머리와 몸이 좌석에 밀착되면서 우주로켓에

테슬라 모델S의 내외부 모습

(출처: 테슬라)

탄 것 같은 느낌을 줬다. 실내에는 고급스러운 내장재를 적용했고 넓은 헤드 룸과 레그 룸 그리고 편평한 뒷좌석 바닥도 이 차의 장점이다. 또한 짐 싣는 공간도 경쟁 모델보다 크다.

2014년 10월 이후에 생산된 모델S는 오토파일럿이라는 이름을 가진 자율주행 기능을 설치했다. 전후방과 측면에 설치된 카메라들과 레이다는 차원이 다른 차선 이탈 방지 기능과 앞 차량과의 거리를 유지하면서 스스로 속도를 조절하는 어댑티브 크루즈 컨트롤 기능을 가능케 했다. 모든 기능을 조절하는 17인치의 대형 터치 스크린은 매우 인상적이었다.

모델S는 미국의 대형 럭셔리 자동차 시장을 석권했다.[38] 2018년 럭셔리카 브랜드별 판매량을 비교한 그래프에서 볼 수 있듯이 그동안 럭셔리카 시장을 장악해오던 독일 3사와 렉서스, 제네시스, 재규어 등의 브랜드들은 판매량이 줄었다. 경쟁사들은 럭셔리 제품의 판매 하락으로 수익성이 크게 줄었다.

그동안 전기차 개발에 소극적이던 메이저 자동차 회사는 모델S와 경쟁할 수 있는 매력적인 전기차 개발을 더 이상 미룰 수 없게 됐다. 발등에 떨어진 불이 됐다. 경쟁사들은 테슬라를 이기기 위해서 소위 '테슬라 킬러'라고 불리는 전기차 개발에 착수했다.

2019년 '테슬라 킬러'라고 명명된 두 개의 전기차가 야심 차게 출시됐다.[39] 하나는 아우디의 e-트론 SUV이고 다른 하나는 재규어의 I-페이스이다. 그러나 매력적인 외형과 고급스러운 내장재를 갖춘 이 두 개의 야심작은 '테슬라 킬러' 역할을 하는 데 성공하지 못했다. 두 차종 모두 주행거리가 300~380킬로미터에 그쳐 비슷한 크기의 배터리를 장착한 모델S의 500킬로미터 수준에 크게 못 미쳤다. 최고 속도와 가속 능력도 모델S와 비교해 부족했다. 자동차 업계 대표적인 회사들도 전기차 제조 기술에서는 몇 년 이상 뒤처진 것이 입증됐다.

모델X는 럭셔리 SUV로서 모델S 다음으로 출시한 세 번째 모델이다. 모델X는 선주문이 3만 대를 기록해 모델S의 선주문량 1만 2,000대를 제쳤다.[40] 모델X는 SUV 전기차로서 5, 6, 7인승의 좌석 배치를 가지고 있다. 뒷문은 독수리 날개falcon wing 모양으로 위로 열리는 디자인이다. 모델S와 동일한 플랫폼을 사용하고 있다. 주행거리는 기본형이 491킬로미터이고 장거리형은 565킬로미터이다.

모델X는 공차 중량이 2.5톤에 달하는 커다란 몸집에도 불구하고 놀라운 주행 성능을 지녔다. 2016년 8월에 테슬라는 '터무니없는' 모드를 가진 P100D 모델을 출시했는데 97킬로미터(0~60마일) 도달시간 2.9초를 달성해 슈퍼카와 같은 성능을 과시했다. 가장 성능이 높은 모델X는 97킬로미터(0~60마일) 도달시간 2.6초라는 놀라운 가속 능력을 갖추고 있다. 이 차는 공식적으로 세계에서 가장 빠른 SUV이다.

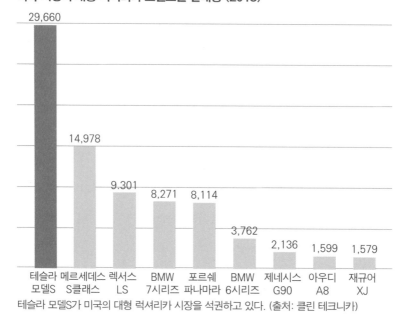

미국 시장의 대형 럭셔리카 브랜드별 판매량 (2018)

테슬라 모델S	29,660
메르세데스 S클래스	14,978
렉서스 LS	9,301
BMW 7시리즈	8,271
포르쉐 파나마라	8,114
BMW 6시리즈	3,762
제네시스 G90	2,136
아우디 A8	1,599
재규어 XJ	1,579

테슬라 모델S가 미국의 대형 럭셔리카 시장을 석권하고 있다. (출처: 클린 테크니카)

모델X는 견인 능력에서 기네스 세계기록을 보유하고 있다. 2018년 5월 15일 130톤 무게의 보잉 787-9 비행기를 활주로에서 300미터 가량 견인했다. 이것으로 전기차 파워트레인의 놀라운 힘과 기술력을 입증했다.[41]

"테슬라는 느린 자동차를 생산하지 않습니다."

일론 머스크는 2016년 테슬라의 네 번째 제품인 모델3 신차발표 회에서 자신감 넘치는 표정으로 이렇게 선언했다. 신차발표회 직후 24시간 만에 11만 5,000대의 예약주문이 폭주했다. 그리고 일주일 동안 32만 5,000대의 선주문을 받았다. 잠재 매출액만 140억 달러이 다.[42] 모델3는 테슬라의 첫 대중적인 양산 모델이다. 주행거리는 기본형이 402킬로미터이고 장거리형이 518킬로미터이다. 2020년 3월

테슬라 모델X

(출처: 테슬라)

기준 모델3는 역사상 세계에서 가장 많이 팔린 전기차가 됐고 누적 판매량 50만 대를 기록했다.

일론 머스크가 추구하는 테슬라의 목표는 모델3처럼 상대적으로 가격이 저렴한 전기차를 대량으로 보급함으로써 화석연료에서 친환경 에너지 사회로 빠르게 전환하는 것이다. 초기에 로드스터, 모델S, 모델X 럭셔리 제품들의 판매를 통해서 수익성을 확보한 후에 본격적으로 대중적인 차량인 모델3 생산에 매진했다. 그와 직원들은 대량생산을 하려면 엄청나게 많은 문제점을 해결해야 한다는 것을 깨달았다. 그들은 이 시기를 '생산의 지옥production hell'이라고 표현했다.[43] 테슬라는 20억 달러의 신주를 발행해서 자금을 보충해야 했다. 2018년 7월 1일 드디어 그는 계획대로 주당 5,000대의 양산체제를

테슬라 모델3의 내외부 모습

(출처: 테슬라)

갖추었다고 발표했다.[44] 현재는 중국 상하이에 건설한 기가팩토리3
에서도 모델3가 양산되고 있다.

모델3는 가격이 상대적으로 저렴하지만 놀라운 성능을 갖추었다.
공기 저항 계수가 모든 승용차 중에서 가장 낮은 Cd=0.23에 불과
하다.[45] 테슬라의 차들은 충돌 안전성 테스트의 모든 평가 항목에서
별 다섯 개의 최고 등급을 받으며 세상에서 가장 안전한 차들로 공
식적인 평가를 받았다.[46] 모델3, 모델S, 모델X는 각각 1, 2, 3위의 자
리를 차지했다. 모델3가 세계에서 가장 안전한 차의 지위를 획득한
것이다.

테슬라의 다섯 번째 모델인 콤팩트 SUV 모델Y는 2019년 3월 신
차발표회에서 선보였다. 이 자동차는 2020년 1월에 본격적인 생산
이 시작됐고 3월부터 시판됐다. 모델Y는 모델3와 동일한 플랫폼을
사용하며 다른 테슬라 차량처럼 인상적인 성능을 갖추고 있다. 장거
리 모델의 주행거리는 509킬로미터이고 고성능 모델의 97킬로미터
(0~60마일) 도달시간은 3.5초로 뛰어난 가속 능력을 갖추었다.

후방 언더바디

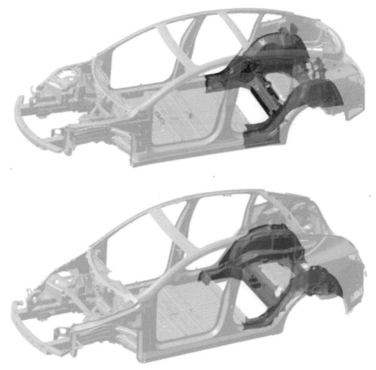

70개의 부품으로 조립한 모델3와 2개의 주조품으로 제작된 모델Y (출처: 테슬라)

이전에 출시된 차들은 혁신적인 디자인과 기술이 적용돼 많은 사람들이 환호했다. 모델Y는 외견상 모델X의 작은 버전으로서 대중적인 SUV로 보이지만 혁신적인 차체 엔지니어링 기술이 적용됐다.[47] 모델3의 후방 언더바디는 70개의 부품으로 조립된 반면에 모델Y에서는 단지 2개의 커다란 주조품으로 만들어졌다.

2020년 7월 일론 머스크는 독일에서 건설되는 기가팩토리 4에서 생산될 모델Y에 혁신적인 차체 엔지니어링과 페인팅 기술을 적용할 것이라고 말했다.[48] 이 새로운 제조 기술은 테슬라의 다른 자동차 모델들의 생산 공정에도 확대 적용될 것으로 전망된다.

2019년 11월 21일 자동차 역사상 가장 충격적인 테슬라의 여섯 번째 신차발표회가 열렸다. 드디어 사이버트럭이 모습을 드러냈다. 마치 공상과학 영화에서나 볼 수 있던 강렬한 외형을 가진 픽업트럭이었다. 발표회 전에 일론 머스크는 사이버트럭이 영화 「매드 맥스」 스타일의 미래형 픽업트럭이라고 언급했다. 그래서 사람들이 더욱 궁금해했는데 실물은 훨씬 더 예상을 뛰어넘었다.

미국 사람들의 픽업트럭에 대한 사랑은 유별나다. 대도시에서 말끔한 정장을 차려입은 남녀 전문 직장인들이 출퇴근 시 픽업트럭을 몰고 다니는 게 자연스러울 정도다. 픽업트럭은 과거 개척 시대를 상징하는 터프함을 가지고 있다. 2019년 미국의 베스트셀러 차량 중에서 1~3위를 픽업트럭이 차지했다.[49]

미국에서 가장 인기 있는 픽업트럭은 포드자동차의 F-시리즈인데 전통적인 픽업트럭의 외양을 갖추고 있다. 그에 비해서 사이버트럭은 영화 「백 투 더 퓨처」에서 타임머신으로 사용된 들로리앤 자동차처럼 몸체가 스테인리스 강판으로 제작됐다. 사이버트럭의 각형 디자인은 영화 「007 나를 사랑한 스파이」에 사용됐던 1976년형 로터스 에스프리 스포츠카에서 영감을 받았다.[50] 일론 머스크는 2013년에 이 스포츠카를 개인적으로 100만 달러를 주고 구입했다. 그는 사이버트럭이 테슬라가 만든 역대 최고의 차라고 생각한다고 했다. 그러나 다른 사람들도 미래형 디자인을 좋아할지 확신할 수가 없었다. 그래서 그는 개발팀에게 이렇게 말했다.[51]

"아무도 이 차를 구입하려 하지 않으면 언제든지 다른 트럭과 비슷한 모습으로 만들면 되는 거지 뭐."

사이버트럭과 영화 「007 나를 사랑한 스파이」에 사용된 1976년 로터스 에스프리 스포츠카
(출처: 테슬라, 로터스)

많은 평론가가 비현실적인 디자인에 대한 혹평을 쏟아냈고 실패할 것이 틀림없다고 장담했다. 주가는 6%나 하락했다. 그러나 사이버트럭은 신세대를 중심으로 폭발적인 인기를 끌었다. 신차발표회 직후 5일 동안 25만대의 선주문이 밀려들었고 3월 말 기준 60만 대를 돌

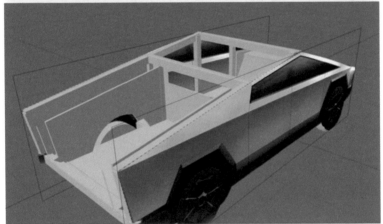

사이버트럭의 엑소스텔레톤 차체 구조 (출처: 테슬라, 인사이드EVs)

파했다.[52] 자동차 산업 관련 종사자들의 시대의 흐름을 따라가지 못하는 보수성이 부각됐을 뿐이다.

　사이버트럭은 놀라운 성능을 가지고 있다. 모델에 따라서 97킬로미터(0~60마일) 도달 속도는 2.9~6.5초이고 주행거리도 400~800킬로미터이다. 승차 인원과 적재된 짐의 무게에 맞추어 높이와 쿠션을 자동 조절하는 기능을 가지고 있다. 또한 공구를 이용한 작업의 편의를 위해서 120, 240볼트 콘센트와 에어 컴프레서를 구비하고 있다.

포드 F-150과 줄다리기 시합을 하는 사이버트럭 (출처: 일론 머스크 인스타그램)

또 하나의 큰 특징은 차체 구조이다.[53] 기존의 픽업트럭은 바디-온-프레임 방식으로 제작된다. 즉 파워트레인(엔진과 드라이브트레인)을 얹은 튼튼한 프레임(혹은 샤시) 위에 차체가 올려지는 방식으로 돼 있다. 그에 비해 사이버트럭은 배터리와 서스펜션 위에 일체형 차체 유니바디를 올리는 방식으로 제작됐다. 일론 머스크는 이런 일체형 차체 구조를 엑소스켈레톤Exoskeleton이라고 명명했다. 엑소스켈레톤은 무거운 프레임이 없기 때문에 3밀리미터 두께의 고강도 스테인리스 강판을 사용했음에도 전체 차량의 무게는 기존 픽업트럭보다도 가볍다. 적재 능력도 1,590킬로그램으로 경쟁 모델인 포드 F-150보다 훨씬 크다.

픽업트럭은 견인 능력이 뛰어나다. 그런데 사이버트럭과 포드 F-150 픽업트럭이 줄다리기 시합을 한 결과 사이버트럭이 F-150을 가볍게 끌어당겨서 평지도 아닌 언덕을 올라갔다.[54] 포드 측에서는 다시 한 번 공정하게 겨루어 보자고 제안했지만 나중에 그냥 해본 소리라며 취소했다. 공식적인 견인 능력은 사이버트럭이 6,350킬로그

TV 프로그램 〈제이 레노의 차고〉에 출연해서 농담을 주고받는 일론 머스크 (출처: CNBC)

램이고 F-150은 3,500~6,000킬로그램이다.

　사이버트럭의 외장은 자체 개발한 고강도 스테인리스 강판과 강화 유리로 제작돼 있다. 이 강판과 유리는 방탄 기능이 있어서 9밀리미터 구경의 총알이 뚫을 수 없다. 〈제이 레노의 차고〉에 출연한 머스크는 다음과 같이 농담을 주고받았다.[55]

> 레노　사이버트럭이 방탄이 되는 게 왜 그리 중요해?
> 머스크　그럼 중요하지. 간지 나고 멋지지 않아? 너는 네 트럭이 방탄이면 좋겠어, 안 좋겠어? 세상의 종말이 닥치면 방탄인 것을 다행으로 생각할 거야. 우리는 종말 기술의 리더가 되고 싶어.

　이 실없는 농담에는 어쩌면 일론 머스크의 속마음이 담겼는지도 모른다. 그는 평소에 인공지능이 인류의 생존을 위협할 것이라는 주

테슬라 세미트럭의 내외부 모습 (출처: 테슬라)

장을 했기 때문이다. 이왕이면 종말의 시대가 와도 믿을 수 있는 강인한 트럭을 만들려고 한 것은 아닐까?

2017년 11월 일론 머스크는 테슬라의 신차발표회에서 일곱 번째 모델인 세미트럭을 선보였다. 이 트럭은 2021년 출시될 예정이다. 미국에서는 트레일러를 끄는 트럭을 세미트럭이라고 부른다. 정식 명칭은 '세미-트랙터-트레일러 트럭'이다. 이 트럭의 성능도 역시 예상을 훨씬 넘어선다. 트레일러를 매달지 않은 세미트럭은 정지 상태에서 시속 97킬로미터(0~60마일)까지 도달하는 데 5초밖에 걸리지 않는다. 웬만한 스포츠카와 비슷한 속도이다. 그에 비해 디젤트럭은 15초가 걸린다. 세미트럭은 공기저항계수가 0.36으로 슈퍼카인 부가티 카이론의 0.38보다도 적다.

최대 적재량 36톤의 짐을 싣고 경사도 5%의 언덕을 오를 때 디젤트럭의 최고 속도는 시속 72킬로미터(45마일)인 데 반해서 세미트럭은 시속 105킬로미터(65마일)이다. 산악 지역에서는 시간을 50%나 단축할 수 있다. 주행거리도 800킬로미터나 된다.

세미트럭은 테슬라의 다른 승용차와 마찬가지로 변속기어가 없고

세계에서 가장 빠른 승용차 신형 로드스터 (출처: 테슬라)

운전도 아주 쉽다. 자율주행 기능도 기본으로 장착돼 있다. 운전석은 정중앙에 위치해 운전자에게 파노라믹 뷰를 제공한다. 일론 머스크는 이렇게 표현했다. "당신은 경주용차를 탄 것처럼 운전석에 앉아서 탁 트인 도로와 주변 환경을 보게 될 것입니다."

엔진과 구동계통은 160만 킬로미터 보증이고 높은 에너지 효율로 인해서 운영비도 디젤트럭 대비 20% 적게 든다. 이 트럭이 출시되면 모든 면에서 디젤트럭은 경쟁이 되질 않는다. 선주문을 한 회사 중에는 UPS, 펩시, 월마트 등의 대형 유통 회사들이 있다. 기존의 트럭 메이커들은 서둘러 비슷한 성능을 가진 전기 트럭을 개발해야만 하는 상황이다.

2017년 11월 신차발표회에서 여덟 번째 모델인 신형 로드스터가 세미트럭과 함께 소개됐다. 테슬라의 첫 번째 모델인 2008 로드스터를 업그레이드한 스포츠카이다. 97킬로미터(0~60마일) 도달시간이 불과 1.9초이다. 역사상 최초로 2초 벽을 돌파한 세계에서 가장 빠른 승용차이다. 최고 속도는 400킬로미터이고 주행거리도 1,000킬로미

가정용 에너지 저장 배터리 '파워월'과 전력망용 대형 에너지 저장 단지에 사용되는 '파워팩' (출처: 테슬라)

터나 된다. 고성능 스포츠카로는 유일하게 4인승이며 적재공간도 넉넉하다.

이 차는 세 개의 모터로 구동되는데 앞에 한 개, 뒤에 두 개가 장착된다고 한다. 이를 통해서 사륜구동과 코너링 시 각 바퀴의 토크를 가변적으로 제어하는 토크 벡터링이 가능하게 된다. 배터리 용량은 200킬로와트시로 모델S의 두 배가 넘는다. 이 차의 고성능 모델에는 스페이스엑스 패키지가 장착되는데 10개의 작은 로켓 추진체들이 차 주위에 배열될 것이라고 한다. 이 차가 출시돼 도로에서 내연기관 차가 따라올 수 없는 성능을 과시한다면 전기차의 기술적 우수성을 입증하는 산 증거가 될 것이다.

테슬라의 미션은 단순히 전기차를 많이 생산하는 것이 아니라 세계를 지속가능 에너지 사회로 조속히 전환하는 것이다. 그래서 테슬라는 전기차뿐만 아니라 재생가능 에너지의 생산과 저장에 필요한 제품들과 시스템도 만들고 있다. 지속가능 에너지 생태계를 만들기 위해서 가정용 파워월과 전력망용 파워팩을 제조하고 있다. 이들 제품은 가정과 기업과 발전소가 재생가능 에너지를 이용해서 전기를 생산하고 저장하고 소비할 수 있도록 도와준다.

파워월은 가정에서 낮에는 전기 에너지를 저장하고 밤에 그리고 외부전력이 끊겼을 때 자동으로 에너지를 공급하는 배터리이다. 태양광 지붕타일과 연결이 돼 충전되면 며칠 동안 가정에 전기를 공급할 수 있다. 파워팩은 전력망이나 산업용으로 사용되는 고성능 배터리 저장 시스템이다. 이 설비는 필요에 따라서 용량을 원하는 대로 설치할 수 있다.

테슬라가 입증한 전기차의 경쟁력

일론 머스크의 테슬라가 주도하는 전기차 혁명과 강화된 배출가스 규제로 인해서 자동차 산업의 지형이 변하고 있다. 카오스 이론의 나비효과처럼 소규모 전기차 제조사인 테슬라가 일으킨 전기차 기술 혁명의 폭풍은 공룡같이 거대한 자동차 업계에 변화를 강요하고 있다. 게다가 유럽에서 시작된 이산화탄소 규제가 전 세계적으로 강화되면서 자동차 업계는 친환경차 위주로 조속히 해야 하는 상황에 놓여 있다.

사람들은 전기 자동차가 최근에 만들어진 제품으로 생각하지만 최초의 전기차는 1820년대에 만들어졌다.[56] 1900년경에는 전기차가 3만 대나 도로 위에서 운행됐다.[57] 내연기관 자동차는 연료 주입 시간이 짧고 가격이 저렴한 장점으로 1920년대부터 대량으로 보급됐다. 그 후 100년간 자동차 시장을 지배해왔다.

최근 테슬라의 주도로 순수 배터리 전기차의 시대가 다시 열렸다. 테슬라는 전기차가 비싸고 느리고 못생겼다는 기존의 인식을 깨뜨

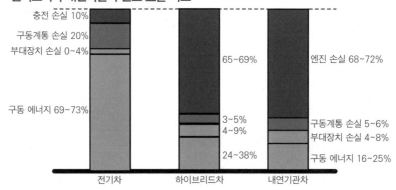

전기모터와 내연기관의 연료 효율 비교

충전 손실 10%
구동계통 손실 20%
부대장치 손실 0~4%

구동 에너지 69~73%

65~69%

3~5%
4~9%

24~38%

엔진 손실 68~72%

구동계통 손실 5~6%
부대장치 손실 4~8%

구동 에너지 16~25%

전기차　　하이브리드차　　내연기관차

(데이터 출처: 미국 환경보호국)

렸을 뿐만 아니라 에너지 효율이 더 높고 빠르고 매력적이라는 것을 증명했다. 전기차의 가장 큰 장점은 뭐니 뭐니 해도 배출가스가 제로라는 것이다. 세계가 전기차로 전환을 마무리하는 시점이 되면 내연기관차에 의존했던 100여 년의 기간은 미래 세대에게 가장 큰 환경적 부담을 지운 어두운 시대로 기록될 것이다.

　전기차는 기술적 관점에서 내연기관차 대비 몇 가지 장단점이 있다. 우선 단점으로는 짧은 주행거리와 긴 충전 시간을 꼽을 수 있다. 테슬라는 초기 모델인 모델S의 주행거리가 500킬로미터를 웃돌면서 가장 큰 단점 하나를 단숨에 극복했다. 또 하나의 단점인 긴 충전 시간도 야간에 집에서 충전하거나 고속충전소에서 20~30분 만에 충전할 수 있게 함으로써 불편을 최소화했다. 그리고 전기차의 장점들을 극대화함으로써 우수한 기술 경쟁력을 입증했다.

　전기차의 장점 중에서 첫째는 높은 에너지 효율이다. 자동차의 에너지 효율을 재는 지표를 '연료탱크에서 바퀴 구동까지의 효율tank-to-wheel efficiency'이라고 한다. 전기차, 하이브리드차, 내연기관차의 에

전기모터와 내연기관의 단위 무게당 파워 비교

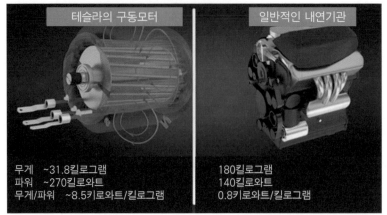

테슬라의 구동모터	일반적인 내연기관
무게 ~31.8킬로그램	180킬로그램
파워 ~270킬로와트	140킬로와트
무게/파워 ~8.5키로와트/킬로그램	0.8키로와트/킬로그램

(출처: 런 엔지니어링)

너지 효율은 모두 다르다. 내연기관차는 에너지의 약 70%가 엔진의 열로 손실되고 10%가 기타 장치에서 손실돼 약 20%만이 실제 차를 움직이는 데 사용된다. 하이브리드차는 약 30%의 에너지만 차를 움직이는 데 사용된다. 반면에 전기차는 충전 시 10%가 손실되고 구동 계통과 부대장치에서 20%가 손실돼 약 70%의 에너지가 차를 움직이는 데 사용된다. 전기차는 또한 브레이크 작동 시 17%의 에너지가 재생되기 때문에 전체적으로 사용 가능한 에너지는 86~90%에 이른다. 즉 내연기관차 대비 5배 정도 에너지 효율이 높다.[58, 59]

두 번째 장점은 높은 모터 파워이다.[60] 내연기관은 피스톤의 직선운동을 부드러운 회전운동으로 바꾸기 위해서 균형추와 플라이휠 등 무거운 금속부품을 사용하기 때문에 전체적으로 매우 무겁다. 반면 전기차는 엔진보다 훨씬 가벼운 구동모터를 사용한다. 엔진의 단위 무게당 파워를 비교하면 테슬라의 구동모터는 내연기관의 10배가 넘는다.

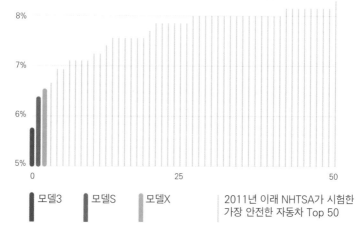

충돌 안정성에서 1~3위를 차지한 테슬라 자동차들

가장 낮은 부상 가능성
(검사기관: 미국 고속도로교통안정관리청NHTSA)

모델3　　모델S　　모델X　　2011년 이래 NHTSA가 시험한
가장 안전한 자동차 Top 50

(출처: 테슬라)

　세 번째 장점은 복잡한 변속기가 필요 없다는 것이다. 내연기관차는 1,000RPM 이상의 엔진 회전 속도에서 최대 토크가 발생한다. 그래서 바퀴가 정지 상태에서부터 점차 속도를 올리면서 복잡한 구조의 다단 변속기를 사용해야 한다. 반면에 전기모터는 정지 상태에서부터 최대 토크를 발생시키고 3,000RPM까지는 최대 토크 상태를 유지한다. 구동모터가 바퀴의 속도를 직접 컨트롤하기 때문에 다단 변속기가 필요 없다.

　네 번째 장점은 저렴한 연료비다.[61] 2018년 미시간 대학교에서 연간 평균 연료비를 비교 분석한 연구결과에 의하면 내연기관 자동차는 1,117달러인 반면에 전기 자동차는 절반도 안 되는 485달러이다.

　다섯 번째 장점은 높은 안전도이다.[62] 테슬라의 전기 자동차들은 내연기관차들보다 충돌 안전성이 월등하게 높다. 전 세계 차 중에서 충돌 안전성 1위부터 3위까지를 테슬라의 모델3, 모델S, 모델X가 나란히 차지했다. 테슬라의 자동차들은 전 평가 항목에서 5점 만점을 받았다. 앞으로 자율주행 기능을 장착하면 충돌 사고율이 훨씬 더 낮아질 것이다.

테슬라는 전기차의 단점을 최소화하고 장점을 부각함으로써 시장의 변화를 주도하고 있다. 기존 자동차 산업을 주도하던 대형 자동차 회사들은 전기차 개발에 관해서는 후발주자가 됐다. 이 회사들은 테슬라와의 기술 격차를 줄이기 위해서 큰 노력을 기울여야 할 것이다. 테슬라 외에도 많은 자동차 회사가 경쟁력 있는 전기차들을 제조할 수 있게 돼야 지속가능 에너지 시대가 앞당겨질 것이다.

전기차라고 다 같은 전기차가 아니다

전기차 시장에는 테슬라가 판매하는 순수 배터리 전기차만 있는 것이 아니다. 현재 전기차라는 이름을 달고 다양한 종류의 구동 장치를 장착한 자동차들이 판매되고 있다. 이 자동차들은 크게 네 가지 타입으로 분류된다.

첫째는 배터리 전기차BEV, Battery Electric Vehicle로서 화석연료를 사용하지 않고 100% 전기 에너지로 구동된다. 둘째는 플러그인 하이브리드차PHEV, Plug-in Hybrid Electric Vehicle로서 외부에서 전기를 충전 받아서 구동모터가 주된 동력을 제공하고 작은 내연엔진이 보조 역할을 한다. 셋째는 일반 하이브리드 자동차HEV, Hybrid Electric Vehicle로서 내연기관이 주 역할을 하고 구동모터가 보조 역할을 한다. 이 자동차는 외부에서 전기를 충전하지 않는다. 넷째는 수소연료전지차FCEV,

전기 자동차의 종류[63]

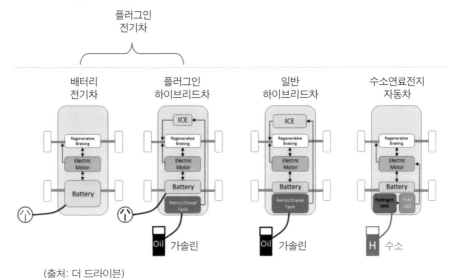

(출처: 더 드라이브)

Hydrogen Fuel Cell Electric Vehicle로서 고압의 수소를 연료탱크에 충전한 후 연료전지를 거쳐서 발생한 전기를 동력으로 사용한다.

통상적으로 전기차의 생산과 판매량을 집계할 때는 외부에서 전기를 충전해 배터리에 저장하는 배터리 전기차와 플러그인 하이브리드차만 포함한다. 이 차들을 함께 부를 때는 플러그인 차량이라는 용어를 사용한다. 하지만 보통 전기차라고 하면 배터리 전기차, 즉 순수 전기차를 지칭하는 경우가 많다.

자동차의 구조 측면에서 비교하면 테슬라가 집중하는 배터리 전기차의 구조가 가장 간단하다. 플러그인 하이브리드와 일반 하이브리드 자동차들은 엔진과 모터 둘 다 가지고 있어서 구조가 복잡하고 만드는 데 비용이 많이 든다. 수소차는 연료탱크부터 연료전지, 모터, 물 배출 파이프 등을 가지고 있어서 내연기관차와 구조가 매우

테슬라 모델S와 모델3의 스케이트보드 플랫폼

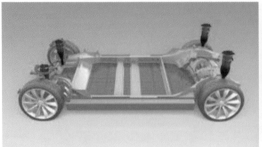

(출처: 테슬라)

비슷하다.

배터리 전기차에서는 기본적으로 배터리와 모터가 구동 장치의 메인 부품이다. 그러나 같은 전기차라도 배터리와 모터를 배치하는 데어떤 플랫폼을 사용하는가에 따라서 성능이 크게 달라진다. 전기차라고 다 같은 전기차가 아니라는 뜻이다. 배터리 전기차의 플랫폼은크게 두 가지로 구분된다.

첫째, 전용 플랫폼Dedicated Platform이다.[66] 테슬라의 모든 자동차가전기차 전용 플랫폼을 사용하고 있다. 이 플랫폼은 그림에서 볼 수있듯이 앞바퀴 축과 뒷바퀴 축 사이의 전체 면적을 직사각형의 넓은판자 형태의 배터리가 차지하고 바퀴 축 위에 바로 모터를 장착한다.형태가 매우 단순한 이 플랫폼은 스케이트보드와 흡사하게 생겨서흔히 '스케이트보드 플랫폼'이라고 불린다. 차체는 그대로 이 플랫폼위에 얹히게 되며 내연기관차에서 사용되는 복잡한 형태의 샤시가필요 없다. 테슬라의 자동차들은 모두 스케이트보드 타입의 전용 플랫폼을 사용한다. 전용 플랫폼이 가진 여러 장점 때문에 최근 폭스바겐, GM, 현대자동차 등 대형 자동차 회사들도 전용 플랫폼을 개발하

배터리팩이 빈곳을 최대한 찾아서 장착돼 있다. (출처: 닛산)

고 있다.[65]

둘째, 내연기관 플랫폼이다. 현재 기존 자동차 회사들이 출시하는 대부분의 전기차는 내연기관 플랫폼을 사용하고 있다. 엔진, 변속기, 연료탱크, 배기계를 뺀 샤시에 모터와 배터리를 장착하는 방식이다. 무겁고 복잡한 형태의 샤시를 그대로 사용하고 있다. 그러다 보니 대형 배터리를 장착하기 위해서는 바닥의 빈 곳을 찾아서 굴곡이 있는 형태로 최대한 채워 넣어야 한다. 그러나 공간의 한계 때문에 일반적으로 배터리의 부피가 전용 플랫폼을 사용하는 전기차보다 작게 된다. 모터도 전방의 엔진 룸에 장착한 전륜구동 방식을 사용하는 경우가 대부분이다. 내연기관 플랫폼을 사용하는 대표적인 전기차 모델로는 GM 볼트, 르노 조이, 닛산 리프, 현대 코나 같은 차들이 있다.

전용 플랫폼의 중요한 장점 중 하나는 내연기관 플랫폼 대비 디자인의 자유도가 훨씬 높다는 것이다. 글로벌 컨설팅 업체 맥킨지의 조사에 따르면 전용 플랫폼 전기차는 내연기관 플랫폼 전기차 대비 배터리의 평균 부피가 25% 더 크다고 한다.[66] 그리고 구동모터를 바퀴 축에 그대로 장착할 수가 있어서 후륜구동, 전륜구동, 사륜구동 등 다양한 구동 방식을 선택할 수 있다. 탑승 공간도 넓고 여유로우며 엔진이 없는 앞부분에도 트렁크를 만들 수 있다. 또한 차량 하부가 편평해서 공기저항계수도 매우 낮게 된다.

전용 플랫폼의 또 하나의 중요한 장점은 높은 충돌 안정성이다.[67] 테슬라 자동차들은 다른 차들에 비해서 매우 낮은 극관성 모멘트polar moment of inertia를 갖고 있다. 무거운 배터리가 낮게 자리 잡고 전후좌우로 50대 50의 무게 분포를 갖고 있다. 즉 무게의 중심이 차량의 정 가운데 있다. 이런 자동차들은 충돌 시 차량이 쉽게 옆으로 회전함으로써 충돌 에너지가 객실 방향으로 흡수되는 대신 방향이 바뀌게 된다. 일론 머스크는 이 기술의 중요성을 트위터에서 다음과 같이 설명했다.

"핵심 기술 포인트는 테슬라의 극관성 모멘트가 어떤 다른 자동차들보다 우수하다는 것이다. 이것은 안전도와 차량의 핸들링과 주행감에 영향을 준다. 극도로 중요한 지표이다."

또한 전용 플랫폼은 엔진이 없어서 앞에 있는 빈 공간은 전면 충돌 시 충돌 에너지를 흡수하는 커다란 '크럼블 존(구겨지는 구간)'으로서 중요한 역할을 한다. 이것은 사고 시 탑승자뿐만 아니라 보행자의 부상 위험을 줄여주는 효과가 있다.

전용 플랫폼 차들은 배터리팩을 담는 매우 튼튼한 배터리 용기를

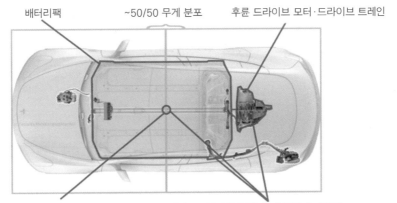

배터리팩　　　~50/50 무게 분포　　　후륜 드라이브 모터·드라이브 트레인

테슬라 모델3 – 낮은 무게 중심　　　가장 무거운 부품들은 무게 중심에 가깝게
배치함으로써 극히 낮은 극관성 모멘트를 실현함

모델S의 균등한 무게 배분과 충돌 시 차체가 쉽게 회전하는 모습 (출처: 테슬라)

사용한다. 특히 바닥 부분은 도로 쪽에서의 충격을 견디기 위해서 두 꺼운 금속판으로 돼 있다. 예를 들면 테슬라 모델S는 6.4밀리미터 두 께의 강한 '방탄 등급ballistic grade'의 알루미늄 판재를 사용한다. 또한 배터리 용기의 옆 부분도 강도가 높은 알루미늄 사출 부품으로 제작 돼 있다. 측면 충돌 시험 사진에서 볼 수 있듯이 이 튼튼한 배터리 용 기는 기존 차량 대비 외부 물체가 차량 내부로 파고들어 오는 정도 를 훨씬 적게 해주는 역할을 한다. 그래서 사이드 에어백도 팽창에

모델3와 볼보 S60의 측면 충돌시험 모습 (출처: 테슬라)

필요한 시간 여유가 생겨서 더 효과적으로 작동하게 된다.

모델3는 테슬라 차량 중에서도 충돌 안정성이 가장 우수하다. 모델S는 자동차 무게를 줄이기 위해서 차체 전체가 거의 경량 알루미늄 부품으로 제작되는 반면에 모델3는 충돌 시 차체가 변형되는 것을 최소화하는 역할을 하는 바디인화이트BIW, Body in White 부품들에 초고강도 철강재를 사용했다. 이 강재는 알루미늄 대비 무겁지만 모델3의 차체와 배터리팩의 디자인 개선을 통해서 차량 무게가 많이 증가하지 않도록 조치했다. 그 결과 모델3는 지구상에서 가장 안전한 자동차로 공인받았다.

일반적으로 어떤 신기술이 나왔을 때 제품의 기능은 획기적으로 변하지만 외형은 느리게 변하는 경향이 있다. 초기의 테슬라 전기차들도 외형과 좌석 배열 구조가 기존 자동차들과 비슷하다. 그러나 전용 플랫폼이 제공하는 높은 디자인 자유도는 앞으로 전기차의 구조

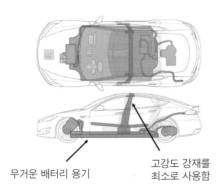
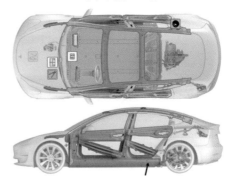

모델S: 배터리 용기가 충격으로부터
배터리를 보호함

모델3: 고강도 강재의 차체가 충격으로부터
배터리팩을 보호함

무거운 배터리 용기

고강도 강재를
최소로 사용함

고강도 강재를 많이 사용함

모델S와 모델3의 차체 구조. 파란색이 고강도 철강재 부품이다. (출처: 테슬라)

와 외형을 획기적으로 바꿀 것이다. 테슬라의 사이버트럭을 예로 들면 기존 트럭과는 완전히 다른 엑소스켈레톤 차체 구조를 가지고 있고 외형도 먼 미래에서 온 것과 같은 모습을 하고 있다. 테슬라 외에도 여러 전기차 스타트업 회사가 혁신적인 디자인을 선보이고 있다.

전용 플랫폼 못지않게 전기차의 성능과 안정성을 좌우하는 중요한 기술은 배터리의 냉각 방식과 온도 관리 시스템이다. 전기차의 주행 거리를 늘리려면 배터리의 에너지 밀도를 높여야 한다. 그러기 위해 배터리셀 제조사들은 양극재의 니켈 함량을 지속적으로 높여왔다. 그런데 배터리는 니켈 함량이 높아질수록 온도 상승에 취약해져서 화재 발생 가능성이 커진다. 그래서 배터리의 냉각 방식과 온도 관리 기술이 매우 중요하다.

테슬라의 차량은 효율적인 배터리 온도 관리를 위해서 액체냉각 방식을 사용한다. 그러나 경쟁 모델 중에는 공기냉각 방법을 사용하는 차들이 많이 있다. 특히 강제 공기순환 냉각 팬이 없이 주행 중에만 냉각이 가능한 수동식 공냉 방식을 사용하는 차량들은 고속충전 시 생기는 발열 현상 때문에 배터리의 수명이 떨어지거나 주행 중에 화재가 발생할 수 있다. 닛산의 인기 전기차 모델 리프는 고속충전 시 충전 속도가 저하하는 현상이 발생해 '래피드게이트Rapidgate'라는 오명을 얻기도 했다.[68] 또한 일부 공랭식 자동차들은 고속충전 시 화재가 발생하는 케이스들이 보고된다.

전기차는 BMS라고 배터리팩의 발열 현상을 제어하는 배터리 관리 시스템Battery Management System을 갖추고 있다. 이 시스템은 배터리팩의 온도가 임계치에 도달하지 못하게 관리한다. 만약 일부 셀에 문제가 생기면 자동으로 전기 연결을 차단하는 역할을 한다. 테슬라는 배터리 관리 시스템 기술이 앞서 있을 뿐만 아니라 배터리팩이 전기차에 장착된 후 폐기될 때까지의 전 수명 주기 동안 성능이 떨어지는 과정에 대한 풍부한 데이터와 기술을 축적했다. 그에 비해서 후발 주자들은 뒤떨어진 배터리 관리 시스템 기술을 조속히 안정화해야 한다.

대다수 자동차 회사들은 그동안 전기차의 개발에 미온적이었다. 특히 전용 플랫폼의 개발은 등한시했고 내연기관 플랫폼에 배터리와 모터만 장착했다. 여전히 테슬라와 기존 자동차 회사 간에 전기차 기술력의 격차가 좀처럼 좁혀지지 않고 있다. 일론 머스크는 우수한 전기차 경쟁 모델들이 등장하기를 기다렸다가 실망한 나머지 조속한 자동차의 전동화electrification를 위해서 특단의 결심을 하게 된다.

2014년 6월 12일 그는 테슬라의 특허들을 오픈소싱한다며 '우리의 모든 특허는 당신들 소유입니다All our patent are belong to you.'라는 글을 블로그에 올렸다. 그는 이 조치가 전기차 시장을 더 빠르게 성장

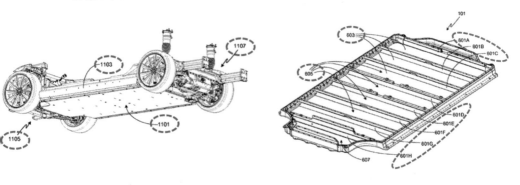

테슬라의 스케이트보드 플랫폼에 관한 기술 특허[69] (출처: 미국 특허청)

시키기 위한 것이라고 했고 특허들을 선의로 사용한다면 어떤 법적 조치도 취하지 않을 것이라고 선언했다.[70] 다른 어떤 산업의 1위 업체도 자기의 지적 재산을 오픈소싱한 적이 없었다. 그런데 그는 이를 실행한 것이다. 위의 그림은 테슬라가 오픈소싱한 특허 중에서 스케이트보드 타입의 전용 플랫폼 관련 기술 특허를 보여준다.

테슬라 본사 로비에는 특허의 벽patent wall이라는 장소가 있다. 여기에는 테슬라가 등록한 주요 특허들이 전시돼 있다. 그러나 특허들을 오픈소싱한 후에는 이 전시물들이 치워졌다. 대신에 그 자리에 큰 그림을 걸었다. 멋지게 생긴 사이보그의 그림과 함께 "자동차 회사들에게: 우리의 모든 특허는 당신들 소유입니다OEMs: All our patent are belong to you."라는 문구가 담겨 있다.

1년 후인 2015년 11월 일론 머스크는 한 인터뷰에서 이름을 밝히지는 않았지만 이미 몇 개의 회사들이 테슬라의 특허를 사용하고 있다고 언급했다.[71] 하지만 테슬라의 특허들이 공개된 이후에도 대

테슬라의 본사 로비에 있던 특허의 벽의 변화 모습 (출처: 테슬라)

부분의 자동차 회사들은 전기차 기술 개발을 게을리했다. 예를 들면 2012년에 모델S가 시장에 나온 이후로 상당한 햇수가 지났지만 경쟁사들은 성능과 주행거리 측면에서 필적할 만한 제품을 내놓지 못하고 있다.

테슬라와 다른 자동차 회사들 사이의 기술 격차는 더 벌어지고 있다. 그동안 시장에서 전기차에 대한 호감도가 빠르게 높아지고 있고 배출가스 규제가 강화되어 왔다. 자동차 회사들은 이제 전기차 혁명에 반드시 동참해야 되는 상황에 몰렸다. 전기차 시대가 앞당겨질수록 머스크가 꿈꾸는 지속가능 에너지 사회로의 전환이 가속화될 것이다.

전기차 혁명이 자동차 산업에 미치는 영향

테슬라는 2020년 6월 10일 기준 시가총액 1,840억 달러가 되면서 세계에서 기업가치가 가장 높은 자동차 회사가 됐다.[72] 뉴욕 증시에 상장한 지 10년도 안 돼서 주식 가격이 17달러에서 1,000달러까지 상승하는 기적 같은 일이 벌어진 것이다. 폭스바겐이나 토요타와 비교해 판매량이 30분의 1밖에 안 되는 작은 회사가 대형 자동차 회사들을 제친 것이다. 2020년 9월 30일 기준 테슬라의 시가총액은 4,000억 달러에 달한다.

2020년 8월 11일 테슬라는 약 1,500달러의 주식 1주를 300달러짜리 주식 5주로 쪼개는 액면 분할을 실시했다. 그 후에도 상승 랠리는 지속돼 2020년 12월 24일 기준 주가는 660달러를 상회하고 있다. 테슬라의 주가총액 6,256억 달러는 세계에서 가장 큰 9개 자동차 회사들의 주가총액을 합친 것보다도 많다. 월가의 많은 애널리스트들은 여전히 강한 상승 모멘텀을 전망하고 있고, 1조 달러를 돌파하는 것도 충분히 가능하다고 보고 있다.

테슬라가 몸값이 가장 높은 회사가 됐음에도 원래 목적인 지속가능 에너지 사회로 전환하기에는 갈 길이 멀다. 연간 1억 대의 자동차 시장에서 테슬라가 차지하는 비중은 1%도 안 되기 때문이다. 일론 머스크가 아무리 좋은 차를 만들어도 거대한 내연기관차 시장 규모는 거의 그대로 유지되고 있다. 그러다 보니 기존 자동차 회사들은

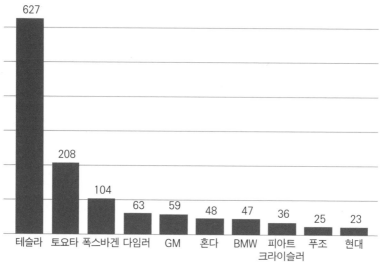

세계 10대 자동차 회사들의 시가총액　　　　　(단위: 10억 달러)

테슬라	토요타	폭스바겐	다임러	GM	혼다	BMW	피아트 크라이슬러	푸조	현대
627	208	104	63	59	48	47	36	25	23

(출처: 야후 파이낸스)

전기차에 대한 본격적인 투자를 미루어왔다. 그러나 최근 배출가스 규제가 강화되면서 자동차 회사들도 이제는 친환경 차량의 판매 비중을 급속하게 높여야 하는 상황에 부닥치게 됐다.

　블룸버그NEF는 2020년 「전기차 장기 전망」 보고서에서 향후 20년 동안 전 세계 자동차 시장이 재편되는 거대한 변화가 몰아칠 것으로 전망했다.[73] 전기차, 자율주행, 공유 모빌리티 등의 혁신 기술과 함께 엄격한 배출가스 규제로 인해서 대형 자동차 회사들은 빠르게 사업구조를 바꾸어야만 한다고 강조했다.

　자동차 회사들은 불과 몇 년 전까지만 해도 전기차로의 전환이 천천히 진행될 것으로 전망했다. 그러나 테슬라의 발전 속도가 예상보다 너무 빨랐다. 테슬라가 개발한 매력적인 자동차들과 혁신적인 기술들은 소비자들로 하여금 전기차에 대한 인식을 급격하게 우호적으로 바꾸었다. 게다가 강화된 이산화탄소 배출 규제도 변화를 강요하고 있다. 당장 2021년부터는 유럽에서 파리기후협약으로 강화된 이산화탄소 배출량 기준을 맞추지 못하면 자동차 회사들은 거액의 벌금을 물어야 할 판이다. 이를 피하려면 전체 자동차 생산량 중에서 상당한 비율을 친환경 모델로 전환해야 한다.

애초 기존 자동차 회사들은 바로 순수 전기차로 가는 것보다 중간 단계로 내연기관차와 샤시를 공유하는 하이브리드 차량을 디딤돌로 쓰려던 계획을 하고 있었다. 그러나 테슬라 차량이 보여주는 배터리 전기차의 탁월한 성능과 디자인으로 인해서 하이브리드 차량의 매력이 크게 떨어지고 있다. 테슬라의 전용 플랫폼의 우수한 장점들은 기존 자동차 회사에 전기차 제조 방법을 바꾸도록 압박하고 있다.

자동차 회사들이 순수 전기차로의 전환을 서서히 하겠다는 전략을 세웠던 것은 그럴 만한 사정이 있었다. 테슬라는 처음부터 순수 전기차만 생산했기 때문에 모든 자산과 인력이 그에 특화돼 있다. 이에 비하면 메이저 자동차 회사들은 전기차로 전환하려면 막대한 레거시 비용을 감당해야 한다. 즉 기존 내연기관 차량 생산 설비를 모두 교체해야 하고 수십만 명의 생산, 판매 인력을 전기차 관련 교육을 한 후에 재배치해야 한다. 이 과정에서 큰 회사들은 수십조 원 이상의 자금이 증발하는 것을 감수해야 한다.

테슬라를 쾌속선에 비유하자면 기존 자동차 회사들은 거대한 항공모함 군단이라고 할 수 있다. 테슬라는 반대 방향으로 빠르게 치고 나가고 있다. 하지만 자동차 회사들은 거대한 몸집으로 방향을 트는 데에도 숨을 헐떡이고 있다. 모건 스탠리는 자동차 회사들이 전기차 생산으로 전환 시 손익에 미치는 영향을 분석했다.[74] 검은 막대는

모건 스탠리가 전망한 전기차와 내연기관차의 손익 전망 (단위: 100만 유로)

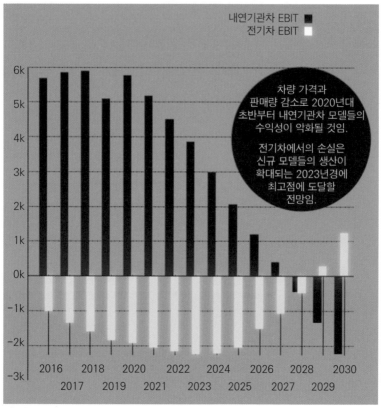

내연기관차 EBIT ▪
전기차 EBIT ▫

차량 가격과
판매량 감소로 2020년대
초반부터 내연기관차 모델들의
수익성이 악화될 것임.

전기차에서의 손실은
신규 모델들의 생산이
확대되는 2023년경에
최고점에 도달할
전망임.

(출처: 세계경제포럼)

내연기관차의 한 대당 영업이익이다. 2020년 이후에는 가격 하락과 판매량 감소로 인해서 내연기관차의 영업이익이 지속적으로 감소할 것으로 전망했다. 하얀 막대는 전기차의 한 대당 영업이익인데 당분간은 손실이 발생되고 2020년대 후반이 돼서야 흑자로 전환될 것으로 예측했다. 즉 전기차의 생산량을 늘리면 늘릴수록 전체 손실이 크게 증가한다. 현재 테슬라 외에는 전기차로 이익을 얻는 자동차 회사는 없는 형국이다.

이 그래프는 진퇴양난에 처한 자동차 회사들의 입지를 보여준다. 전기차로의 전환을 늦추면 고통이 길어지고 앞당기면 단기 손실을 감수해야 한다. 현재를 중시하는 회사는 전기차로의 전환을 늦출 것이고 미래를 중시하는 회사는 단기 수익성의 악화를 무릅쓰고 과감하게 공격적인 전기차 투자 전략을 실행할 것이다. 현시점에서 폭스바겐과 GM이 전기차로의 빠른 전환에 대규모 투자 전략을 추구하는 대표적인 곳이다.

2019년 9월 19일자 『블룸버그 비즈니스위크』에 GM의 CEO 메리 바라Mary Barra가 전기차로 전환하기 위해서 큰 도박을 하고 있다는 분석 기사 「바라의 도박Barra's Gamble」이 실렸다.[75] 그녀는 자율주행 전기차가 미래의 교통수단이 될 것으로 믿는다고 밝혔다. 그녀는 현재 수익을 올리는 분야의 자원을 엄청난 손실을 보고 있는 분야에 쏟아붓는 것은 큰 도박이지만 타이밍이 가장 중요하다고 강조한다. GM은 경쟁사들보다 빠르게 움직이고 있다. 하지만 그 과정에서 수년간 수익 감소와 엄청난 현금의 증발이 발생할 수 있다고 했다. GM의 가장 인기 있는 전기차 볼트는 현재 한 대당 9,000달러의 적자를 내고 있다.

MIT 경영학 스쿨의 데이비드 키스David Keith 교수는 진퇴양난에 빠진 GM의 상황을 이렇게 표현했다.

"그녀는 해도 저주받고 안 해도 저주받는다."

메리 바라는 구조조정을 추진하면서 몇 개의 공장들을 폐쇄했고 직원들을 해고했다. 그러다 보니 노조가 저항했고 트럼프 대통령도 비난했다. 그러나 메리 바라는 자세를 굽히지 않으며 다음과 같이 강조했다.

"전에 회사가 파산했을 때 한 가지 배운 것은 문제나 도전에 직면했을 때 절대로 시간이 해결해주지 않는다는 것입니다. 당신은 그것에 맞서야만 합니다. 일단 무엇을 해야 할지를 안다면 그것을 시도해야만 합니다."

수익성이 높은 럭셔리 자동차 시장을 지배하던 독일의 3대 자동차 회사들도 비슷한 상황에 부닥쳤다. 테슬라의 자동차들이 럭셔리 자동차 시장을 크게 잠식했기 때문이다. 2019년 3월 독일 3사의 CEO들인 폭스바겐의 헤르베르트 디스Herbert Diess, 다임러의 디터 제체 Dieter Zetsche, BMW의 하랄트 크뤼거Harald Krüger가 독일 자동차 산업의 미래에 관해 토론하기 위해서 한자리에 모였다.[76] 이 자리에서 폭스바겐 CEO는 독일 자동차 산업은 전기차에만 집중해야 하고 자신은 그 과정에서 수십억 달러를 증발시킬 각오가 돼 있다고 강조했다. 그는 다음과 같이 자신의 요점을 설명했다.

"지구온난화를 막기 위해서는 파리기후협약의 목표치를 피해갈 방법이 없습니다. 그러려면 자동차는 최대한 빨리 깨끗해져야 합니다. 적어도 2050년까지는 배출가스 제로를 만들어야 합니다."

폭스바겐이 전기차에 과감한 투자를 하기 위해 극심한 비용절감을 추진하는 것에 대해서 노조 지도자들이 거세게 반발했다. 그 여파로 2020년 6월 CEO 헤르베르트 디스Herbert Diess가 자리에서 물러나고 COO였던 랄프 브란드슈태터Ralf Brandstätter가 새 CEO로 취임했다. 하지만 헤르베르트 디스는 그룹 전체를 총괄하는 역할을 지속하기로 했다. 폭스바겐의 과감한 전기차 전략은 앞으로도 지속될 것으로 전망된다.

BMW는 가장 보수적인 전기차 전략을 고수하고 있다. BMW는 2013년 경쟁사들보다 앞서 순수 전기차 i3를 70여 개국에서 야심

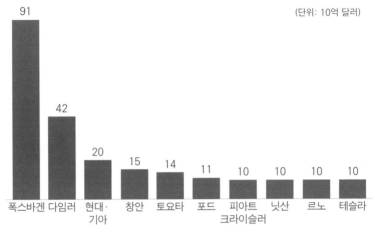

자동차 회사들의 전기차 투자 계획

(단위: 10억 달러)

폭스바겐	다임러	현대·기아	창안	토요타	포드	피아트 크라이슬러	닛산	르노	테슬라
91	42	20	15	14	11	10	10	10	10

(데이터 출처: 로이터)

차게 출시했다. 혁신적인 전기차의 성공을 기대했지만 판매 실적은 실망스러웠다. BMW는 i3가 매력적이지 못한 상품이라고 인정하는 대신 시장 탓을 했다. 개발책임자인 클라우스 프뢸리히Klaus Fröhlich는 2019년 6월 라운드테이블 인터뷰에서 충격적인 발언을 했다.[77] "순수 전기차에 대한 수요가 전혀 없습니다. 환경 당국의 요구는 있지만 고객의 요구는 없습니다." 전기차로의 전환이 너무 늦은 것에 대한 비난이 급증하면서 2019년 7월에 CEO 하랄트 크뤼거는 4년 만에 조기 퇴진했다.[78]

2019년 4월 기준 자동차 회사들의 전기차 관련 기술 개발 투자 계획의 규모를 보면[79] 폭스바겐이 가장 많은 910억 달러의 대규모 투자를 계획하고 있다. 다임러도 400억 달러가 넘는 대규모 투자를 계획하고 있다. 그러나 다른 회사들은 상대적으로 보수적인 투자 전략을 가지고 있다.

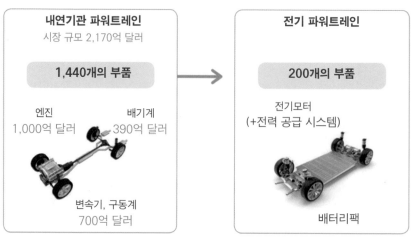

내연기관과 전기 파워트레인의 비교

내연기관 파워트레인	전기 파워트레인
시장 규모 2,170억 달러	
1,440개의 부품	**200개의 부품**
엔진 1,000억 달러	전기모터 (+전력 공급 시스템)
배기계 390억 달러	
변속기, 구동계 700억 달러	배터리팩

(출처: ING)

자동차 회사들이 보수적인 전기차 전략을 유지하는 가장 큰 원인은 내연기관의 파워트레인이 수익성의 원천이기 때문이다. 파워트레인의 주요 부품인 엔진, 변속기, 배기계에는 약 1,400여 개의 부품이 사용되고 있다. 이들 부품의 시장 규모는 연간 2,000억 달러가 넘는다.[80] 자동차 회사들 외에도 공급망에 속한 수많은 부품사가 사업을 영위하는 터전인 것이다. 특히 높은 파워트레인 기술 경쟁력을 보유한 독일의 자동차 3사는 프리미엄급 자동차 판매를 통해서 높은 수익성을 누려왔다.

반면 전기차는 기존의 내연기관 파워트레인 자체가 없고 배터리팩과 구동모터만 있을 뿐이다. 전기 파워트레인에는 겨우 200개 정도의 부품만이 사용되고 있다. 전기차는 부가가치가 높은 내연기관 파워트레인 시장을 전기 파워트레인이라는 일반재 시장으로 변환한 것이다. 자동차 회사들과 부품공급사들은 사업구조와 제품 포트폴리오를 빠르게 재편해야만 하는 어려운 상황에 부닥쳐 있다.

테슬라의 높은 기업가치는 현재의 성과보다는 미래 잠재력에 기반한 것이다. 테슬라는 전 세계가 지속가능 에너지 사회를 지향하는 시점에서 가장 맞는 전기차를 생산하고 있다. 그에 비해서 전통적인 자동차 회사들은 이제야 전기차 제조를 위한 출발선에 서 있다고 볼 수 있다. 테슬라가 거의 전 부품을 자체 개발해 생산하는 데 반해서 경쟁사들은 부품 공급망에 의존하는 내연기관차 생산 방식을 전기차에도 적용하고 있다.

2020년 7월 29일 일론 머스크는 경쟁사들과의 협력 가능성을 공개적으로 트위터에 올렸다.

"테슬라는 소프트웨어 라이센싱과 파워트레인과 배터리의 공급에서 개방돼 있다. 우리는 지속가능 에너지를 가속하려고 할 뿐이고 경쟁사들을 망하게 하려는 것이 아니다."[81]

만약 경쟁사들이 테슬라와 라이센싱 계약을 맺는다면 즉각 기술력을 따라잡을 수 있다. 테슬라는 수수료로 많은 수익을 올릴 것이다. 그리고 세계는 지속가능 에너지로 더 빨리 전환될 것이다. 전체적으로 윈-윈이 가능한 상황이다. 어느 회사든지 일론 머스크가 제공하는 이 기회를 먼저 잡는다면 세계에서 두 번째로 가치가 높은 자동차 회사가 될 수 있을 것이다. 가장 큰 걸림돌은 레거시 자동차 회사들의 자존심이 허락할지 여부이다.

테슬라의 전기차 전략
일론 머스크와 테슬라는 사업 전략에 대해서 거의 언급한 적이 없다. 테슬라는 오직 기술로 승부하는 기술 회사이며 성능과 생산 기술을 혁신하는 데 집중한다. 그래서 테슬라의 사업 방식을 전통적인 자동차 회사들의 관점으로는 분석하기가 어렵다.

2006년 8월 2일 일론 머스크는 테슬라 블로그에 「테슬라 모터스의 비밀 마스터플랜(당신과 나 사이만 공유하는)」이라는 글을 올렸다.[82] 이 글의 요점은 세 가지다. 첫째, 초기 제품은 로드스터라는 고성능 스포츠카이지만 장기계획은 저렴한 패밀리카를 비롯해서 다양한 제품군을 생산하는 것이다. 테슬라의 목적은 화석연료 에너지 경제를 지속가능 에너지 경제로 전환하는 것을 촉진하는 것이기 때문이다. 이 목적을 달성하려면 포르쉐나 페라리를 능가하는 성능과 토요타의 프리우스보다 두 배 높은 에너지 효율을 가진 전기차를 만드는 것이다.

둘째, 새로운 기술을 적용한 첫 제품은 원가가 높을 수밖에 없다. 따라서 고객들이 프리미엄을 지불할 용의가 있는 고가 시장으로 먼저 진출하고 그다음에 저가 양산제품 시장으로 최대한 빠르게 확대해 간다는 것이다. 고속 성장하는 기술 회사로서 모든 현금 흐름은 다음 모델을 연구개발하는 자금으로 투입된다.

셋째, 에너지 포지티브energy positive 전략이다. 테슬라가 태양광 지붕타일과 가정용 발전 설비 같은 지속가능 에너지 제품들을 함께 판매함으로써 각 가정에서 하루에 80킬로미터 이상 자동차를 운행할 수 있는 전기를 직접 생산하는 것이다. 만약 주당 560킬로미터 이상 운행하지 않는다면 남은 잉여 전기를 전력망에 공급할 수 있게 된다.

일론 머스크가 2006년에 블로그에 올린 이 글은 지금까지도 테슬라 사업 전략의 근간을 이루고 있다. 지금까지는 초기에 부유한 소비층을 타깃으로 고급 제품을 먼저 생산 판매한 후 점차 더 낮은 가격

테슬라의 마스터플랜

스포츠카(고급 모델)를 생산한다.

▼

여기서 번 돈을 저렴한 자동차를 생산하는 데 사용한다.

▼

여기서 번 돈을 더 저렴한 자동차를 생산하는 데 사용한다.

▼

이런 일을 하면서 동시에 배출가스 제로인 발전 설비들을 함께 판매한다.

의 규모가 큰 시장으로 진입하는 전략이 성공했다. 초기에 출시한 로드스터, 모델S, 모델X 같은 럭셔리 제품들은 자립의 기반을 제공했다. 그 후 모델3, 모델Y로 규모가 큰 중가 시장으로 진출하는 데 성공함으로써 본격적인 물량 경쟁에 합류했다. 앞으로 남은 과제는 2만 5,000달러대의 진정한 양산 모델을 생산해 전기차의 시장 점유율을 높임으로써 전기차 시대를 앞당기는 것이다.

이제 월스트리트에 테슬라가 파산할 것이라고 장담하던 전문가들은 거의 자취를 감췄다. 각종 미디어에는 테슬라가 언급한 적이 없는 명칭을 붙여서 테슬라의 사업 전략이라고 설명하는 전문가들이 자주 등장한다. 그러나 그들이 하는 대부분의 분석은 전통적인 자동차 산업의 패러다임 내에서 이루어지거나 애플, 구글, 아마존 같은 회사들의 데이터 플랫폼 비즈니스 모델과의 유사점을 강조하는 것들이다.

가격이 수천만 원 이상인 전기차는 수십억 대 이상 팔리는 아이폰과는 다른 고가의 제품이다. 일론 머스크는 탁월한 성능과 원가경쟁력을 갖춘 전기차를 대량으로 생산해 자동차 시장을 변혁하는 데 집중하고 있다. 그래서 테슬라의 전기차는 경쟁사보다 우수한 인포테인먼트 시스템을 구비하고 있다. 하지만 이것을 또 다른 수익의 원천으

로 삼을 징조는 보이지 않는다. 현재 테슬라가 오직 관심 있는 데이터
는 완전 자율주행 시스템을 개발하는 데 사용될 테슬라 차량의 운행
정보이다. 페이스북이나 구글같이 사업자와 소비자 간의 다량의 데이
터 교환을 통해서 수익을 올리는 플랫폼 비즈니스 모델을 제조업체인
테슬라에 적용하는 것은 일론 머스크가 일관되게 추구하는 사업 목적
과 미션을 잘 이해하지 못하기 때문이라고 할 수 있다.

테슬라는 거대하고 관료적이고 고객의 요구에 느리게 반응하는 레
거시 자동차 회사와는 큰 차이점이 있다. 2020년 2월『하버드 비즈
니스 리뷰』에는 테슬라와 레거시 자동차 회사들의 차이점을 분석한
리뷰 기사가 실렸다. 테슬라의 경쟁력을 다음과 같이 네 가지 특징으
로 설명했다.[83]

첫째, 테슬라는 자동차를 소프트웨어 제품처럼 개발한다. 테슬라
는 몇 주마다 원격으로 고객 자동차의 소프트웨어 기능을 개선한다.
일단 차량을 구매하면 수명이 다할 때까지 차량의 기능이 변하지 않
는 전통적인 자동차 사업 모델과는 확연하게 다른 차이점이다.

둘째, 고객이 결정권을 갖도록 구매 절차를 간소화한다. 테슬라는
광고를 하지 않는다. 그들은 고객이 똑똑하다는 것과 기존의 구매 절
차가 매우 복잡하다는 것을 알고 있다. 테슬라를 구매하는 절차는 매
우 간단하다. 온라인으로 접속한 후 차량을 선택하고 원하는 기능을
추가하고 계약금을 내고 인수 시점을 정하면 끝이다.

셋째, 배터리 기술의 강점을 활용해 '총 소유 비용total cost of owner-
ship'을 최소화한다. 테슬라의 차량은 내연기관차들보다 파워트레인
구동부품의 숫자가 훨씬 적다. 그래서 내연기관차보다 유지보수비가
훨씬 적게 들기 때문에 총 소유 비용도 적게 든다. 테슬라의 지속적

인 기술 향상은 이 비용을 더욱 낮출 것이다.

넷째, 테슬라는 현 시대의 지배적인 시장 트렌드인 '지구온난화 감소를 위한 녹색운동'에 동참한다. 누가 배출오염이 없고 주유소에 갈 필요가 없는 진정한 녹색 자동차를 원하지 않겠는가? 테슬라는 이런 면에서 크게 유리한 위치에 있다.

테슬라의 이런 장점들은 전통적인 자동차 회사들의 약점들을 부각한다. 다른 자동차 회사들도 전기차를 만들고 있지만 대부분 내연기관차의 차체에 모터와 배터리만 집어넣은 제품들이다. 기존의 레거시 자동차 회사들은 소프트웨어와 하드웨어가 융합된 테슬라 전기차가 기존의 내연기관차와는 완전히 다른 제품이라는 것을 알아야 한다. 그래야 관료적인 조직문화와 기존의 사업 방식을 환골탈태할 수 있다.

테슬라는 숙원인 저렴한 가격의 전기차를 대량생산하기 위해서 수직계열화를 확장하고 규모의 경제를 활용하는 데 초점을 맞추고 있다.[84] 테슬라는 지금까지 이 두 가지에 집중해 수익성을 확보한 유일한 전기차 제조사가 됐다. 테슬라는 자동차 업계에서 가장 폭넓은 수직계열화를 달성한 회사이다. 수직계열화라는 개념은 원료-구매-생산-판매의 전 가치사슬 안에서 본업인 자동차의 조립 생산뿐만 아니라 전후방 연관 산업을 자사의 사업 범위 안으로 편입하는 것을 의미한다. 다음 그림은 맥킨지에서 분석한 자동차 회사별 수직계열화 수준을 비교한 자료에서 볼 수 있듯이,[85] 중국 업체를 제외하면 테슬라만 거의 모든 핵심부품을 자체적으로 생산하고 있다.

그에 비해서 모델3 이전에 가장 많이 팔리던 닛산의 리프와 GM 쉐보레의 볼트는 거의 모든 핵심부품을 외부에서 구입하고 있다. 핵

전기차 제조 회사들의 배터리 공급망 전략

제조　█ 구매

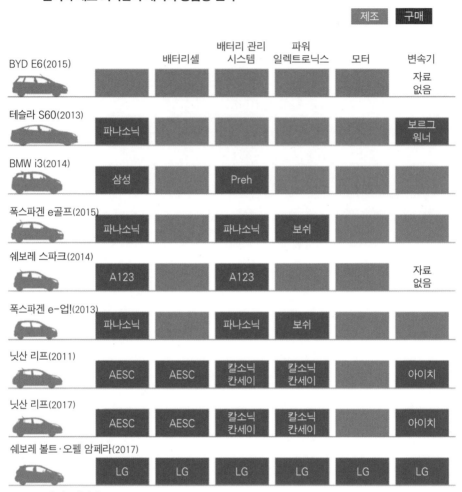

차종	배터리셀		배터리 관리 시스템	파워 일렉트로닉스	모터	변속기
BYD E6(2015)						자료 없음
테슬라 S60(2013)	파나소닉					보르그 워너
BMW i3(2014)	삼성		Preh			
폭스바겐 e골프(2015)	파나소닉		파나소닉	보쉬		
쉐보레 스파크(2014)	A123		A123			자료 없음
폭스바겐 e-업!(2013)	파나소닉		파나소닉	보쉬		
닛산 리프(2011)	AESC	AESC	칼소닉 칸세이	칼소닉 칸세이		아이치
닛산 리프(2017)	AESC	AESC	칼소닉 칸세이	칼소닉 칸세이		아이치
쉐보레 볼트·오펠 암페라(2017)	LG	LG	LG	LG	LG	LG

(출처: 맥킨지)

심부품을 외부에서 조달하게 되면 수익 구조가 나빠질 수밖에 없다. GM에서 볼트를 한 대 생산할 때마다 손실이 9,000달러나 나는 이유이다. 수직계열화는 단기간에 달성할 수가 없다. 기존 자동차 회사들은 꽤 오랫동안 고전할 것으로 예상된다.

현재 테슬라와 파나소닉은 합작으로 네바다의 기가팩토리에서 배터리셀을 생산하고 있다. 그러나 애초 계획한 기가팩토리의 배터리 생산 능력이 35기가와트시GWh인 데 반해서 실제 생산량이 24기가와트시에 불과했다. 그 결과 배터리 물량 부족으로 모델3의 생산량을 확대하는 데 차질을 빚었다. 또한 파나소닉은 테슬라와의 합작사업에 너무 많은 투자금이 묶이는 것에 부담을 느껴서 추가로 건설되는 기가팩토리에 자금을 투입하는 것을 꺼린데다가 토요타와 배터리 공급계약을 맺었다. 이에 실망한 테슬라는 LG화학, CATL과 배터리셀 공급계약을 맺음으로써 파나소닉은 독점적 공급자의 지위를 잃게 됐다. 또한 테슬라는 자체적으로 핵심부품인 배터리셀을 생산한다는 목표를 세우고 연구개발에 박차를 가하고 있다.[86] 앞으로 테슬라가 단독으로 배터리셀을 생산하면 수직계열화가 완성된다.

테슬라는 원가 절감을 위해서 규모의 경제를 적극적으로 활용했다. 테슬라와 기존의 자동차 회사들은 전기차 제조원가에 대한 부담감이 다르다. 기존의 자동차 회사들은 전기차에서 적자가 발생해도 주력 제품인 내연기관차에서 발생하는 수익으로 만회할 수 있다. 하지만 테슬라는 전기차만 생산하기 때문에 제조원가를 빠르게 낮추지 못하면 만성 적자에 시달릴 수밖에 없다. 그래서 네바다에 세계에서 가장 큰 면적을 가진 기가팩토리1 공장을 세운 후 버팔로에 기가팩토리2, 상하이에 기가팩토리3을 추가로 건설했다. 기가팩토리1은 100% 재생에너지로 가동되도록 디자인된 최초의 자동차 공장이다. 기가팩토리3은 착공 후 엄청 빠른 건설 속도를 보여주었는데 15개월 만에 양산을 시작했다. 현재는 독일 베를린에 기가팩토리4를, 텍사스에 기가팩토리5를 추가로 건설하고 있다. 장기적으로 전 세계에

네바다 사막에 건설한 기가팩토리1의 조감도

(출처: 테슬라)

20여 개의 기가팩토리를 건설할 계획이다.[87]

2020년 9월 22일 테슬라의 배터리 데이 행사가 열렸다. 몇 달 전부터 일론 머스크가 사람들을 흥분시킬 신기술을 발표하겠다고 예고함에 따라서 모든 미디어 매체와 주식시장 관계자들과 테슬라 마니아들이 기대와 흥분 속에 기다렸다. 여기서 그는 수직계열화 효과를 극대화하기 위해서 앞으로 3년 동안 중점 추진할 혁신적인 기술 개발 계획을 발표했다.

테슬라는 5대 중점 추진 과제를 설정했다. 첫째는 배터리셀 디자인을 새롭게 바꾸고, 둘째는 혁신적인 배터리셀 자체 생산 공장을 건설하고, 셋째는 신음극재 재료를 개발하고, 넷째는 신양극재 재료를 개발하고, 다섯째는 셀과 자동차 바디를 융합하는 것이다.

테슬라 배터리 데이 행사에서 발표한 수직계열화의 효과

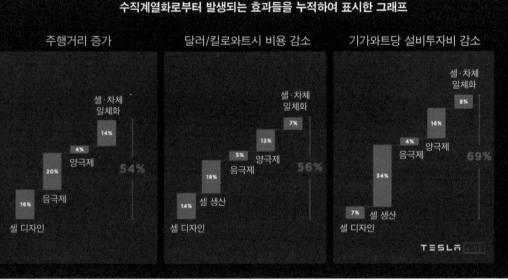

(출처: 테슬라 배터리 데이 프레젠테이션)

일론 머스크는 이 5대 중점 기술 과제들을 18개월에서 36개월 안에 완수하겠다고 발표했다. 이 계획이 완수된다면 크게 세 가지의 엄청난 기대효과가 발생할 것이라고 했다. 즉 주행거리는 54%가 늘어나고 배터리 제조 비용이 56% 줄고 배터리 생산 설비 투자비가 69%나 줄어들게 된다. 이것은 전기차의 성능과 수익성이 획기적으로 향상된다는 것을 의미한다. 목표대로 3년 내 기술 개발이 진행된다면 내연기관차 대비 유일한 단점인 짧은 주행거리와 비싼 차량 가격이 극복된다는 것이다. 그렇게 되면 내연기관차는 모든 면에서 전기차보다 열등하게 돼 사형선고를 받는 것과 다름없다.

다음 그래프는 배터리 업계보다 테슬라의 배터리 제조 비용이 훨씬 빠르게 하락하리라는 것을 보여준다. 회색 실선은 업계 평균 제조

연도별 배터리 제조 비용의 감소 추세

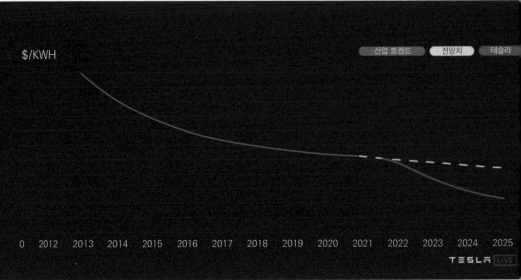

배터리 제조 비용이 매년 하락하고 있다. (출처: 테슬라 배터리 데이 프레젠테이션)

비용이고 흰색 점선은 향후 전망치를 나타낸다. 빨간 선은 테슬라의 기술 혁신에 의해서 배터리 가격이 급속하게 하락하는 예상치를 보여준다. 늦어도 3년 내에 전기차의 가격이 동급의 내연기관차에 비해서 더 저렴해진다는 것이다.

일론 머스크는 배터리 데이 행사에서 새로운 원통형 셀 4680을 개발했다고 발표했다. 셀의 모델 번호인 네 자리 숫자 중 앞의 두 자리는 직경이고 뒤의 두 자리는 길이를 의미한다. 단위는 밀리미터이다. 이 신제품은 초기에 사용했던 1865셀을 개선한 2170셀보다도 에너지가 5배 높고 주행거리는 16% 늘어나고 파워는 6배가 증가된다고 했다. 지금도 월등히 우수한 테슬라 전기차의 성능이 3년 이내에 또다시 획기적으로 개선되게 된다. 테슬라는 이미 새 배터리셀을 차량에 장착해 테스트 중이라고 한다.

또한 머스크는 늦어도 3년 내 2만 5,000달러짜리 대중적인 전기차를 출시하겠다고 발표했다. 오래전부터 지속가능 에너지 사회로의 전환을 가속화하기 위해서 품고 있던 꿈이 실현될 것이라고 했다. 앞으로 기가팩토리 한 곳마다 100만 대씩 생산할 수 있게 될 것이고 10년 내 전 세계에 2,000만 대의 전기차 생산 능력을 구축하겠다는 포부도 밝혔다.

또한 모델S의 플래드 모델을 2021년에 출시하겠다고 발표했다. 플래드는 영화 「스페이스볼스」에서 나오는 가장 빠른 속도이다. 모델S는 루디크러스 모델이 가장 빠른 모델이었다. 그런데 최고의 가속 성능을 가진 플래드 모델을 출시한다는 것이다. 당장 지금부터 주문이 가능한 이 차는 97킬로미터(0~60마일) 도달시간이 1.9초로 지구상에서 가장 빠른 세단이 될 것이다. 가격이 14만 달러인 이 5인승 세단은 200만 달러가 넘는 2인승 슈퍼 스포츠카들보다도 훨씬 빠른 차가 될 것이다.

테슬라의 전기차 라인업은 점점 더 다양한 포트폴리오를 갖추기 시작했다. 성능과 가격 경쟁력이 가솔린차보다 월등히 높아짐에 따라서 자동차 산업에 지각변동을 일으킬 전망이다. 대형 자동차 회사들뿐만 아니라 고급 스포츠카 제조사들도 불확실한 미래에 대한 고민으로 잠 못 이루는 밤이 늘어날 것으로 보인다.

일론 머스크는 배터리 데이 행사에서 테슬라가 집중적으로 개발하는 '오토파일럿' 자율주행 기술이 꽤 높은 수준까지 도달했다고 설명했다. 그는 수개월 내에 자동차의 소프트웨어를 근본적으로 다시 써서 완전 자율주행이 가능한 오토파일럿 베타버전으로 업그레이드하

테슬라의 기존 배터리 1865, 2170과 새 배터리 4680

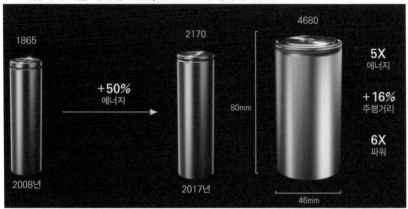

(출처: 테슬라 배터리 데이 프레젠테이션)

겠다고 했다. 지금도 이미 테슬라의 오토파일럿 차량은 일반 차량 대비 높은 안전도를 보이고 있다.[88] 2020년 2분기 통계에 의하면 오토파일럿으로 운행한 테슬라 차량은 700만 킬로미터당 1건의 사고가 발생했다. 반면 미국 평균은 77만 킬로미터당 1건이 발생했다. 오토파일럿의 사고율이 평균 대비 10분의 1에 불과한 것이다. 오토파일럿의 업그레이드는 테슬라의 경쟁력을 더욱 높일 전망이다.

지금까지 테슬라의 사업 전략의 핵심이라고 할 수 있는 기술 개발 전략에 대해 알아보았다. 그러면 테슬라는 어떤 마케팅 전략을 가지고 있을까? 놀랍게도 테슬라는 전통적인 자동차 회사들에서 중시하는 마케팅 전략이 아예 없다. 예를 들면 경쟁사들인 GM이나 포드는 매년 수조 원의 광고비를 지출하는데 테슬라는 광고비 예산 자체가 없다. 마케팅 조직이 없고 최고마케팅책임자CMO라는 직책도 없다. 그럼에도 테슬라는 어떻게 높은 마케팅 효과를 누리고 있을까?[89]

첫 번째 이유는 일론 머스크가 있기 때문이다. 그는 끊임없이 인터뷰를 하며 화제를 몰고 다니면서 뉴스 헤드라인을 장식하고 있다. 테슬라가 신차나 신기술을 발표할 때마다 소개 뉴스, 영상, 분석 칼럼 등이 넘쳐난다. 그의 탁월한 이미지 메이킹도 마케팅 효과를 극대화한다. 그는 내연기관차들이 환경에 해롭고 구시대적인 제품이라는 이미지를 전파하고 계속해서 혁신 기술을 발표하면서 테슬라가 미래형 친환경 자동차라는 이미지를 굳히고 있다. 테슬라의 특허들을 오픈소싱한 것도 좋은 회사라는 이미지를 더 강하게 만들었다. 수천만 명의 팔로워가 있는 그의 소셜 미디어 활동은 화제를 몰고 다니면서 가장 큰 마케팅 효과를 거두고 있다.

두 번째 이유는 충성도 높은 고객층이 마케팅 부서 역할을 해주고 있기 때문이다. 그들은 테슬라 차를 사는 것은 일론 머스크가 추구하는 지속가능 에너지 사회로의 전환을 촉진한다는 대의에 동참하는 것이라고 생각한다. 즉 테슬라를 사는 것은 미래를 사는 것이라고 생각한다. 다른 자동차들은 구매하는 순간 자동차 회사와의 거래가 완료된다. 테슬라 구매자들은 무선으로 소프트웨어 업그레이드를 받고 테슬라의 초고속 충전소인 슈퍼차저Supercharger를 이용하고 오토파일럿 기능을 계속 향상시키고 테슬라의 보험을 가입하고 대출을 받는 등 차량 구매 후에도 지속적으로 밀접한 관계를 유지한다.

또한 그는 고객들이 스마트하다는 것을 믿는다. 테슬라는 전통적인 자동차 판매업자 네트워크를 통하지 않고 온라인 판매와 자체 전시장을 통해서 직접 판매한다.[90] 테슬라는 세계의 각 대도시의 상업 중심지에 쇼룸과 갤러리를 설치해서 고객들이 판매업자를 상대할 필요 없이 테슬라의 정식 직원들과 바로 소통할 수 있게 했다. 고객은 온라인으로 구매할 차량의 기능을 기호에 맞게 조합해서 주문할 수 있다. 일반적으로 신세대들은 온라인 구매 방식을 더 선호한다. 또한 테슬라는 독특한 팬덤 문화를 갖고 있어 고객 충성도가 높다. 테슬라의 자유분방한 문화 자체가 가장 큰 마케팅 효과를 일으키고 있다.

테슬라는 차별화된 온라인 기술 서비스도 제공한다. 일부 지역에서는 테슬라 레인저Tesla Ranger라고 불리는 모바일 기술자들을 운영한다. 그들은 직접 고객의 집을 방문해서 기술 서비스를 제공한다. 현장 기술자가 전혀 필요 없을 때도 있다. 예를 들면 모델S 같은 테슬라 차량이 무선으로 차량 데이터를 업로드하면 원격으로 기술자가 차에 손을 대지 않고도 문제를 찾아서 고칠 수도 있다.

테슬라는 자율주행 기술을 기반으로 차량 호출 서비스 시장을 뒤흔들 '자율주행 차량 호출ride-hailing'이라는 새로운 고수익 서비스 사업도 추진하고 있다.[91] 이것은 우버와 비슷한 차량 호출 서비스이다. 차이점은 테슬라의 완전 자율주행 자동차를 이용하는 것이다. 당신이 테슬라 소유주라면 아침에 사무실에 도착한 후 스마트폰으로 테슬라 네트워크 앱에 자신의 차량을 올리면 된다. 그러면 당신이 근무하는 동안 당신의 차량은 로보택시가 돼 손님을 싣고 다니면서 돈을 벌어들인다. 퇴근할 때 당신의 차량을 앱에서 내리면 그 차는 다시 회사로 온다는 것이다. 테슬라는 이르면 2021년 하반기부터 이 서비스를 시작할 계획이다. 자율주행 기술의 선두주자인 테슬라가 이 서비스를 시작한다면 차량 운영비가 상대적으로 높은 우버와 리프트 같은 회사는 생존의 갈림길에 설 것으로 전망된다. 혁신 기술 전문 투자 회사인 아크인베스트ARK Invest는 무인 차량 호출 시장 규모가 2029년까지 9조 달러에 이를 것으로 추산했다.[92]

테슬라는 완전 자율주행 기술이 완성돼 무인 차량 호출 서비스를

차량 공유 앱

일론 머스크가 차량 공유 앱을 설명하고 있다. (출처: 테슬라 배터리 데이 프레젠테이션)

시작하기 전에 먼저 사람이 운전하는 차량 공유ride-sharing 서비스를 시작할 계획이라고 한다. 앞으로 테슬라의 무인 차량 호출 서비스가 실용화된다면 에비타EBITDA* 마진율이 50%에 이르는 고수익 사업이 될 것으로 전망되고 있다. 그러면 일론 머스크는 화성 이주 프로젝트에 사용될 든든한 자금원을 확보하게 될 것이다. 그리고 테슬라의 주식은 또 한 번 크게 상승할 기회를 가질 것이다.

테슬라는 전기차만 생산하는 것이 아니라 태양광 지붕타일과 에너지 저장 배터리를 생산하고 있다. 각 가정에 소형 태양광 발전 설비, 에너지 저장 장치, 전기차로 구성되는 풀 패키지를 판매한다는 것이다. 이런 집들은 지속가능 에너지 주택이 돼 화석연료나 외부전기를 사용할 필요가 없게 된다. 그리고 지역별로 테슬라의 대규모 태양광 발전 단지와 에너지 저장단지를 설치함으로써 지속가능 에너지 사

---

* 기업이 영업 활동으로 벌어들인 현금 창출 능력을 나타내는 지표. 세전·이자 지급 전 이익 혹은 법인세, 이자, 감가상각비, 무형자산상각비 차감 전 영업이익

회를 확산하려고 한다. 초기의 무모해 보이던 구상이 한 단계씩 결실을 맺으며 큰 그림이 완성되고 있다. 지금도 테슬라로 몰려든 우수한 인재들이 제1원칙 사고방식을 사용해서 수많은 기술적 난제들을 해결하고 있다.

기존 자동차 회사들의 전기차 전략

테슬라는 전기차의 모든 핵심부품을 자체 생산하는 수직적 계열화와 기가팩토리를 활용한 규모의 경제를 이용해 원가를 줄여왔다. 그에 비해서 기존 자동차 회사들은 배터리 등 핵심부품을 외부에서 구입해서 단순 조립만 하는 처지이다. 전기차 공장들도 규모가 작아서 구조적으로 원가가 높을 수밖에 없다. 즉 전기차를 생산할수록 손실을 볼 수밖에 없는 사업구조다.

2020년 9월 22일 테슬라의 배터리 데이 행사에서 발표한 수직계열화 강화를 위한 기술 개발 로드맵은 기존 자동차 회사들과의 기술격차를 더욱 크게 만들 것이다. 방대한 부품 공급망에 의존한 전통적인 자동차 회사들은 수직계열화를 추진할 내부 역량이 부족하다. 자동차 생산의 수직계열화를 달성하려면 사업의 범위를 전후방 산업까지 넓혀야 하고 뒷받침할 수 있는 연구개발 인력을 충원해야 한다. 회사의 역량을 상당 기간 집중 투입해야만 달성할 수 있을 것이다.

현재 테슬라는 전기차의 핵심부품인 고성능 배터리를 직접 개발하고 생산하는 유일한 회사다. 테슬라는 차체용 스테인리스강과 알루미늄 합금까지 자체 개발하고 있고 배터리 원료인 리튬도 자체 생산하려고 한다. 메이저 자동차 회사들이 테슬라 수준의 수직계열화를 달성하려면 앞으로 몇 년이 걸릴지 예측할 수조차 없다. 앞으로 시장이 전기차 위주로 급격하게 재편된다면 기존 자동차 회사 중 일부는 수익성 악화로 재정난에 빠지게 되고 자동차 업계에는 구조조정의 회오리가 몰아칠 가능성이 높다.

기존 레거시 자동차 회사들은 저만치 앞서 달려가는 테슬라의 기술력을 따라잡아야 하고 동시에 강화된 배출가스 규제에 맞추기 위해서 당장 전기차 생산 비중을 높여야 한다. 그 과정에서 자동차 회사들은 상당한 고통을 견뎌야 할 것이다. 그러나 회사들마다 시장 상황에 대한 인식 수준과 단기수익성 악화를 감수할 각오가 서 있는가에 따라 전기차 전략도 큰 차이를 보이고 있다.

다른 자동차 회사들은 테슬라를 따라잡기 위해 어떤 전략을 추진하고 있을까? 먼저 독일 자동차 3사의 전기차 전략을 살펴보자. 폭스바겐은 디젤게이트*로 손상된 회사의 이미지를 개선하기 위해서 가장 공격적인 전기차 전략을 추진하고 있다. 게다가 지구온난화에 대응하기 위한 파리기후협약에 맞추기 위해서 전기차 생산을 조속히 늘려야 한다고 가장 크게 목소리를 내고 있다. 현재로서는 일론 머스크의 비전과 가장 일치하는 회사가 폭스바겐이다.

폭스바겐 그룹은 2025년도에 150만 대의 전기차를 생산하고 그때까지 총 300만 대의 전기차를 생산한다는 2025+ 전략을 가지고 있다.[93] 우선 저가 시장을 타깃으로 ID. 시리즈라는 새로운 전기차 모델들을 출시할 계획인데 가격대는 2만 4,000달러에서 3만 2,000달러 사이가 될 것이라고 했다. ID. 시리즈는 세단, SUV, 마이크로버스

---

* 2015년 9월 폭스바겐 AG그룹의 디젤 배기가스 조작을 둘러싼 일련의 스캔들

MEB 플랫폼

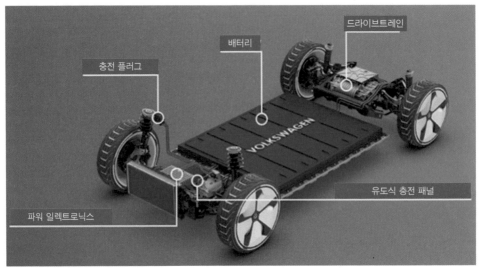

(출처: 폭스바겐)

등 다양한 저가형 모델들로 구성될 것이다.

폭스바겐은 ID. 시리즈를 위해서 MEB 플랫폼이라는 전용 플랫폼을 개발하고 있다. MEB 플랫폼은 테슬라의 스케이트보드 플랫폼과 비슷한 타입이다. MEB 플랫폼은 폭스바겐뿐만 아니라 아우디, 세아트, 스코다 등의 계열사들에서도 사용할 계획이다.[94] MEB는 독일어로 모듈라러 에-안트립스-바우카스텐Modularer E-Antriebs-Baukasten의 약자로서 모듈 방식의 전기차 플랫폼Modular Electric Propulsion Platform을 의미한다.

아우디가 테슬라의 모델S와 경쟁하기 위해서 2019년 출시한 e-트론 SUV는 '테슬라 킬러'로 불리며 기대를 모았지만 전기차 전용 플랫폼을 사용하지 않았다. 매우 매력적인 전기차이지만 테슬라와 비교해 주행거리와 가속 능력이 부족해서 기대에 미치지 못했다. 테

VW ID.3

VW ID. Buzz

VW ID. Crozz

(출처: 폭스바겐)

MEA 플랫폼

일렉트릭 드라이브 모듈
온보드 차저
일렉트릭 드라이브 모듈
배터리

(출처: 다임러)

슬라의 기술력은 단기간에 따라잡기 어려울 만큼 격차가 벌어져 있음이 확인됐다.

폭스바겐 그룹은 2021년 7월 'New Auto'라고 명명된 새로운 사업 전략을 발표했다. 회사는 내연기관 시장이 향후 10년간 20% 감소하고 전기차가 내연기관을 대체하는 주도적인 기술로 자리 잡을 것이라고 전망했다. 전기차 판매 비중 목표를 2030년 50%, 2040년 100%로 설정했다. 또한 SSPscalable systems platform라는 새로운 통합 전용 플랫폼을 2026년까지 개발해서 모든 차종에 적용할 계획이다. 그리고 2030년까지 총 240기가와트시 규모의 배터리 공장 6개를 건설할 예정이다.[95] 전 세계 자동차 회사 중에서 가장 공격적인 전기차 전략을 구사하고 있다. 폭스바겐이 좋은 결실을 보게 된다면 전기차 시대가 앞당겨지고 지속가능 에너지 사회로 빠르게 전환되는 데 큰 역할을 할 것으로 기대가 크다. 만약 폭스바겐이 테슬라와 의기투합

메르세데스 벤츠 EQS와 EQC

(출처: 다임러)

해 시너지를 창출한다면 전기차 시대를 앞당기는 데 크게 이바지할 것이다. 아울러 디젤게이트로 손상된 회사의 이미지가 크게 개선되는 효과도 거둘 수 있을 것이다.

다임러는 2022년까지 10개의 순수 전기차 모델을 출시한다는 계획을 세우고 있다.[96] 이 회사는 세 갈래 주행 시스템 전략을 가지고 있다. 이 전략은 MEAmodular electrified architecture 플랫폼을 사용해서 순수 전기차, 하이브리드차, 내연기관차를 모두 생산한다는 것이다. 그리고 전체 제품 포트폴리오를 전동화해서 고객들이 내연기관차 대신 전기차나 하이브리드차를 선택할 수 있는 옵션을 제공하겠다는 전략이다.

순수 전기차는 'EQ' 시리즈로 명명될 예정이다. 첫 번째 EQ 모델은 콤팩트 럭셔리 SUV인 EQC이다. EQC는 전기차 전용 플랫폼을 개발하기보다는 GLC를 개량한 플랫폼을 사용했다. 그래서 GLC와 똑같은 서스펜션과 차체 하부 구조를 가지고 있다. 차량 내부의 바닥이 편평하지도 않고 배터리팩의 폭도 좁고 차량 무게가 2.5톤에 달해서 콤팩트 SUV로는 너무 무겁다. 여전히 차량의 내부와 외부는 럭셔리하지만 주행거리와 가속 능력이 태생적으로 테슬라의 SUV보다 떨어질 수밖에 없다. 다임러는 두 번째 순수 전기차로 S-클래스의 새로운 플래그십 전기차 EQS를 생산할 계획이다.

플러그인 하이브리드차 모델들은 'EQ 파워' 또는 'EQ 파워 플러스'로 이름 붙여지고 일반 하이브리드차 모델들은 'EQ 부스트'로 이름이 붙여질 것이다. 다임러는 테슬라나 폭스바겐과는 다르게 일반 하이브리드차까지 전기차로 간주하고 있다. 그래서 다임러가 400억 달러라는 거액의 전기차 투자 계획을 가지고 있긴 하지만 그중 실제로 배터리 전기차에 얼마를 할당했는지는 명확하지 않다.

내연기관 자동차를 처음 발명하고 100여 년 이상 자동차 기술을 선도하던 메르세데스 벤츠가 전기차 전용 플랫폼을 개발하지 않고, 하나의 플랫폼으로 전기차와 내연기관차와 하이브리드차를 병행 생산한다는 전략을 택한 것은 실망스럽다. 아무리 내연기관 기술이 뛰어난 다임러이지만 전기차 전용 플랫폼이 제공하는 장점을 포기하면서 테슬라의 고성능 전기차와 경쟁하기 어려울 것이다. 그래서 결국 다임러는 전략을 크게 수정하게 된다. 2021년 7월 다임러는 급성장하는 자동차 시장과 엄격해지는 환경규제에 대비하여 더 공격적인 전기차 전략을 발표했다. 내연기관차와 전기차가 공유하는 플랫폼을 포기하고 2025년부터는 세 가지의 순수 전기차용 전용 플랫폼을 사용할 계획이다. 더 늦기 전에 계획을 대폭 수정한 것은 현명한 판단으로 보인다. 그러나 경쟁사인 폭스바겐 그룹에 비해 전용 플랫폼 개발이 3-4년 정도 뒤처져 이로 인해 겪을 어려움을 잘 극복해야만 할 것이다.[97]

BMW의 동일 플랫폼 전략

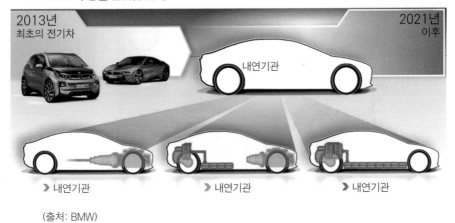

(출처: BMW)

BMW는 2013년 i3 출시 이후에 새로운 순수 전기차를 출시하지 않고 있다. 그러나 2023년까지 25개의 새 전기차 모델을 생산할 계획을 세우고 있다. 그중 12개는 순수 전기차이고 13개는 플러그인 하이브리드차이다. 순수 전기차 모델을 12개나 새로 만들겠다는 계획은 BMW의 과거 역사를 볼 때 큰 도약임은 틀림없다.

그러나 1년 전에 새로 출범한 BMW의 최고경영진은 전임자와 마찬가지로 전용 플랫폼 개발에 반대하는 것으로 알려졌다. 새 CEO 올리버 집제는 전기차와 내연기관차 모델이 공유하는 통일된 플랫폼 전략을 지속 추진할 계획이다.[98]

BMW는 2013년 출시했던 i3 모델만 전용 플랫폼을 사용했고 2015년 이후에는 내연기관차 그리고 하이브리드차와 공유하는 후륜구동 CLAR 플랫폼과 전륜구동 FAAR 플랫폼을 사용하고 있다. 향후 이 플랫폼들을 가지고 순수 전기차 모델인 i4, iX3, i5를 생산할 계획이다. 또한 2021년을 목표로 5세대 플랫폼인 플랫 배터리 스토리

BMW iX3

BMW i4

BMW i넥스트

(출처: BMW)

지 아키텍처FSAR, Flat Battery Storage Architecture를 개발하고 있다. 이 플랫폼으로는 고급 모델인 i넥스트와 i8을 생산할 계획이다. 순수 전기차는 모델명의 앞머리에 알파벳 'i'를 붙이고 플러그인 하이브리드 차량은 모델명의 끝에 'e' 글자를 붙이기로 했다. 예를 들면 i3, ix3 모델들은 순수 전기차이고 530e는 플러그인 하이브리드차이다.

최근 BMW의 보수적인 전기차 전략이 수정될 가능성이 높아졌다. 회사 내 직장협의회가 전용 플랫폼을 만들어야 한다고 강하게 경영진을 압박하고 있다.[99] 2020년 6월 직장협의회 대표이자 이사회 멤버인 만프레드 쇼흐Manfred Schoch는 시사주간지 『슈피겔』과의 인터뷰에서 "우리는 고유의 전용 플랫폼을 가져야만 전기차의 장점을 충분히 활용할 수 있습니다."라고 강조했다. 그는 BMW가 전기차 전략을 수정해야만 한다고 목소리를 높이고 있다.

일반적으로 공격적인 전기차 전략을 추진하는 회사에서는 투자 자금 확보를 위해서 극한적인 비용 절감을 추진하기 때문에 직원들이나 노조가 거세게 저항하는 경향이 있다. 그런데 BMW에서는 직원 대표가 소극적인 경영층의 전기차 전략을 강하게 비판하는 반대 현상이 일어난 것이다. 보수적인 BMW 경영층이 시대의 흐름에 맞춰서 전용 플랫폼 개발 전략으로 궤도를 수정할지는 흥미로운 관전 포인트이다.

독일 자동차 3사의 전기차 전략을 요약하면, 폭스바겐만 테슬라의 스케이트보드 플랫폼과 유사한 전용 플랫폼 개발에 공을 들이고 있고 기후 변화에 가장 적극적으로 대처하고 있다. 반면에 전용 플랫폼 개발을 주저하던 다임러와 BMW는 2021년 중후반이 되어서야 전략을 대폭 수정했다. 그러나 두 회사 모두 2025년이 되어야 전기차용 전용 프레임이 개발될 전망이어서, 선두주자인 테슬라는 고사하고 국내 경쟁사인 폭스바겐보다도 한참 뒤처지게 된 상황이다.

다음으로 미국 자동차 회사들은 어떤 전기차 전략이 있는지 살펴보자. 유럽에서 가장 적극적인 전기차 전략을 추진하는 회사가 폭스바겐이라면 미국에는 GM이 있다. GM은 테슬라를 이기겠다는 의지를 다지며 2025년까지 200억 달러를 투자한다는 공격적인 전략을 추진하고 있다.[100] 자율주행에만 매년 30억 달러씩 투자할 계획이다. 2023년까지 세단, SUV, 트럭을 포함한 20개의 순수 전기차 모델을 출시하려고 계획하고 있다.

기술적으로 가장 핵심적인 과제는 제3세대 전용 플랫폼과 새로운 배터리 시스템을 개발하는 것이다.[101] 이를 위해서 LG화학과 파트너십을 맺고 얼티엄Ultium이라는 명칭의 새로운 배터리와 전용 플랫폼을 함께 개발하기로 했다. 테슬라의 플랫폼과 유사한 스케이트보드 타입의 전용 플랫폼은 서브 콤팩트 세그먼트부터 대형 SUV와 픽업트럭까지 적용할 수 있도록 유연한 것이 될 것이다. 전륜, 후륜, 그리고 사륜구동 방식이 모두 가능할 뿐만 아니라 97킬로미터(0~60마일) 도달 시간을 3.0초 이내로 달성할 수 있는 고성능 파워트레인을 장착할 수 있을 것이다. 얼티엄 배터리는 크고 긴 파우치셀을 사용하는데 업계 최초로 이 셀들을 수직과 수평으로 배열할 수 있다. 이 점은 여러 가지 타입의 차량에 적합한 배터리를 장착할 수 있도록 해줄 것이다.

현재 GM은 LG화학과 합작으로 오하이오주에 30기가와트시 규모의 배터리 생산 능력을 가진 기가팩토리를 건설하고 있다.[102] 테슬라의 '기가팩토리' 명칭을 따와서 사용했고 테슬라처럼 규모의 경제를

GM의 새로운 모듈 방식 전용 플랫폼과 캐딜락 전기차

(출처: GM)

통한 비용 감소 전략을 추진하는 것은 높이 평가할 만하다. GM은 여기서 생산하는 배터리는 100달러/킬로와트시 허들을 돌파할 것을 기대하고 있다. 이렇게 되면 내연기관차보다 원가가 낮아지게 돼 전기차 생산만으로도 수익을 낼 수 있게 된다. GM은 앞으로 출시될 전기차들은 기가팩토리에서 생산되는 모듈 방식의 전용 플랫폼과 높은 성능의 파워트레인 덕분에 수익을 올릴 수 있다고 강조했다.

GM은 테슬라와 미국의 전기차 시장에서 정면으로 맞붙어서 경쟁해야 한다. 그러기 위해 최고의 배터리 기술력과 세계 최대의 생산 능력을 가진 LG화학과 손을 잡은 것은 현명했다. 하지만 테슬라와

포드 마하-E (2020)

포드 F-150 일렉트릭 (2022)

(출처: 포드)

경쟁하려면 끊임없는 기술 혁신이 가능하도록 조직문화를 바꾸는 것도 중요하다. 메리 바라 대표가 야심 차게 추진하는 전기차 전략이 성공 스토리를 만들어낼 수 있을지 기대하고 지켜볼 만하다.

포드는 라이벌 GM과 달리 매우 소극적인 전기차 전략을 보이고 있다.[103] 포드는 아직 전기차 시장이 크지 않다고 보기 때문에 대규모 투자나 다량의 신규 전기차 모델들을 생산할 계획을 세우고 있지 않다. 그래서 자체적인 전용 플랫폼을 개발하기보다는 폭스바겐의 MEB 플랫폼을 빌려서 사용할 계획이다. 포드는 처음에 출시하는 전기차로 시장에 강한 인상을 줄 복안을 가지고 있다. 그러기 위해서 머스탱 엠블럼을 장착한 프리미엄급 마하-E SUV를 2021년에 출시할 계획이다. 2022년에는 포드의 베스트셀러 픽업트럭인 F-150도 전기차 모델을 출시할 계획이다.

포드는 레거시 자동차 회사 중에서도 가장 소극적인 전기차 전략을 세우고 있다. 미래 전기차 시장에 대한 과감한 투자를 주저하고 쉬운 길로 가려고 하는 것이다. 아무래도 포드가 독자적인 전기차 기술 경쟁력을 갖추는 데 꽤 오랜 시간이 걸릴 듯하다. 당장 전기차 양산을 통한 손실 발생을 막을 수는 있겠지만 미래에 겪을 고통이 더 커질 수 있다.

이렇게 소극적인 전략을 추진 중이던 포드도 다임러와 BMW처럼 2021년 5월 전략을 대폭 수정했다. 포드는 2025년까지 2개의 전기차 전용 플랫폼을 개발하기로 한 것이다. 공교롭게도 전용 플랫폼 개발을 미적거리고 있던 다임러, BMW, 포드 3사 모두 2025년까지 전용 플랫폼을 개발하겠다고 발표했다.

다음은 일본 자동차 회사들의 전기차 전략을 살펴보자. 일본을 대표하는 자동차 회사인 토요타는 여전히 하이브리드차에 강하게 집착하고 있다.[104] 25년 전 프리우스 하이브리드 자동차로 미래형 혁신 기술을 선보인 이래 하이브리드차 기술에 대한 자부심이 높다. 그러다 보니 오히려 전기차로의 전환이 더디다. 토요타는 전기차 확대에 수반되는 단기적인 손실 증가를 피하기 위해서도 보수적인 전기차 전략을 고수하고 있다.[105]

토요타는 순수 전기차보다는 기존의 내연기관 플랫폼에 기반한 플러그인 하이브리드차PHEV, plug-in hybrid electric vehicle와 수소차에 집중

프리우스 프라임(PHEV)

수소차 미라이

(출처: 토요타)

한다. 하지만 플러그인 하이브리드차는 내연기관, 구동모터, 대형 배터리를 모두 장착하기 때문에 하드웨어 자체가 비쌀 수밖에 없다. 그리고 시장의 선호도 측면에서도 배터리 전기차에 밀리고 있다. 게다가 토요타가 야심 차게 추진하는 수소전지차도 단기간에 해결이 어려운 문제들 때문에 양산 계획이 지연되고 있다.

토요타는 세계 1, 2위를 다투는 경쟁사 폭스바겐의 공격적인 전기차 전략과는 정반대의 길을 고수한다. 언제까지 전기차의 대세적 흐름을 외면할지 궁금하다. 시간을 끌수록 나중에 치르게 될 비용과 고

닛산의 차세대 전기차 아리야 SUV

(출처: 닛산)

통은 더 커질 수 있기 때문이다.

닛산의 리프는 테슬라 모델3가 시장에 나오기 전까지 세계에서 가장 많이 팔린 배터리 전기차였다. 그러나 테슬라 모델3가 출시되면서 판매량이 급속하게 줄었다. 거기다 고속충전 시 충전 속도가 크게 느려지는 치명적인 결점이 발견됐다. 이러한 래피드게이트 현상 때문에 브랜드의 이미지에 큰 타격을 입혔다.

닛산은 전기차 리더십을 되찾고 싶어 한다. 리프 같은 저가 모델보다는 수익성이 높은 프리미엄급 전기차에 집중한다는 새로운 전략을 세웠다.[106] 닛산은 2021년 전용 플랫폼을 사용한 차세대 전기차 아리야 SUV을 출시한다고 발표했다. 그리고 국가마다 수요와 정책이 다르기 때문에 이에 맞추기 위해서 순수 전기차 외에도 수소차와 하이브리드차 기술 개발도 병행하겠다고 한다.

전기차는 수익성이 높은 프리미엄 모델에 집중하고 동시에 다양한 파워트레인 생산 전략을 추진하는 것은 그럴듯하게 들린다. 그러나 폭스바겐이나 GM 같은 초대형 자동차 회사들도 전기차 하나에만 집중해도 테슬라를 따라잡기 힘들어한다. 그런데 닛산 같은 규모의 회사가 역량을 이렇게 분산하는 것은 무리라고 할 수 있다.

한때 하이브리드차와 배터리 전기차 기술을 각각 리드하던 일본의 토요타와 닛산이 급격하게 변하는 전기차 트렌드를 따라가지 못하고 보수적인 전략을 세운 것이다. 격변의 시대에 접어든 자동차 업계의 고민을 실감케 한다. 혼다 자동차는 일본 자동차 업계 내에서도 순수 전기차 개발에 관해 가장 소극적이어서 설명을 생략한다.

마지막으로 우리나라의 현대자동차그룹의 전기차 전략에 대해 살펴보자. 현대차는 2025년까지 하이브리드차를 포함해서 44개의 전기차 모델을 출시할 계획이다. 그중에서 23개가 순수 전기차, 13개가 하이브리드차, 6개가 플러그인 하이브리드차, 2개가 수소연료전지차이다. 23개 순수 전기차 중에서 11개를 전용 플랫폼을 기반으로 제작할 예정이다. 2025년까지 배출가스가 없는 차량 67만 대 중에서 배터리 자동차는 56만 대, 수소차는 11만 대를 판매할 계획이다.[107, 108]

현대차그룹은 캘리포니아에 있는 전기차 스타트업 회사인 카누 Canoo와 합작으로 새로운 전용 플랫폼을 개발하기로 합의했다.[109] 카누는 설립한 지 2년밖에 안 되고 직원수도 300명에 불과한데 메이저 자동차 회사와 기술 합작에 성공한 최초의 스타트업 회사가 됐다.

전용 플랫폼 E-GMP을 사용한 새 전기차 아이오닉6, 아이오닉7, 아이오닉5 (출처: 현대자동차)

현대차가 자체 전용 플랫폼 개발 역량이 부족해서 부득이하게 취한 선택이라고 보인다.

현대차는 전용 플랫폼에 기반한 새로운 전기차 라인의 브랜드명을 '아이오닉Ioniq'으로 하기로 했다. 아이오닉Ioniq은 아이언Ion과 유니크Unique를 합성해 만든 이름이다. 이전에 내연기관 플랫폼으로 만들어진 아이오닉 모델들은 새로운 브랜드에서 제외하기로 했다. 아이오닉5는 2021년 첫 번째 출시되는 모델로서 컴팩트 크로스오버 유틸리티 차량CUV, Compact Crossover Utility Vehicle이다. 2022년 출시될 아이오닉6는 중형 세단이고 2024년 출시예정인 아이오닉7은 풀

사이즈 SUV이다.

현대차그룹이 전기차에 과감한 투자를 하기로 했지만 하이브리드차, 플러그인 하이브리드차, 수소전지차까지 다양한 포트폴리오 전략을 구사하는 것은 걱정이 된다. 전기차만 집중해도 테슬라와의 격차를 좁히기 힘들다. 그런데 회사의 귀중한 자산을 여러 갈래로 분산하는 것은 무리로 보인다. 특히 수소차의 경우 해결해야 할 난제들이 가까운 장래에 극복하기 힘든 것이 현실이다. 배터리 전기차에 대한 내부 저항이 큰 토요타가 수소차에 집착하는 것은 이해할 수 있다. 그러나 현대차가 기왕에 과감한 전기차 투자를 결정한 마당에 수소차에 대한 미련을 버리지 못하는 것은 이해하기 어렵다. 현대차는 우리나라의 경제성장을 주도하면서 불굴의 성장신화를 써온 회사이다. 그래서 머지않아 기존의 다양한 파워트레인 전략을 지양하고 사내 의견을 통일하여, 전기차 중심의 전략을 과감하게 추진할 것으로 기대해본다.

전 세계 자동차 회사들의 전기차 전략을 살펴보았다. 폭스바겐과 GM만이 현 시점에서 순수 배터리 전기차에 회사의 핵심 역량을 집중하고 있다. 그다음으로는 다임러와 현대차그룹이 과감한 투자를 발표했지만 하이브리드차, 수소차 등에 대한 투자액이 포함된 것이라서 배터리 전기차에 얼마의 예산을 할당했는지는 불명확하다. 그 외에 BMW, 포드, 토요타, 닛산 같은 회사들은 가장 소극적으로 전기차 전략을 추진하고 있다. 이들 회사들이 순수 배터리 전기차에 집중하는 전략으로 전환하는 데 상당한 시간이 걸릴 전망이다.

지속가능 에너지 사회로 조속하게 전환하기 위해서는 전 세계 자동차 시장이 순수 배터리 전기차 위주로 재편되는 것이 시급하다. 그런데도 아직 다수 자동차 회사가 내연기관차, 하이브리드차, 수소차 등 다양한 제품군을 유지하려고 한다. 이것은 소위 산탄총shotgun 전략으로서 수많은 제품을 시장에 내놓아서 그중에서 몇 개만 성공하길 바라는 방식이다. 그리고 신제품 홍보를 위해서 막대한 광고비를 쓰고 있다. 급격하게 변하는 시장 흐름에 역행해서 구시대적인 고비용 사업구조를 고수하는 점이 아쉽다.

수소차의 성장이 느린 이유

요즘 '수소에너지'라는 용어가 자주 사용된다. 그러나 이것은 올바른 표현이 아니다. 수소는 우리가 채굴해서 쓸 수 있는 에너지원이 아니기 때문이다. 수소는 화석연료나 전기를 사용해서 인위적으로 생산하는 연료일 뿐이다. 과학적으로 표현하자면 다른 에너지원을 저장하는 매체인 것이다. 또한 수소는 생산하고 이송하고 저장하는 데 많은 에너지 손실이 발생한다.

그래서 일론 머스크는 수소를 자동차의 에너지로 사용하는 아이디어를 싫어했다.[110] 그는 특히 수소연료전지를 자동차에 사용하는 것은 믿기 힘들 정도로 어리석다고 말하며 연료전지Fuel Cell를 '바보 전지Fool Cell'라고 비판했다. 그의 기본 요점은 에너지를 저장하는 데 수소를 사용하는 것은 전기를 배터리에 저장하는 것보다 비효율적이라는 것이다. 수소차의 경쟁력을 객관적으로 살펴보자.

2020년 6월 4일 미국의 니콜라는 주식을 상장했다. 이 회사는 수소연료전지 트럭을 제조하기 위해 설립되어 큰 성공을 거두었다. 아직 한 대의 트럭도 생산하지 않았지만 주식 총액 120억 달러를 기록

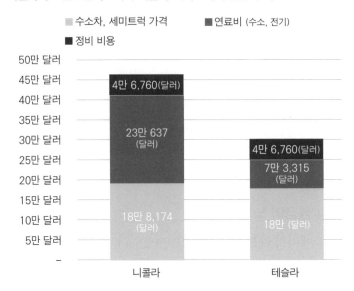

니콜라 수소연료전지트럭과 테슬라 세미트럭의 운영비 비교[113]

■ 수소차, 세미트럭 가격   ■ 연료비 (수소, 전기)
■ 정비 비용

	니콜라	테슬라
정비 비용	4만 6,760(달러)	4만 6,760(달러)
연료비	23만 637 (달러)	7만 3,315 (달러)
가격	18만 8,174 (달러)	18만 (달러)

(출처: 아크인베스트)

했다.[111] 그런데 혁신 기술 전문 펀드 운용사인 아크인베스트의 CEO
캐시 우드Cathie Wood는 CNBC와의 인터뷰에서 테슬라와 니콜라를
비교해달라는 요청을 받았을 때 비교의 대상 자체가 아니라고 냉정
하게 평가했다.[112]

"큰 차이점은 기술의 적합성이라고 생각합니다. 우리는 오래전에
전기차와 수소차의 비용 감소 속도를 추정하는 연구를 했어요. 이
연구를 하면서 수소 충전 인프라만 따져보아도 전기 충전 인프라보
다 5배에서 10배 정도 비싸다는 것을 알게 됐죠. 소비자의 관점에서
113만 킬로미터 주행 기준으로 총 연료비를 비교해보면, 수소가 전
기 대비 3배 많이 든다는 것입니다. 그러므로 올바른 기술을 갖춘 회
사는 바로 테슬라입니다."

수소연료전지차의 구조 (토요타 미라이)

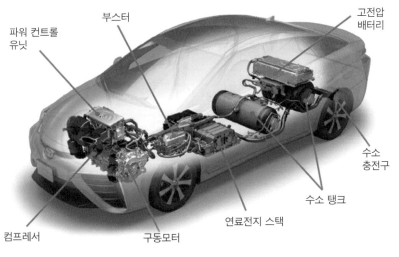

파워 컨트롤 유닛

부스터

고전압 배터리

수소 충전구

수소 탱크

연료전지 스택

구동모터

컴프레서

(출처: 토요타)

　그녀는 또한 니콜라의 경영진이 과거의 세계, 즉 철강, 알루미늄, 천연가스 등 성숙 산업에서 온 사람들이라는 것을 지적했다. 니콜라는 기하급수적인 속도로 성장하겠다고 호언장담하지만 그에 맞는 DNA를 갖고 있지 못하다고 평가했다. 아크인베스트의 평가는 니콜라에게만 해당되는 것이 아니고 수소차의 생산을 추진하는 모든 회사에 적용할 수 있는 일반적인 분석이다.

　수소차는 자동차 회사 입장에서는 내연기관차와 거의 같은 플랫폼을 사용할 수 있다는 이점이 있다. 수소차의 구조를 보면 내연기관차와 매우 흡사하다. 연료탱크 대신에 700기압에 달하는 고압의 수소 탱크가 들어가 있고 엔진 룸에 구동모터를 장착한 것 외에는 구조상 큰 차이점이 없다.

　정유업계도 수소차를 지원하고 있다. 수소를 생산하는 데 천연가

수소연료전지의 작동 원리

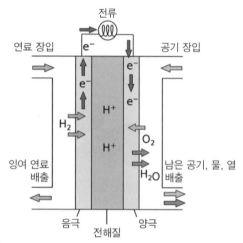

(출처: 위키피디아)

스가 사용되고 기존의 주유소 인프라를 활용할 수 있기 때문이다. 전통 산업 출신의 구세대 사람들의 이해관계가 일치하면서 수소차를 차세대 혁신 기술로 홍보하기 위해서 노력하고 있다.

하지만 천문학적인 수소 충전 인프라 구축 비용은 자체적으로 감당할 수 없어서 정부의 지원을 받는 것이 필수적이다.[114] 이를 위해 대중과 정치인들에게 좋은 이미지를 심기 위한 홍보 활동을 적극적으로 펼치고 있다. 여러 가지 심각한 난제들에 대한 논의는 피하면서 친환경 미래 기술이라는 이미지를 전파하고 있다.

그렇다면 수소차가 실제로 자동차 시장에 안착하기 위해서 풀어야 할 난제들은 어떤 것들이 있을까? 먼저 수소연료전지의 구조와 특성에 대해서 간략하게 살펴보자. 연료전지는 여러 가지 종류가 있어서 발전, 난방, 우주항공 등의 용도로 사용된다. 그중에서 수소차에 사용되는 연료전지는 PEM 연료전지이다. 여기서 PEM은 양성자

연료전지 스택(토요타 미라이)

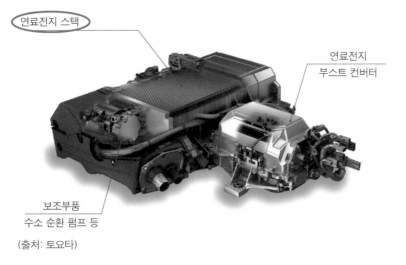

연료전지 스택

연료전지
부스트 컨버터

보조부품
수소 순환 펌프 등

(출처: 토요타)

(수소이온) 교환막Proton Exchange Membrane 또는 고분자 전해질막Polymer Electrolyte Membrane의 약자이다. PEM 연료전지는 1960년대에 GE에서 개발했다.

연료전지는 수소를 연소하는 게 아니라 전기화학 반응을 일으켜서 전기를 발생시킨다. 작동 원리는 건전지와 같다. 연료전지도 양극, 음극, 전해질을 가지고 있다. 전해질은 이온만 통과시키고 전류는 외부회로를 통해서 흐른다. 수소연료전지는 폐쇄된 구조의 건전지와 다르게 오픈된 시스템이다. 전기화학 반응에 필요한 수소와 산소(공기)가 외부에서 공급될 때만 작동한다. 수소연료전지가 작동하기 위해서는 수소H_2가 음극 촉매 표면에서 수소이온H^+으로 분리된 후 전해질을 통해서 이동하여 양극 촉매 표면에서 공기 중의 산소O_2와 반응해 물 분자H_2O가 생성되는 프로세스를 거친다.[115]

연료전지 한 개의 출력 전압은 1볼트 미만이다. 자동차 구동에 필

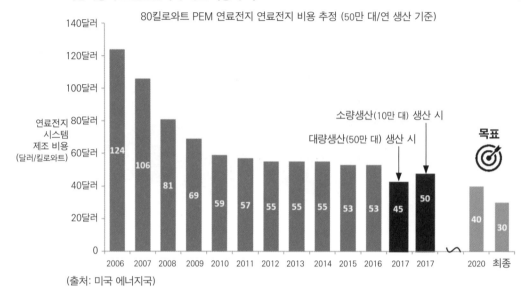

자동차용 수소연료전지의 제조 비용 추이

80킬로와트 PEM 연료전지 연료전지 비용 추정 (50만 대/연 생산 기준)

연료전지
시스템
제조 비용
(달러/킬로와트)

소량생산(10만 대) 생산 시
대량생산(50만 대) 생산 시
목표

124 / 106 / 81 / 69 / 59 / 57 / 55 / 55 / 55 / 53 / 53 / 45 / 50 / 40 / 30

2006 2007 2008 2009 2010 2011 2012 2013 2014 2015 2016 2017 2017 2020 최종

(출처: 미국 에너지국)

요한 수백 볼트의 전압을 만들기 위해서 수백 개의 납작한 연료전지들을 직렬로 포개서 만든 연료전지 스택Stack이 사용된다. 토요타 미라이의 연료전지 스택에는 370개의 연료전지가 들어가 있다. 이 스택이 수소와 산소의 전기화학 반응을 통해서 전기를 구동모터에 공급하는 배터리 역할을 한다.

수소차는 몇 가지 고유한 장점이 있다. 첫 번째는 배출가스가 없고 두 번째로 한 번 충전하면 매우 긴 주행거리를 자랑한다. 또 수소연료전지 스택은 부피 조절이 쉬우며 소형 지게차부터 대형 트럭이나 버스에도 사용할 수 있다. 그런데 왜 이렇게 수소차의 보급이 더딜까? 상업화에 성공하려면 반드시 극복해야 하는 장애물들이 있기 때문이다. 이것들은 단기간에 해결하기가 매우 어려운 문제들이다.

우선 수소 자동차들은 가격이 비싸다.[116] 2020년 제조사별 권장판

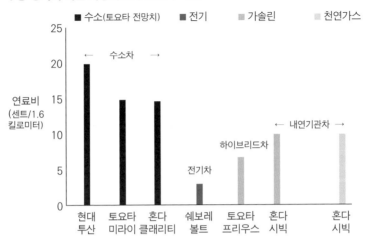

구동 방식이 다른 자동차들의 연료비 비교

- 수소(토요타 전망치) ■ 전기 가솔린 천연가스

연료비
(센트/1.6
킬로미터)

수소차 →

← 내연기관차 →

하이브리드차

전기차

| 현대
투싼 | 토요타
미라이 | 혼다
클래리티 | 쉐보레
볼트 | 토요타
프리우스 | 혼다
시빅 | 혼다
시빅 |

(출처: 그린카 리포트)

매가격MSRP을 살펴보면 토요타의 미라이는 5만 8,500달러, 혼다의 클래리티는 5만 8,490달러, 현대의 넥소는 5만 8,735~6만 2,185달러에 이른다. 그에 비해서 비싼 편에 속하는 전기차 BMW의 i3는 4만 6,200달러이다. 수소차는 정부로부터 대당 몇만 달러씩 보조금을 받지 않으면 판매가 불가능한 게 현실이다. 이렇게 차량 가격이 비싼 이유는 연료전지 가격의 제조비가 너무 느리게 하락하기 때문이다. 전기차의 배터리 제조원가는 2010년 이래 거의 85% 가까이 하락한 반면에 연료전지의 가격은 2010년 이후로 거의 횡보하고 있다. 이 때문에 수소차의 가격은 좀처럼 내려가지 않고 있다.

둘째, 수소는 다른 연료 대비 가격이 높다.[117] 위 그래프는 내연기관차, 하이브리드차, 전기차의 연료가격을 비교한 것이다. 수소 가격은 미국의 에너지국DOE, Department of Energy가 추정한 1킬로그램당 10달러를 사용했고 다른 연료 가격은 5년 평균 소매가를 사용했다. 여기서 볼 수 있듯이 수소차의 연료비는 프리우스 하이브리드차의 2배이고 전기차의 4배이다. 심지어 가솔린차나 천연가스차보다도 높다.

셋째, 수소 충전소 인프라가 부족하다. 수소 충전소 하나를 짓는데 드는 비용은 300만 달러에 달한다. 현재 5,000여 개의 충전소 건설 계획이 발표됐고 2030년까지 1만 5,000개의 충전소 건설이 더 필요하다. 과연 이런 인프라를 건설하는 데 드는 600억 달러라는 엄청난 비용을 누가 부담할 것인가? 이것은 시작일 뿐이다. 전 세계적으로 훨씬 더 많은 충전소를 세워야 한다. 수소차 제조사들은 감당할 수 없는 비용이다 보니 정부의 지원에 기대를 걸고 여론이 우호적으로 조성되기를 바라고 있다.

더군다나 수소차의 생산량을 늘리는 것과 충전소를 늘리는 것은 서로 타이밍을 맞추어서 함께 진행해야 한다. 일정한 노선을 운행하는 버스나 장거리 트럭 회사들은 각 종점에만 수소 충전소를 설치해도 되기 때문에 충전소 인프라가 없어도 된다. 그러나 가장 큰 승용차 시장은 충전 인프라가 충분히 갖춰져야만 활성화될 수 있다. 천문학적인 인프라 건설비 때문에 '닭이 먼저냐, 달걀이 먼저냐'의 딜레마에 빠져 있는 것이다.

넷째, 수소는 친환경 에너지가 아니다.[118] 수소를 제조하는 방법은 두 가지가 있다. 가장 많이 사용되는 경제적인 방법은 수증기 개질 steam reforming이라는 공정을 거쳐서 탄소와 수소의 화합물인 화석연료를 분해해 수소를 생산하는 것이다. 이 공정 과정에서 탄소가 다량으로 배출된다. 유정에서부터 자동차 연료로 사용하기까지를 말하는 유정에서 바퀴까지Well-to-Wheel 온실가스 배출량은 심지어 내연기관차보다도 많다. 여러 가지 구동 방식을 가진 자동차들의 탄소 배출량

유정에서 바퀴까지 이산화탄소 배출량 비교

에너지원: ■ 가솔린 ■ 전기(캘리포니아 전기요금 기준) ■ 전기(미국 평균 전기요금 기준) ■ 천연가스

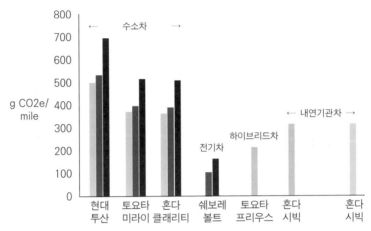

(출처: 그린카 리포트)

을 비교해보면 수소차의 탄소 배출량이 내연기관차보다도 많은 것을 알 수 있다. 이것이 의미하는 것은 수소차의 배기가스는 깨끗해도 수소 연료의 생산 공정에서 더 많은 탄소를 배출하기 때문에 환경 개선에는 도리어 역행한다는 것이다.

두 번째 수소 생산 방법은 비용이 많이 드는 물의 전기 분해 프로세스다. 전기차는 전력망에서 전기를 충전받은 후 그대로 사용하면 된다. 반면에 수소차는 귀중한 전기를 사용해서 수소를 만든 후에 고압으로 응축하여 충전소로 운반한 후에 수소차에 충전해서 다시 연료전지로 전기를 발생시키는 복잡한 과정을 거치면서 많은 에너지 손실이 발생한다.[119]

배터리 전기차는 모델에 따라 다르지만 유정에서 바퀴까지Well-to-Wheel 에너지 효율이 70~90%이다. 반면에 수소차는 25~35%에 불

전기차와 수소차의 전기 에너지 사용 프로세스 비교

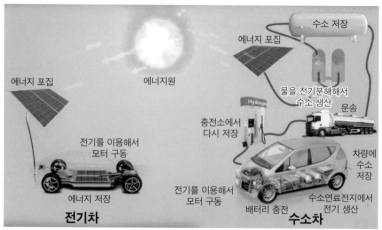

(출처: EV애넥스)

과해 배터리 전기차와 비교해 3분의 1 정도밖에 안 된다. 즉 수소차는 에너지 낭비 차원에서 치명적인 결점이 있다. 그래서 일론 머스크는 수소를 자동차의 에너지로 사용하는 것은 믿기 힘들 정도로 어리석은 아이디어라고 비판했다.

한 가지 더 지적하자면 수소차 제조사들은 수소차가 공기를 정화하는 기능을 가졌기 때문에 환경 개선 효과가 있다고 홍보한다. 이것은 실상을 호도하는 것이다. 연료전지의 수명은 공기 중 불순물에 민감하다. 그래서 반드시 정화하여 연료전지에 투입해야 한다. 수소차의 단점을 환경보호 기능이라는 미사여구로 포장한 것이다.

수소연료전지차가 가진 네 가지 주요 장애물 중에서 앞의 세 가지는 비용에 관련된 것이다. 하지만 네 번째 장애물은 수소차가 구조적인 문제점 때문에 결국 친환경 에너지가 아니라는 점에서 더욱 심각하다. 내연기관에 대한 미련을 못 버리는 자동차 회사들과 정유사들의 이해가 맞아 떨어져 수소차 프로젝트는 계속 추진되고 있다. 수소차 정책에 대한 근본적인 재검토가 필요한 시점이다.

2

—

솔라시티

솔라루프: 신개념 태양광 지붕타일

일론 머스크는 지속가능 에너지 사회로 전환하기 위해서는 자동차의 전동화뿐만 아니라 태양광 발전 설비와 에너지 저장 설비도 빨리 전파돼야 한다고 생각했다. 그는 2006년 사촌 형제 피터 라이브Peter Rive와 린든 라이브Lyndon Rive 형제에게 사업 구상과 자본을 제공해 솔라시티SolarCity를 설립했다.[120] 2013년 솔라시티는 미국에서 가장 큰 가정용 태양광 설비 공급사가 됐다. 전체 태양광 설비 생산 능력 면에서는 두 번째로 큰 회사로 성장했다.[121] 2016년 테슬라는 26억 달러에 솔라시티의 주식 전량을 인수했다. 2017년 뉴욕주의 버팔로시에 완공된 테슬라 기가팩토리2는 세계에서 가장 큰 태양광 패널 생산 공장이다.

일론 머스크가 테슬라와 솔라시티를 연계해서 경영하는 것은 지구

솔라시티가 개발한 태양광 지붕타일을 설명하는 일론 머스크 (출처: 테슬라)

온난화와 싸우기 위해서이다. 솔라시티는 테슬라 웹사이트를 통해서 태양광 제품을 판매하고 있다. 또한 테슬라의 파워월power wall을 포함한 턴키turnkey* 방식의 가정용 배터리 저장 서비스도 판매하고 있다. 솔라시티의 제품 중에서 가장 관심을 끈 것은 2016년 일론 머스크가 직접 공개한 태양광 지붕타일인 솔라루프 타일solar roof tile이다.[122]

기존의 태양광 패널은 지붕 위에 설치돼 번쩍거리는 것이다. 그런데 솔라루프 타일은 태양광전지solar cell와 모듈을 지붕타일 내부에 삽입한 일체형 시스템이다. 솔라루프 타일은 고성능 태양광전지 위에 비늘살 구조의 컬러 루버 필름color louver film을 덮었기 때문에 비스듬한 각도로 보면 일반 지붕타일처럼 보인다. 그러나 타일을 정면에서 보면 태양광 패널이 내장되어 있다. 이 각도로 햇볕을 받아 전기를 발

---

* 생산자가 설비, 시공, 시운전까지 책임지고 공급해 구매자가 열쇠를 돌리기만 하면 사용할 수 있게 하는 계약 방식

매끈한 질감의 유리 타일

결이 있는 질감의 유리 타일

슬레이트 형태의 유리 타일

토스카나 지붕 형태의 유리 타일

(출처: 테슬라)

생할 수가 있다. 타일의 가장 바깥 표면은 강화유리로 마감하여 일반 지붕타일보다 내구성이 높다.

솔라루프 타일은 매끈한 질감, 결이 있는 질감, 토스카나 지붕 형태, 슬레이트 형태 이렇게 네 가지 형태의 유리 타일을 공급한다.

일론 머스크가 2016년 솔라루프 제품을 발표한 후 목표 수준의 원가에 도달하는 데 3년이 걸렸다. 2019년 8월 세 번째 버전의 솔라루프를 소개하면서 기존의 지붕재+태양광패널 설치비 대비 80% 수준의 가격으로 낮추는 데 성공했다고 발표했다.[123] 그 후 생산량 증대를 통해서 2020년 3월 주당 1,000세대에 공급 가능한 4메가와트 분량의 솔라루프를 생산할 수 있게 됐다.[124] 솔라시티의 태양광 모듈 부품들은 버팔로에 있는 기가팩토리2에서 생산되고 있다.

솔라시티는 주택 지붕에 솔라루프를 설치하는 데는 가로×세로 30센티미터당 21.85달러의 비용이 든다고 발표했다. 테슬라를 통해서 판매되는 솔라루프는 2020년 5월 10일부터 온라인으로 주문을 받고 있다. 신청자는 온라인상의 가격 계산기를 이용해서 설치비를 사전에 산정해 볼 수 있다. 솔라루프 시스템은 주택의 수명이 다할 때까지 수명보증이 되며 발전 능력 보증기간은 30년이다. 회사는 일단 지붕에 설치된 솔라루프 시스템이 전기를 생산하기 시작하면 일반 지붕재보다 비용이 더욱 저렴해지고 시간이 흐르면서 발생하는 전기료 절약을 통해서 돈을 벌게 해준다고 설명한다.

솔라루프는 조만간 지붕을 교체할 필요가 있고 태양광 패널 설치를 원하는 주택 소유자에게는 아주 적합한 제품이다. 그러나 당장 지붕을 교체할 필요가 없는 사람들은 비용 절약을 위해서 번쩍거리는 태양광 패널만 설치해도 된다. 장기적으로는 외양도 멋지고 영구적으로 전기를 생산할 수 있기 때문에 솔라루프가 매력적인 제품임에 틀림없다. 최근 주문이 급속하게 늘면서 테슬라는 많은 지붕 설치 기술자들을 고용하고 있다. 일론 머스크는 2021년에는 솔라루프가 킬러 제품killer product*이 될 것이라고 전망하면서 다음과 같이 말했다.

"10년 후 미래에 여러분이 동네를 둘러볼 때 무엇을 원하나요? 어떤 제품이 여러분의 생활을 더 낫게 만들까요? 어떤 미래를 원하나요? 저는 모든 면에서 일반 지붕보다 훨씬 뛰어나고 전기를 생산하면서도 아름답고 강인한 지붕재로 덮인 에너지 넘치는 집에서 생활하는 것이 우리가 원하는 미래라고 생각합니다. 솔라루프는 킬러 제품입니다. 이 점은 내년에 명백해질 것입니다."

솔라루프를 설치한 가정들에서 실제로 효율성과 경제성이 입증된다면 앞으로 거의 모든 가정집의 지붕이 솔라루프와 같은 제품으로 덮이게 될 것이다. 그렇게 되면 일론 머스크가 목표로 하는 지속가능 에너지 사회로의 전환이 더욱 앞당겨질 것이다.

지속가능 에너지 사회를 선도한다

솔라시티는 테슬라와 함께 가정뿐만 아니라 지역사회 단위로 지속가능 에너지 사회를 정착하려고 노력하고 있다. 이 변화를 수직계열화된 두 회사의 태양광 발전 기술과 배터리 에너지 저장 기술이 결합함으로써 선도하고 있다.

먼저 가정 단위의 에너지 공급 시스템을 살펴보자. 테슬라의 파워

---

* 시장을 새롭게 재편하고 사회적 인식을 바꿀 수 있을 만큼 혁신적이고 매력적인 제품

월은 가정용 배터리팩으로 솔라루프와 함께 가정의 에너지 자립도를 높여주는 이상적인 조합을 형성한다. 그림에서 볼 수 있듯이 낮에는 태양에너지를 이용해 직류 전기를 발생시킨다. 이 전기는 파워월이라는 가정용 에너지 저장 배터리에 저장되거나 변압기를 통해서 교류 전기로 전환돼 가정에 공급된다. 밤에는 파워월이 낮 동안에 저장했던 전기가 가정에서 사용된다. 솔라루프와 파워월의 용량이 충분한 집들은 전기 에너지 자립을 실현할 수 있고 심지어 전력망에 잉여 전력을 공급할 수도 있게 된다.

미국 일반 가정의 전기 소비량은 월 평균 1,000킬로와트시 정도라고 한다. 미국의 평균 일조시간은 4~7시간이다. 5킬로와트 용량의 태양광 설비를 설치한 가정은 한 달에 1,000킬로와트시의 전기를 생

솔라루프와 파워월이 설치된 가정의 전기공급 시스템

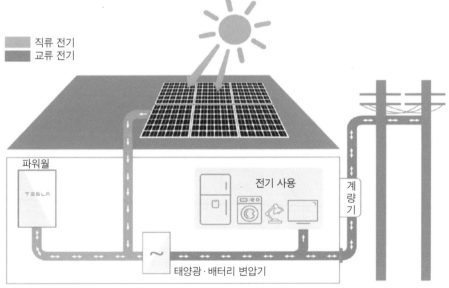

(출처: 솔라하트)

산할 수 있다. 에너지 소비량이 많은 집에서 파워월에 용량이 부족할 경우 피크타임을 피해서 외부 전기를 사용하게 되면 전기료를 더 절약할 수 있다. 자동으로 효율적으로 제어되는 가정용 전력공급 시스템이 널리 보급될수록 주택에서 사용하는 외부 전기의 소비량이 크게 줄어들 것이다.

파워월이 가정용 소형 배터리라면 파워팩은 상업용, 산업용, 지역사회용으로 사용되는 대형 배터리팩이다. 파워팩은 16개의 파워월 배터리를 방수처리된 큰 상자에 넣은 것으로서 대형 배터리 단지를 설치하는 데 사용된다. 실제로 전력수급이 원활하지 않은 지역에서 대형 태양광 단지와 파워팩 단지가 설치돼 효과를 보는 사례들이 늘고 있다.

하와이에 있는 카우아이Kauai섬은 좋은 사례이다. 이 섬에는 가스 파이프라인이나 철도가 없어서 많은 양의 디젤 연료를 해상운송으로 공급받아서 발전소를 가동해왔다. 최근에 태양광 패널을 설치한 집들과 건물이 증가하면서 낮에는 발전용 화석연료 사용량이 감소하고 있지만 밤에는 수많은 발전기들이 여전히 가동되고 있다. 2019년 테슬라와 솔라시티는 이를 바꾸기 위해서 13메가와트 규모의 태양광 단지와 52메가와트시 규모의 파워팩 에너지 저장단지를 건설하고 있다. 앞으로 이 프로젝트를 통해서 매년 160만 갤런의 화석연료 소비가 감소할 것으로 기대된다.

섬 지역뿐만 아니라 환경재해로 인해서 블랙아웃이 자주 발생하는 외진 지역에 사는 주민들은 대형 태양광 단지와 배터리 단지가 설치된다면 안정적인 전기공급의 혜택을 누릴 수 있다. 광대한 땅덩어리에 비해서 인구가 적은 호주에서는 외딴 곳에 위치한 지역사회들이

하와이의 카우아이섬에 설치된 태양광 단지와 파워팩 배터리 단지 (출처: 테슬라)

이런 프로젝트들을 추진하고 있다. 빅토리아주의 북서부 지역에는 50메가와트 규모의 대형 태양광 단지와 파워팩 단지를 설치해서 1만 8,000명의 주민들에게 전기를 안정적으로 공급하고 있다.

일론 머스크는 태양광 발전 단지와 에너지 저장 장치 산업이 장기적으로 자동차 산업만큼 성장할 것으로 전망했다. 그는 현재 이 분야의 성장이 매우 저평가돼 있지만 향후 자동차 산업보다 훨씬 빠른 속도로 성장할 것으로 전망했다. 일론 머스크의 가정과 지역사회를 빠르게 지속가능 에너지 사회로 전환하고자 하는 노력이 좋은 성과를 내기 시작했다. 이를 계기로 지속가능 에너지 사회로의 전환이 세계 각지로 빠르게 전파될 것으로 기대하고 있다.

3

—

하이퍼루프

지구에서 가장 빠른 꿈의 교통수단

2012년 일론 머스크는 하이퍼루프 콘셉트를 공개했다.[125] 그가 내놓은 발명 중에서 가장 획기적이고 일부 사람들 표현에 의하면 가장 미친 아이디어 중의 하나가 하이퍼루프이다. 이 아이디어가 처음 나왔을 때 실현 가능성이 희박하다는 것이 대다수 반응이었다. 하지만 현재는 학계와 산업계의 많은 사람이 하이퍼루프의 실용화를 위해서 연구개발에 매진하고 있다. 실제로 지금 아랍에미리트와 인도에서는 도시와 도시를 연결하는 대형 건설 프로젝트가 실행 단계로 접어들었다.

하이퍼루프는 사람이나 짐을 실은 캡슐형 기차 포드가 공기 저항이 없는 밀폐된 진공 튜브 안을 초고속으로 달리는 신개념 교통수단이다. 포드는 자기 부상에 의해 레일 위에 뜬 상태로 진공 튜브 속을

하이퍼루프의 개념과 디자인

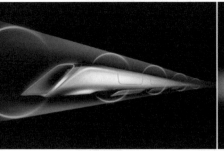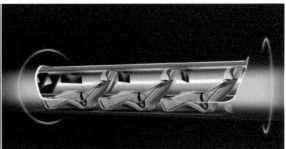

(출처: 스페이스엑스)

시속 1,000킬로미터 이상의 속도로 달릴 수 있다. 만약 실용화된다면 지구상에서 가장 빠른 운송 수단이 될 것이다. 운행 속도는 보잉 747 여객기보다도 300킬로미터 이상 빠를 것이기 때문이다. 만약 하이퍼루프가 뉴욕시와 워싱턴D.C. 사이에 설치돼 정상 가동된다면 소요시간은 30분에 불과할 것이다. 이 속도는 비행기보다 2배 빠르고 고속열차보다는 4배나 빠르다.

일론 머스크는 향후 초음속 주행도 가능할 것으로 전망했다. 그는 하이퍼루프 콘셉트 공개 후 우주로켓과 전기차를 개발하느라 너무 바빠서 시간을 할당할 여유가 없었다. 그래서 다른 사람들의 참여를 독려하고자 특허등록을 하지 않고, 2013년 스페이스엑스의 엔지니어들과 함께 57쪽 분량의 기술 논문 「하이퍼루프 알파Hyperloop Alpha」를 발표했다. 사실상 하이퍼루프는 리눅스와 같은 방식으로 오픈 소스 프로젝트가 된 것이다.

비록 사업화에서는 발을 뺐지만 스페이스엑스는 더 발전된 하이퍼루프 프로토타입 개발을 위해서 '스페이스엑스 하이퍼루프 포드 경진대회'를 정기적으로 개최하고 있다.[126] 스페이스엑스는 이를 위해

버진하이퍼루프의 유인 주행에 참가한 임원들이 포드에 타고 있다.
(출처: 버진하이퍼루프)

서 캘리포니아 호손시에 있는 본사 근처에 1.6킬로미터 길이의 하이
퍼루프 트랙을 건설했다. 이 경진 대회에는 MIT 연구팀 등 수많은
연구 컨소시엄들이 참가해 열띤 경쟁을 벌인다.

캐나다에 기반을 둔 하이퍼루프 창업 회사인 트랜스포드의 창업자
라이언 잰즌Ryan Janzen은 이런 노력에 대해서 높이 평가했다. "일론
머스크가 하는 일은 바로 우리 회사의 마케팅 책임자가 해야 할 일
이다."

현재 하이퍼루프 사업에 참여한 회사는 9개나 된다. 그중에서 가
장 선두주자는 아마도 버진하이퍼루프일 것이다.[127] 2014년 일론 머
스크의 구상을 실현하려는 하이퍼루프 테크놀로지스라는 회사가 설
립됐다. 이 회사는 2017년에 버진 그룹의 유명 CEO인 리처드 브랜
슨Richard Branson이 이사회 의장으로 합류하면서 회사명이 버진하이
퍼루프로 변경됐다.

리처드 브랜슨의 버진하이퍼루프 원 (출처: 익스프레스)

버진하이퍼루프는 라스베이거스에 있는 실험 장소에서 무인 테스트를 실시했다. 드디어 2020년 11월 사상 최초로 유인 테스트를 실시했다. 이 실험에서 회사의 CTO인 조시 기겔Josh Giegel과 승객체험 담당임원 사라 루치안Sara Luchian을 태운 자기부상 포드가 시속 172 킬로미터의 주행에 성공했다.

현실화되는 하이퍼루프 건설 프로젝트

시작할 때는 꿈과 같이 여겨지던 하이퍼루프의 건설이 현실화되고 있다. 버진하이퍼루프는 두 개의 큰 프로젝트를 추진하고 있다. 하나는 인도의 푸네와 뭄바이를 연결하는 하이퍼루프 인프라를 건설하는 것이고 또 다른 하나는 아랍에미리트 공화국의 두바이와 아부다비를 연결하는 것이다.[128, 129] 이들 프로젝트는 각국 정부의 후원하에 최대한 조기에 착공하는 것을 목표로 진행되고 있다.

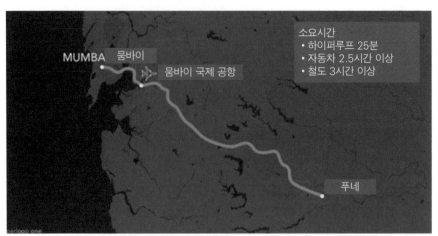

소요시간
• 하이퍼루프 25분
• 자동차 2.5시간 이상
• 철도 3시간 이상

MUMBA 뭄바이

뭄바이 국제 공항

푸네

인도의 뭄바이와 푸네를 잇는 프로젝트 (출처: 일렉트렉)

먼저 인도의 버진하이퍼루프 프로젝트의 진행 경과를 살펴보자. 현재 가장 성장 속도가 빠른 도시들인 뭄바이과 푸네를 연결하는 프로젝트가 진행되고 있다. 마하스트라주에 있는 이 도시들은 약 140킬로미터가 떨어져 있는데 하이퍼루프가 건설되면 소요시간은 25분 정도 걸릴 것으로 예상된다. 일단 인프라가 구축되면 처음에는 화물을 운반하는 것부터 시작해 차차 경험이 쌓이면 승객도 실어 나르기 시작할 것이다. 마치 라이트 형제가 비행기를 발명한 후 초기에는 비행기들이 우편물을 운송하다가 승객을 실어 나르기 시작한 것과 비슷한 과정을 거칠 것으로 예상된다.

인도에는 마하스트라주 외에도 프로젝트들이 추진되고 있다. 버진하이퍼루프는 벵갈루루 국제 공항과 같이 사업 타당성 검토를 진행하기로 했다. 이 사업은 국제 공항에서 도심까지 승객을 10분 이내에 실어 나를 수 있는 하이퍼루프 튜브를 구축하는 것이다. 또한 이 회사는 펀자브 지역의 교통국과도 양해각서를 체결하여 북부 인도

100퍼센트 태양광 에너지로 가동되는 두바이-아부다비 하이퍼루프 운송 시스템 디자인
(출처: 버진하이퍼루프)

지방의 프로젝트를 추진하기로 했다.

아랍에미리트 공화국에서는 두바이와 아부다비를 연결하는 하이퍼루프 프로젝트를 추진하고 있다. 이것이 완공되면 1시간 이상 걸리던 이동시간을 12분으로 줄일 수 있게 된다. 그리고 연간 4,500만 명의 승객을 운송할 수 있을 것이다. 그리고 하이퍼루프는 100퍼센트 태양광 에너지로 가동하는 것을 목표로 삼고 있다. 아랍에미리트 공화국 외에 걸프 지역에서도 하이퍼루프 사업에 대한 관심이 높아지고 있다. 사우디아라비아에서는 교통부장관 주도로 버진하이퍼루프와 함께 최적의 노선을 선정하기 위한 연구에 착수했다.

일론 머스크는 향후 화성에 정착지를 건설하면 하이퍼루프 기술이 육상 운송을 위해서 유용하게 쓰일 것이라고 전망했다. 화성의 대기 밀도는 지구의 1퍼센트 밖에 안 돼 진공 튜브를 건설할 필요가 없다. 궤도만 건설하면 하이퍼루프 기술을 그대로 적용할 수 있게 된다. 어쩌면 먼 미래에 하이퍼루프 기술은 지구보다는 화성에 더 적합한 기술로 평가받을지도 모를 일이다.

4
|
보링컴퍼니

교통 체증 해결은 지하터널망으로

"나는 굴착기를 만들어서 땅굴을 파기 시작할 거야."

일론 머스크가 2016년 12월 17일 로스앤젤레스의 교통 체증에 갇혀 있을 때 트위터에 올린 글이다. 그러고는 바로 '보링컴퍼니The Boring Company'라는 회사를 설립했다.[130]

'보링boring'이라는 단어는 두 가지 뜻이 있다. 하나는 굴을 판다는 뜻이고 또 하나는 지루하다는 뜻이다. 유머 감각이 풍부한 일론 머스크는 일부러 이런 이중적인 의미를 지닌 회사 이름을 지은 것이다. 이 회사의 직원 중 한 명은 소셜미디어에 '오늘도 회사에서 보링한 하루를 보냈다Just another boring day at work.'라는 재미있는 멘트를 올렸다.

LA는 다른 대도시와 마찬가지로 교통 체증이 극심한 지역이다. 일론 머스크는 어느 날 도로에서 꽉 막힌 차들에 둘러싸였을 때 교통

일론 머스크의 초기 구상 (출처: 보링컴퍼니)

문제를 해결할 아이디어를 떠올렸다. 그는 고층빌딩과 같은 3차원 공간에서 생활하는 사람들이 이동할 때는 모두 지상으로 내려와서 2차원적으로 움직이기 때문에 교통 체증을 피할 수 없다고 생각했다. 그래서 그가 낸 아이디어는 지하에 굴을 파서 3차원적인 도로망을 건설하는 것이다.

일론 머스크가 처음에 구상한 아이디어는 시내 여러 곳에 준비된 차량용 자율 주행 스케이트에 자기의 자동차를 올린 다음 수직으로 내려간 후 이 스케이트가 고속으로 지하터널 속을 이동해서 목적지에 도착하면 다시 수직으로 올라가는 것이었다. 위의 그림은 일론 머스크의 초기 구상을 보여준다. 그는 후에 차량을 실은 스케이트 방식을 자동차가 직접 바퀴를 굴려 운행하는 방식으로 바꾸었다. 그리고 이 터널은 배기가스가 없는 전기 자동차만 이용할 수 있게 제한을 두었다.

그가 이 아이디어를 공개했을 때 사람들은 농담으로 받아들였다.

아이디어는 참신하지만 현실화하는 것이 불가능하다고 생각했다. 굴을 파는 비용이 너무 많이 들기 때문이다. 그러나 그가 누구인가? 그는 불가능을 가능하도록 만드는 데 천재적인 능력을 가진 사람이다.

그는 특유의 제1원칙 사고방식을 적용해서 지하터널 굴착 비용을 분석했다. 기존 공법으로는 도저히 경제성을 맞출 수 없다고 판단했다. 그는 터널을 파는 속도를 높여야 한다는 결론을 내렸다. 그래서 보링컴퍼니는 더 빠른 굴착기Boring Machine의 개발에 착수했다. 그는 엔지니어들에게 기존의 굴착기를 분해하고 분석해서 훨씬 개선된 굴착기를 직접 제작하도록 독려했다. 그 결과 새로운 굴착기가 개발됐다.

기존의 굴착기는 1.6킬로미터를 뚫는 데 8~12주가 걸렸다. 이는 정원의 달팽이보다도 14배 느린 속도이다. 보링컴퍼니가 새로 개발한 프루프록Prufrock이라는 이름의 신형 굴착기는 주당 1.6킬로미터를 팔 수 있도록 설계됐다. 기존 굴착기보다 10배나 빠른 속도이다. 하지만 장기적인 목표 속도는 하루에 11킬로미터를 파는 것이다. 사람이 걷는 속도의 10분의 1에 해당한다.[131]

보링컴퍼니는 굴착 속도를 높이기 위해서 다음과 같이 몇 가지의 혁신적인 조치를 취했다.

- 수직으로 큰 구멍을 판 후에 수평 방향으로 굴착을 시작하는 기존 공법과는 달리 굴착 시작점을 지상으로 바꾸면 시간과 비용을 줄일 수 있다. 굴착을 마치면 돌고래가 수면으로 올라오듯이porpoising 굴착기가 지상으로 올라온다.
- 굴착이 진행되는 것과 동시에 미리 제작한 터널벽돌을 시공

보링컴퍼니의 굴착 설비 (출처: 보링컴퍼니)

한다. 그래서 기존의 공법처럼 1.5미터마다 정지해서 벽면 시공을 할 필요가 없다.

• 굴착기 파워를 3배 증강한다. 파워의 증강은 굴착 속도의 증가를 의미한다.

• 기존에 굴착기의 이동을 위해 사용하던 레일을 없애고 고무로 만든 바퀴를 사용함으로써 레일의 설치와 관리에 필요한 시간을 절약했다.

또한 보링컴퍼니는 터널 굴착 비용 절감을 위해서 다음과 같은 조치를 취했다.

• 굴착기, 건설용 전기구동 차량들, 콘크리트 터널 벽돌을 직접 제작한다.

• 터널 직경을 기존 터널 대비 30~60% 감소한다. 모든 프로젝

트에 동일한 직경을 사용하도록 표준화한다.

• 굴착 시 발생한 흙을 주택용 벽돌, 진입로, 강변의 둑 건설에 사용한다.

• 모든 설비를 전동화한다. 디젤 연료의 배기가스가 없어서 깨끗한 터널을 건설할 수 있고, 환기 시스템도 간단해진다.

보링컴퍼니는 이와 같이 독창적인 아이디어와 기술 개발 노력을 통해서 터널 건설 비용을 지속적으로 낮추고 있다. 꿈이나 농담 같은 아이디어가 현실화되는 단계를 착착 밟아 나가고 있다.

농담이 현실로 이루어지다

보링컴퍼니는 2018년 12월 18일 캘리포니아주의 호손시에서 1.9킬로미터 길이의 테스트 터널을 완성해 공개했다. 머스크와 CBS 〈디스 모닝〉의 앵커 게일 킹Gayle King이 함께 시험 주행을 하는 영상이 TV에 방영됐다.[132] 이 영상을 본 사람들은 이제 이 프로젝트가 농담이 아니라 현실이 됐다는 것을 눈으로 확인했다.

사람들은 캘리포니아와 같은 지진 다발 지역은 안전하지 않다고 우려한다. 그러나 일론 머스크는 지진이 발생할 때 지상보다는 지하가 더 안전하다고 설명한다. 허리케인에 비유하면 바다 표면에는 강풍과 큰 파도가 몰아치지만 바다 깊숙한 곳에는 거의 영향을 받지 않는 것과 같다고 설명한다. 과거 캘리포니아에서 대지진이 발생했을 때 사람들이 지하철로 대피해서 위험을 피한 것을 사례로 들었다.

2018년 일론 머스크는 한 팟캐스트 인터뷰에서 처음에는 농담으

테스트 터널을 시험 주행하는 머스크와 CBS 〈디스 모닝〉의 앵커 (출처: 테슬라, CBS)

로 말했다가 취미 차원에서 회사를 설립했다고 인정했다. 그리고 아이디어를 실행에 옮겨서 LA에서 테스트 터널을 뚫었다. 그런데 이제는 다른 사람들이 터널을 뚫어달라는 요청이 온다고 웃으며 말했다. 그래서 그중 몇 개의 요청에 응해서 지금은 현실적인 프로젝트가 됐다고 했다. 이제 지하 도로망 아이디어는 농담이 아닌 완성해야만 하는 진지한 프로젝트가 된 것이다.

2018년 6월 보링컴퍼니와 시카고시는 도심과 오헤어 공항을 연결하는 고속교통 터널을 건설하는 계약을 체결했다. 대중교통은 40분이 걸리지만 보링컴퍼니는 전동 셔틀을 사용해서 12분으로 단축하는 것을 목표로 하고 있다. 속도는 시속 200~240킬로미터이고 비용은 인당 20~25달러로 택시나 우버 요금의 절반이다. 총 사업비로 10억 달러가 소요될 전망이다. 보링컴퍼니의 웹사이트에는 이 프로젝트의 목적을 "사람들의 영혼을 파괴하는 교통정체를 해결하는 것"이라고 표현했다.

라스베이거스에서는 2021년 1월 '라스베이거스 컨벤션 센터 루프Las Vegas Convention Center Loop'가 완공된다. 이 루프는 라스베이거스

오헤어 공항 지하터널 역의 일러스트레이션 (출처: 보링컴퍼니)

컨벤션 센터 바로 아래 지하에 위치하며 웨스트 홀부터 사우스 홀과 노스 홀까지 시간당 4,400명의 승객들을 실어 나를 것이다. 이 루프는 길이 1.34킬로미터의 두 개의 터널로 이루어지고 비용은 5,250만 달러가 들게 된다.

첫 번째 라스베이거스 프로젝트가 완공 단계에 들어서자 보링컴퍼니는 2단계 프로젝트로 도심, 공항, 스타디움, 컨벤션 센터를 연결하는 지하터널 네트워크의 건설을 추진하고 있다. 이 프로젝트의 이름은 '라스베이거스 루프Las Vegas Loop'이다. 이 루프의 노선은 '스트립Strip'이라고 불리는 카지노와 공연장이 밀집된 메인 도로를 관통한다. 이 프로젝트를 찬성하는 사람들은 라스베이거스 여행객들에게 게임체인저가 될 것으로 기대하고 있다. 뜨거운 햇볕을 피해서 즐겁고 편리한 방법으로 세계적인 명소들과 리조트들을 방문할 수 있기 때문이다. 하지만 단순히 지하에서 차로 이동하는 것은 큰 장점이 없다고 주장하는 사람들도 있다. 그렇지만 이 프로젝트가 완성

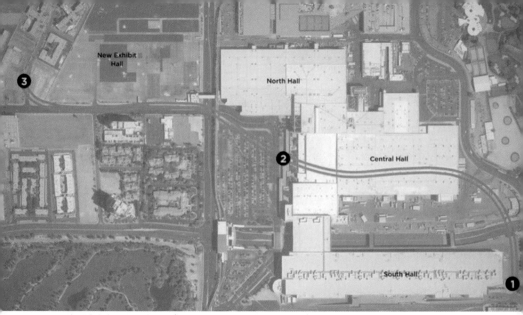

라스베이거스에 건설 중인 '라스베이거스 컨벤션 센터 루프' (출처: 보링컴퍼니)

되면 라스베이거스 방문객들에게는 또 하나의 즐거운 경험을 선사할 것이다.

보링컴퍼니는 동부 해안을 따라서 워싱턴D.C.의 뉴욕 애비뉴로부터 볼티모어의 333 캠든 스트리트까지 연결하는 '동부 해안 루프East Coast Loop' 건설을 추진하고 있다. 이것은 길이 56.8킬로미터의 터널 두 개를 건설하는 프로젝트이다. 보링컴퍼니는 이 프로젝트를 통해서 출퇴근 시간의 단축, 도심 교통정체의 해소, 교통비 절감, 온실가스 감소 등의 효과를 얻을 수 있다고 주장한다. 이 터널은 장래에 시속 1,000킬로미터의 하이퍼루프로 개조될 수 있다고 한다. 그러면 이동시간은 8분 이내로 감소하게 된다.

이와 같이 여러 개의 지하터널 프로젝트가 실제로 완공된 후 효과와 이익이 검증된다면 도시 지역의 교통 인프라에 획기적인 변화가 생길 것이다. 과연 일론 머스크의 또 하나의 독창적인 아이디어가 우리의 삶을 크게 바꿀지 지켜보는 것도 재미있을 것이다.

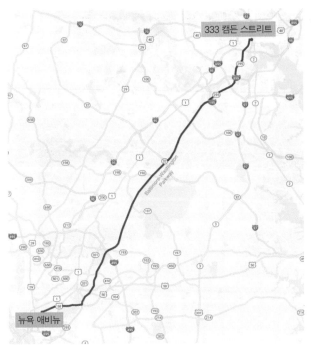

워싱턴D.C.와 볼티모어를 연결하는 동부 해안 루프 (출처: 보링컴퍼니)

　일론 머스크는 지하터널 말고도 보링컴퍼니를 통해서 특유의 장난기를 보여준 적이 있다. 이 회사는 일론 머스크가 열렬히 좋아하는 영화 「스페이스볼스」에서 나오는 화염방사기를 직접 만들어서 판매한 적이 있다. 영화에서 제다이의 스승인 요다를 패러디한 요거트라는 인물이 판매하는 상품 중 화염방사기가 있다. 그는 재미로 소총처럼 생긴 화염방사기 2만 개를 만들어서 한정 판매한 적이 있다. 실제 화염방사기는 아니지만 불꽃을 뿜는 것이다 보니 많은 정치가와 관료들에게 비난을 받았다. 한편으로는 그는 기이한 행동을 하는 사람이라는 이미지가 생기는 데도 일조했다. 그도 이 상품을 만든 것은 나쁜 아이디어였다고 인정했고 사람들에게 사지 말라고 했다.

보링컴퍼니가 한정 판매한 화염방사기 (출처: 보링컴퍼니)

　하지만 가격이 500달러나 되는 이 상품은 그의 팬들에게 큰 인기를 끌어서 며칠 만에 품절이 됐다. 덕분에 보링컴퍼니는 1,000만 달러의 매출을 올렸다. 이 상품을 산 사람들은 스테이크를 굽는다든지 다양한 방법으로 화염방사기를 사용하는 재미있는 영상을 유튜브에 올려서 큰 인기를 끌기도 했다.

3

우주 프로젝트 :

지구를 벗어나 다행성 종족이 되자

1

스페이스엑스

스페이스엑스의 탄생

"인간은 지나친 에너지 소비로 지구를 수세기 안에 거주 불가능한 곳으로 만들 것입니다. 인간 종족은 지구 밖에서 거주 가능한 다른 행성을 찾아야만 할 것입니다."

스티븐 호킹이 한 말이다. 일론 머스크는 앞에서 살펴보았듯이 10대 소년일 때부터 지속가능한 인류의 미래를 위해서 필요한 일을 하겠다는 결심을 했다. 아이작 아시모프의 공상과학 소설 『파운데이션』 시리즈는 그에게 큰 영향을 주었다. 이 소설은 미래의 우주에서 거대한 은하 제국의 붕괴와 재탄생을 묘사한 작품이다. 그는 2017년 잡지 『롤링스톤』과의 인터뷰에서 이렇게 말했다.[134]

"『파운데이션』 이야기에서 얻은 교훈은 문명의 수명을 연장하고 암흑 시대가 발생할 확률을 최소화하고 만약 암흑 시대가 와도 빨리 종식시킬 수 있는 일련의 조치를 해야 한다는 것이죠."

일론 머스크는 우주 탐험을 인류를 보존하고 인간의 의식을 확장하는 중요한 발걸음으로 보았다.[135] 그는 인류에게 아직 기회의 창문이 열려 있을 때 빨리 행동을 취하는 게 현명한 것으로 판단했다.[136] 그래서 2002년 5월 페이팔을 매각해서 번 돈을 투자해서 스페이스엑스를 설립했다. 민간 우주로켓 회사를 무모하게 맨땅에서 시작한 것이다.

그는 17세에 '1달러 실험'을 통해서 한 달에 30달러면 굶지 않고 살 수 있다는 것을 깨닫고 가능성이 낮은 사업일지라도 해야 할 중요한 일을 한다는 자세로 시작했다. 그는 로켓을 직접 디자인하고 제작하기 위해서 로켓 공학과 관련된 기술들을 독학으로 습득했다. 그렇게 스페이스엑스의 CEO이자 수석 디자이너가 돼 로켓 개발에 직접 뛰어들었다. 그는 더 나은 미래를 만들겠다는 긍정적인 철학과 외가에서 물려받은 특유의 모험심을 갖고 있었고 실패할지라도 끝까지 포기하지 않고 노력했다.

사실 그가 페이팔 매각 후에 바로 다음에 할 사업으로 우주 탐험을 선택한 것은 아니었다.[137] 어릴 적부터 우주 탐험에 관심이 많았지만 자신이 개인적으로 할 수 있는 일이 있을지 확실하지 않았다. 인류는 라이트 형제가 비행기를 개발한 지 60여 년 만에 달에 발을 디뎠다. 기술 발전 속도로 볼 때 그다음에 유인 화성 탐사를 하는 것이 당연하다고 생각했다. 그래서 그는 나사의 웹사이트에 들어가서 어떤 계획이 마련돼 있는지를 확인해보았다. 그는 처음에 다른 사이트에 들어간 줄 알았다. 아무런 계획이나 스케줄이 없었던 것이다. 그야말로 말도 안 되는 상황이었다.

케네디우주센터의 스페이스엑스 발사대

그는 화성 탐사에 대한 국가적인 의지를 북돋우기 위해서 미친 아이디어 하나를 시작했다. '화성 오아시스Mars Oasis'라는 프로젝트였다. 이 프로젝트는 소형 실험용 온실을 화성에 설치해 식물을 길러보자는 것이었다. 그는 "이것은 생명체의 가장 먼 여행이 될 것이다."라고 말했다.[138] 이 프로젝트는 우주 탐험에 대한 대중의 관심을 높이고 나사의 예산을 늘리기 위함이었다. 그는 이 아이디어를 실현하기 위해서 두 개의 로켓이 필요했다. 미국의 로켓은 너무 비싸서 자신이 가진 돈으로는 감당할 수 없어서 더 저렴한 대륙간탄도미사일ICBM 로켓을 구매하려고 러시아를 세 번 방문했다.

하지만 거기서도 가격이 너무 비쌌다. 포기하고 빈손으로 돌아오는 비행기에서 훨씬 낮은 비용으로 로켓을 직접 제작하는 회사를 설립해야겠다는 생각을 했다. 그가 제1원칙 사고방식을 이용해 분석해본 결과 재료비가 로켓 가격의 3%에 불과하다는 계산 결과가 나왔던 것이다. 이렇게 해서 스페이스엑스가 탄생됐다. 그는 회사를 설립한 후에 함께할 직원들을 찾아 나섰다. 그의 비전에 공감한 엔지니어들이 합류하기 시작했다. 2005년 말 160명에 불과하던 직원들의 숫자가 회사가 성장하면서 2020년 5월 기준 8,000명까지 불어났다.

생존의 위기를 넘어서다

"그해는 분명히 내 생애에서 최악의 해였어요."

2014년 3월 TV 프로그램인 〈60분〉과의 인터뷰에서 일론 머스크는 2008년 스페이스엑스가 최대 위기를 맞았던 시기를 회상했다.[139] 2008년 8월에 그는 팰컨1 로켓 발사가 세 번째로 연달아 실패한 후 자금난에 봉착했다. 그가 페이팔로 번 돈이 모두 투입됐으나 다 사라졌다. 심지어 이혼도 겪었다.

"2008년 크리스마스 직전 일요일에 잠에서 깨어나면서 이런 생각을 했어요. '내가 신경쇠약이 걸릴 수 있는 사람이라고는 상상도 못 했어.'라고요. 그때 상황이 너무 어두웠어요."

그 당시 테슬라도 첫 모델인 로드스터가 품질 문제로 출시가 늦어져서 곤경에 처해 있었다. 그는 남은 자금을 다 긁어모아도 둘 중 한 회사밖에 살릴 수 없는 처지에 놓였다. 그러나 그 돈을 쪼개서 두 회사를 모두 살리기로 했다.

2008년 9월 28일은 역사적인 날이다. 스페이스엑스는 마지막 로켓 발사를 시도했다. 한 번만 더 실패하면 그걸로 끝이었다. 스페이스엑스의 팰컨1 로켓이 네 번째로 날아올라서 마침내 궤도 진입에

팰컨1 로켓의 발사 장면 (출처: 스페이스엑스)

성공했다. 미국, 러시아, 중국에 이어 네 번째로 성공했고 민간기업
으로서는 최초의 쾌거였다. 그럼에도 일론 머스크는 심각한 자금 부
족으로 파산을 걱정하며 신경쇠약 직전까지 갔다. 그때 좋은 소식이
전해졌다. 2008년 12월 23일 나사가 우주정거장에 20톤의 화물을
12번 운반하는 조건으로 16억 달러짜리 계약을 안겨준 것이다. 그는
그 당시를 이렇게 회상한다.

"나사가 전화를 걸어와서 우리에게 16억 달러짜리 계약을 준다는
거예요. 나는 전화기를 손에 들고 있을 수가 없을 정도였어요. 나는
외쳤죠. '당신들을 사랑해!'라고요. 그들이 우리를 구해주었죠."

이틀 후 크리스마스이브에 다른 투자자들이 더 많은 자금을 쏟아
붓기로 결정했다. 스페이스엑스는 크리스마스 직전 3일 동안 발생한

닐 암스트롱은 의회에서 스페이스엑스에 의존하는 나사를 비판했다. 이에 일론 머스크는
상처받았다. (출처: 유튜브, CBS)

두 가지 사건 덕분에 기적적으로 살아났다. 진정한 메리 크리스마스
였다.

2010년 5월 머스크는 또 하나의 뜻하지 않은 난관을 겪게 된다.
달에 첫발을 디뎠던 우주비행사 닐 암스트롱Neil Armstrong과 마지막
발을 디뎠던 유진 서넌Eugene Cernan이 국회에 나가서 나사가 민간기
업에 의존하는 것을 강하게 비판한 것이다.[140] 민간기업의 참여는 미
국의 우주 개발 주도권을 약화시킨다는 것이었다. 2015년 〈60분〉과
의 인터뷰에서 그 당시의 심정을 묻자 일론 머스크는 눈물이 가득해
지면서 자신에게도 영웅이었던 사람의 비난에 너무 가슴이 아팠다
고 회상했다.[141]

최고의 민간 로켓 회사가 되다

팰컨1은 초기에 사용한 소형 로켓이었으며 훨씬 더 큰 팰컨9 로
켓을 개발하기 위한 테스트베드 역할을 수행했다. 팰컨9 로켓은 2만

스페이스엑스가 개발한 로켓들

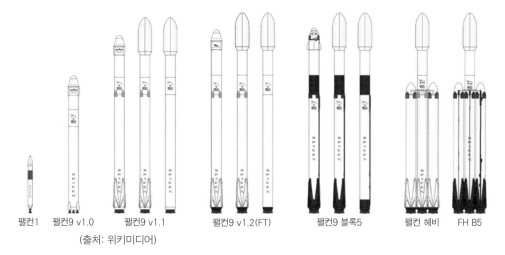

팰컨1 　팰컨9 v1.0 　팰컨9 v1.1 　팰컨9 v1.2(FT) 　팰컨9 블록5 　팰컨 헤비 　FH B5
(출처: 위키미디어)

2,800킬로그램까지 적재할 수 있는 중간 정도 사이즈의 로켓이다. 화성까지는 8,300킬로그램의 짐을 나를 수 있다. 팰컨9 로켓은 2010년 6월에 지구 궤도 진입에 성공했다.[142]

2012년 팰컨9는 국제우주정거장에 보급품을 공급하는 데 성공한 민간이 제작한 최초의 로켓이 됐다.[143] 우주정거장의 비행 속도는 시속 2만 7,500킬로미터로서 음속의 20배이다. 공전 궤도에서 지구로 낙하하지 않고 안정적으로 돌기 위해서는 지구 중력에 따른 구심력과 밸런스를 맞추는 원심력을 만들어내야 한다. 그래서 우주정거장은 빠른 속도로 비행하고 있다. 이런 우주정거장과 우주선이 도킹하는 것은 고도의 어려운 기술이다. 그런데 민간기업이 해낸 것이다. 팰컨9는 2020년 3월 기준으로 총 84번의 성공적인 발사를 기록했다.

스페이스엑스가 개발한 가장 혁신적인 기술 중의 하나는 1단계 부스터 로켓을 회수해서 재사용하는 것이다. 비행기처럼 부스터를 최대한 반복 재사용함으로써 발사 비용을 낮추기 위함이었다. 1기의 부스터에는 멀린 엔진이 9개씩 탑재돼 있기 때문에 재사용할 수만 있다면 발사 비용을 획기적으로 낮출 수 있었다.

일론 머스크는 초기부터 1단계 부스터를 재사용하려고 했다. 모든 팰컨1의 발사와 처음 두 번의 팰컨9 발사에서 부스터를 낙하산으로 바다에 착륙시켜서 회수했는데 대기권으로 재진입 시 너무 많이 타버려서 재사용이 불가능했다. 그래서 고안한 새로운 아이디어는 부스터를 역추진 방식으로 감속하여 부드럽게 착륙시키는 방법이었다.

부스터가 대기권으로 재진입re-entry, 하강descent, 착륙landing을 거치는 과정을 EDL이라고 부른다. 2013년 3월 스페이스엑스는 앞으로 팰컨9가 발사될 때마다 부스터가 바닷물 위로 부드럽게 내려앉는 부분적인 EDL 테스트를 하겠다고 발표했다. 로켓 발사 시마다 계속 테스트를 하며 기술을 발전시켰다. 마침내 부스터의 감속 프로세스를 세밀하게 제어할 수 있게 됐다.

드디어 2015년 12월 21일 팰컨9의 부스터가 지상의 착륙 지점에 정확하게 수직으로 내려앉는 데 성공했다. 2016년 4월에는 부스터가 바다 위에 있는 자율주행 드론십에도 정확하게 내려앉았다. 스페이스엑스에 따르면 2020년 기준으로 팰컨9의 발사 비용은 6,200만 달러이다. 만약 부스터를 재사용할 수 있다면 3,000만 달러 이하로 줄일 수 있다고 한다.

부스터 엔진이 지상으로 돌아오는 과정은 지상과 부스터 사이의 실시간 데이터 통신을 통해서 자동으로 진행된다. 이 과정은 단계별로 다음과 같이 진행된다.

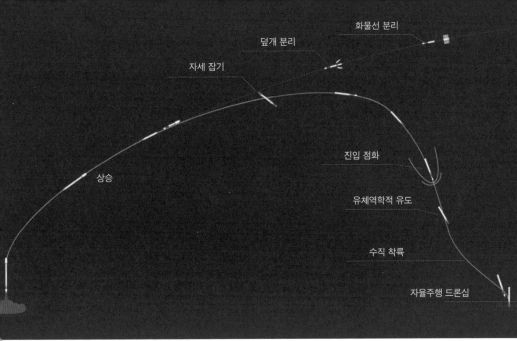

로켓에서 분리된 후 지구로 돌아오는 부스터의 비행 궤적 (출처: 스페이스엑스)

로켓을 발사한 후 1단계 사이드 부스터 로켓들이 본체에서 분리돼 대기권으로 낙하하기
시작한다. 이때 머리 근처에 있는 분사기에서 차가운 질소 가스를 분사해 로켓의 자세를
잡는다.

▼

속도를 낮추기 위해서 엔진은 간헐적으로 역추진 점화를 하면서 속도를
극초음속hyersonic(마하 6 이상)에서 초음속supersonic(마하 1에서 5 사이)으로 낮춘다.

▼

대기권으로 들어올 때 엔진이 재진입 점화를 크게 하면서 속도를 초음속에서 마하 1
부근의 천음속transonic(마하 0.72에서 1 사이)으로 낮춘다.

착륙 지점에 가까워지면 다시 엔진이 착륙 점화를 크게 하면서 속도를 줄이고 네 개의
탄소 섬유로 만든 착륙용 다리가 펼쳐진다.

마침내 부스터 로켓은 부드럽게 지상 터치다운에 성공한다.

  팰컨9의 발사 기술이 정착됐다. 그 후 2011년 스페이스엑스는 6만
3,800킬로그램을 적재할 수 있는 초대형 로켓인 팰컨 헤비Falcon Heavy
의 개발에 착수했다. 이 로켓은 두 개의 사이드 부스터와 하나의 센

터 부스터로 구성된 세 개의 부스터를 가지고 있다.[144] 화성까지 비행하는 게 목표인 스페이스엑스는 더 높은 성능의 로켓들을 차례로 개발하고 있었다.

팰컨 헤비는 2018년 2월 6일 첫 번째 발사에 성공했다. 일론 머스크는 이 로켓에 자신 소유의 붉은 체리색 신형 로드스터 스포츠카를 실어서 태양과 화성을 크게 공전하는 태양 주회 궤도Heliocentric orbit에 올리는 데 성공했다. 또한 두 개의 사이드 부스터는 케네디 스페이스 센터에 있는 착륙 지점에 동시에 착륙하는 믿을 수 없는 광경을 연출했다. 이를 현장에서 지켜보던 사람들과 수백만 시청자들은 물론 크게 흥분했다.

"저것 좀 봐. 이건 현실이 아니야!"

그는 발사 직후 아들들과 함께 사무실을 뛰쳐나가 머리에 손을 얹고 하늘을 보며 기쁨에 찬 목소리로 말했다.[145]

이듬해인 2019년 4월 11일 팰컨 헤비 로켓은 인공위성을 궤도에 올리는 임무를 띠고 두 번째 발사에 성공한다. 이번에는 두 개의 사이드 부스터뿐만 아니라 가운데에 있는 메인 센터 부스터까지 모두 회수하는 시도를 했다.[146]

본체에서 분리된 두 개의 사이드 부스터는 발사 장소에 있는 지상 착륙 지점으로 돌아와서 동시에 수직으로 부드럽게 터치다운했다. 나중에 분리된 메인 센터 부스터는 너무 빠른 속도로 인해서 착륙장으로 돌아오는 대신 바다에서 대기하던 자율주행 드론십에 성공적으로 안착했다. 세 개의 부스터들을 모두 회수하는 데 성공한 것이다.

이렇게 팰컨 헤비 로켓이 발사된 후 부스터들이 지구로 돌아오고 로켓은 계속 비행해서 인공위성을 궤도에 올리는 전체 과정은 불과

팰컨 헤비 로켓의 발사 모습과 화성으로 향하는 신형 로드스터 (출처: 스페이스엑스)

30여 분 만에 완료된다. 이 짧은 시간 동안 긴박하게 진행되는 과정을 단계별로 한번 느껴보자.

- T- 00분 00초: 점화가 시작되고 거대한 로켓이 굉음과 함께 하늘로 솟구쳐 오른다.
- T+ 02분 27초: 고도 약 60킬로미터에 도달했을 때 두 개의 사이드 부스터가 분리된다. 이때의 속도는 시속 5,868킬로미터.
- T+ 02분 50초: 분리된 사이드 부스터가 회전하면서 자세를 잡고 엔진이 역추진 점화를 하면서 착륙장을 향해 낙하하기 시작한다.
- T+ 03분 38초: 고도는 약 100킬로미터에 도달했을 때 메인 부스터 엔진이 분리되고 2단계 부스터의 엔진이 점화된다. 메인 부스터는 지구로 하강을 시작한다. 속도는 시속 1만 700킬로미터.
- T+ 06분 15초: 두 개의 사이드 부스터의 대기권 재진입 점화가 시작된다.
- T+ 07분 08초: 메인 부스터의 대기권 재진입 점화가 시작된다.
- T+ 07분 30초: 사이드 부스터의 착륙 점화가 시작된다.
- T+ 07분 50초: 두 개의 사이드 부스터가 동시에 지상에 착륙한다.
- T+ 10분 00초: 메인 부스터가 드론십에 착륙한다.
- T+ 29분 18초: 인공위성을 실은 로켓이 계속 비행해서 목표 궤도에 진입한다.
- T+ 34분 07초: 인공위성이 로켓에서 분리되어 궤도에 안착한

착륙 지점에 동시에 내려앉는 두 개의 사이드 부스터와 드론십에 안착한 메인 센터 부스터
(출처: 스페이스엑스)

다. 이때 고도는 약 700킬로미터, 속도는 시속 3만 5,000킬로

미터.

팰컨 헤비의 발사 비용은 약 1억 5,000만 달러이다. 하지만 부스터들을 회수하면 비용은 9,000만 달러로 줄어든다. 팰컨 헤비의 유일한 경쟁 로켓인 유나이티드 론치 얼라이언스사의 델타4 헤비 로켓의 발사 비용은 4억 달러에 이른다.

어떻게 스페이스엑스는 경쟁사보다 세 배 이상 낮은 비용이 가능하게 했을까? 이것은 스페이스엑스의 날씬하고 유연한 조직구조 때문이라는 분석이 있다. 초기부터 스페이스엑스는 능력이 뛰어나고 경험이 풍부하며 제1원칙 사고방식을 중시하는 사람들을 채용했다. 스페이스엑스의 채용 책임자는 이렇게 설명한다.

"우리는 물건들을 만들어보고 부숴본 경험이 있고 수년간 하드웨어 시스템을 가지고 새로운 시도를 해본 후보자들을 물색했어요. 우리 조직에 몸담은 사람들이 매일 어떤 시험에 직면할지, 불가능한 목표를 달성하도록 어떤 요구를 받을지 알고 있어요. 그래서 어려운 확률을 뚫고 장애물을 극복한 경력을 가진 사람들을 찾아왔어요."

스페이스엑스는 드래곤이라는 이름의 재사용 가능한 우주 화물선도 개발했다. 팰컨9에 실린 드래곤은 2010년 12월 첫 비행에서 지구 궤도로부터 성공적으로 돌아온 첫 번째 민간 개발 우주선으로 기록됐다.[147]

유인 우주 비행에 성공하다

2019년 스페이스엑스는 사람이 탑승할 수 있는 스페이스엑스 드래곤2를 개발해서 시험비행을 완료했다. 그 후 스페이스엑스는 나사와 2020년에 나사의 우주비행사들을 태우고 우주왕복선으로 이송하기로 계약을 맺었다.

2020년 5월 30일 역사상 처음으로 민간이 만든 우주선에 나사의 우주비행사 로버트 벤켄Robert Behnken과 더글러스 헐리Douglas Hurley가 탑승해 우주정거장을 향해 날아올랐다. 5월 31일 드래곤 비행선은 우주정거장과 부드럽게 도킹하는 데 성공했다. 미국으로서는 9년 만에 처음으로 우주비행사를 직접 실어 나른 것이다.[148]

트럼프 대통령과 펜스 부통령 부부는 역사적인 발사 장면을 현장에서 직접 참관했다. 나사는 새로운 우주비행 시대가 시작됐다고 선언했고 일론 머스크는 자신과 스페이스엑스의 모든 사람의 꿈이 실현됐다고 감격했다.

2020년 8월 3일 또 한 번 역사적인 광경이 연출됐다. 우주정거장에서의 임무를 마친 우주비행사들을 태운 드래곤 캡슐이 낙하산을 펴고 플로리다 인근 멕시코만의 바다 위로 무사히 귀환했다. 45년

우주선 드래곤과 우주정거장

우주선 드래곤이 우주정거장과 도킹하고 있다. (출처: 스페이스엑스)

우주정거장으로 향하는 우주비행사들과 발사 장면을 지켜보는 트럼프 대통령과 펜스 부통령 부부 (출처: 나사)

전 아폴로 미션 이후 처음으로 승무원을 태운 우주선이 수상 착륙을 한 것이다.[149]

"진정한 영광이었습니다." 승무원 헐리가 도착한 직후 무전으로 말했다. "스페이스엑스와 나사 팀들을 대신해서 지구에 돌아온 것을 환영합니다. 스페이스엑스에 탑승한 데 감사드립니다." 스페이스엑스의 관제실에서 응답했다.

택시 왕복 서비스와 유사한 이 미션의 성공은 새로운 시대를 열었다. 나사는 민간기업과 협업을 통해서 수십억 달러를 절감할 수 있다고 평가했다. 나사의 총 책임자는 이렇게 말했다.

"우리는 더 이상 예전 방식으로 장비들을 구입하고 보유하고 가동하는 것을 원치 않습니다."

바다에 착륙하는 드래곤 캡슐과 무사히 귀환한 우주비행사들 (출처: 나사)

2

화성 이주 프로젝트

화성으로의 비행

"당신이 아침에 눈을 뜨면서 미래는 굉장할 것이라고 생각하기를 원한다. 그것이 바로 우주를 비행할 수 있는 문명에 관한 모든 것이다. 미래를 믿는 것이고 미래가 과거보다 더 나으리라고 생각하는 것이다. 나는 지구 밖으로 나가서 별들 사이에서 지내는 것보다도 더 흥분되는 것은 생각할 수 없다."

일론 머스크가 스페이스엑스의 웹사이트에 올려놓은 회사의 미션이다. 그의 꿈은 인류가 우주를 무대로 활동하는 문명을 건설하는 것이다. 그는 생전에 화성에 식민지를 건설해 인류를 다행성 종족으로 만드는 것을 목표로 하고 있다. 그러기 위해서 스페이스엑스는 로켓 개발뿐만 아니라 화성에 정착하기 위한 세부 계획을 구상하고 실행에 옮기고 있다.

화성은 지구에서 2억 2,500만 킬로미터 거리에 있는 가장 가깝고 거주 가능한 이웃 행성이다. 화성과 지구와의 거리는 지구와 태양 사이의 절반 정도 거리에 있어서 상당한 양의 햇빛을 받고 있다. 아직은 매우 춥지만 온도를 높일 수 있다고 한다. 화성의 대기는 주로 이산화탄소이고 약간의 질소와 아르곤으로 이루어져 있다. 이 공기를 압축하면 식물을 기를 수 있다. 중력은 지구의 38퍼센트 수준이어서 무거운 물건을 쉽게 들고 다닐 수 있다. 자전주기도 24시간 27분으로 지구와 매우 비슷하다.

화성 이주를 위한 첫 번째 과제는 '스타십Starship'으로 이름을 붙인 우주선을 개발하는 것이다. 우주비행선과 슈퍼 헤비 로켓이 조합된 스타십은 승무원과 화물을 화성보다도 멀리 운송할 수 있도록 설계된 완전 재사용 가능한 운송 시스템이다. 150톤의 화물적재 능력을 지닌 스타십은 5,000톤의 중량과 118미터, 즉 40층의 높이를 가진

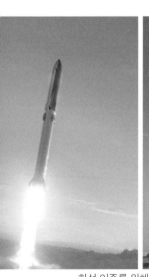 

화성 이주를 위해 개발 중인 우주선 스타십 (출처: 스페이스엑스)

세계에서 가장 강력한 발사체가 될 것이다.[150] 스타십은 다른 로켓들과는 달리 액체수소와 메탄을 연료로 사용할 수 있도록 설계된다. 태양계 안에 있는 행성들에 자체적으로 연료를 생산할 수 있는 시설을 건설해 행성 간 비행을 가능하게 한다는 것이다.[151] 화성에는 로켓 연료를 생산하기 위한 충분한 양의 물과 이산화탄소가 있다. 스페이스엑스는 2021년 첫 지구 궤도 비행을 시도하기 위해서 스타십 개발에 매진하고 있다.

스타십 발사시험도 착착 진행되고 있다. 1분 이내의 짧은 테스트 비행에 다섯 번 성공한 후 2020년 12월 8일 스타십 SN8이 고고도 시험비행을 실시했다. 고도 12.5킬로미터에 도달한 후 분리된 추진 로켓이 착륙 지점으로 돌아오는 비행에 성공했다. 다만 착륙단계에서 연료탱크의 압력 부족으로 경착륙을 하는 바람에 로켓이 폭발하고 말았다. 그러나 스페이스엑스는 총 비행시간은 6분 42초였고 필요한 데이터는 모두 확보했다고 발표했다. 일론 머스크는 로켓이 공기역학적으로 활강해 돌아오는 데 성공한 것은 기술적으로 큰 진전이었다고 자평했다. 그리고 "화성이여, 우리가 간다."라는 트윗을 올렸다.[152]

스페이스엑스는 화성 왕복 비행 스케줄을 다음과 같이 정했다.

- 1단계: 지구에서 발사와 부스터 회수
- 2단계: 우주선이 지구 궤도에 안착
- 3단계: 궤도에 있는 연료선에서 연료 재충전
- 4단계: 화성을 향해 비행 후 착륙
- 5단계: 화성 현지에서 연료를 생산해 우주선에 재충전

• 6단계: 화성에서 이륙한 후 지구까지 다이렉트로 비행해 귀환

2022년은 아마도 스페이스엑스의 우주선이 최초로 화성까지 비행하는 해가 될 것이다. 일론 머스크는 두 개의 무인 우주선을 보낼 계획이다. 각 우주선에는 발전 설비, 채굴 장비, 생명 유지를 위한 인프라 등 100톤의 물자가 실릴 것이다. 이 장치들은 화성에 존재하는 수자원을 찾고 위험 요소들을 파악할 것이다.

2023년에는 아폴로 이후에 중단됐던 유인 달 탐험을 할 것이다. 화성 비행에 사용될 스타십이 일본의 억만장자 마에자와 유사쿠前澤友作 외 6~8명의 예술가들을 태우고 달 주위를 선회하면서 탐사한 후에 귀환하는 스케줄이다. 이 비행은 6~7일이 소요될 전망이다. 이 것은 우주선 스타십의 첫 번째 중요한 임무로서 성공하면 앞으로 화성으로 유인비행을 하는 데 중요한 기술적 진전이 될 것이다.

화성 이주를 위해 개발 중인 우주선 스타십

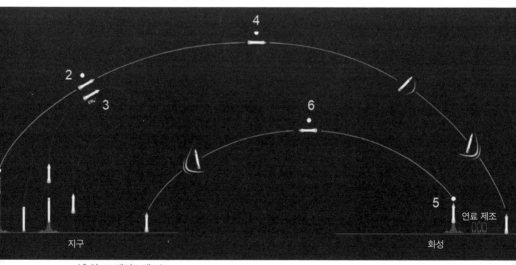

(출처: 스페이스엑스)

우주를 비행하는 스타십 렌더링 이미지

(출처: 스페이스엑스)

화성 정착지의 건설

일론 머스크는 이르면 2050년에는 화성에 100만 명이 사는 도시를 건설할 수 있을 것으로 예상한다. 그는 일차적으로 2022년에 화물을 실은 로켓을 화성으로 보내고 빠르면 2024년에는 승무원을 보낼 계획을 세우고 있다. 그리고 2050년까지 100만 명의 사람들을 보내려고 계획하고 있다. 그러기 위해서 스타쉽을 1년에 100대씩 제조해서 10년 동안 총 1,000대를 준비하려고 한다.[153]

지구와 화성은 26개월마다 가장 가깝게 접근한다. 이때 약 30일

스타십의 달 탐사 비행 계획

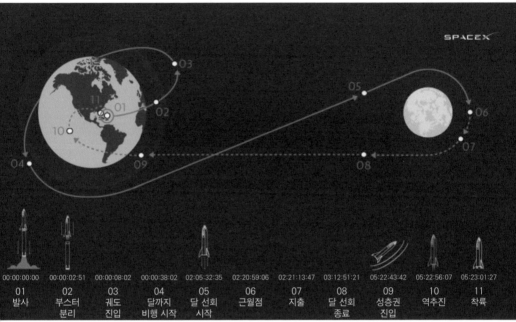

(출처: 스페이스엑스)

정도의 구간이 화성으로 비행하는 적기이다. 이 기간에 지구 궤도에는 1,000개의 스타십이 대기하고 있다가 모두 화성을 향해서 출발하게 된다. 각 스타십에는 100명씩 탑승해서 26개월마다 10만 명이 동시에 화성으로 가는 것이다. 나사는 유인 우주선이 화성에 가는 데는 7개월 정도 걸릴 것으로 예상한다. 하지만 스페이스엑스는 승무원들의 방사선 노출을 최소화하기 위해서 4개월까지 단축하려고 하고 있다.

첫 유인 우주선이 화성에 착륙하면 가장 처음 해야 할 일은 현지에서 조달할 물자를 찾아서 처리하는 것이다.[154] 그중에서도 가장 중요한 것은 지구로 돌아가기 위한 로켓 연료를 만드는 데 필요한 자원

화성 기지 알파

(출처: 스페이스엑스)

을 찾는 것이다. 그래서 스페이스엑스는 가급적 많은 얼음이 존재하는 곳을 착륙 지점 후보지로 찾고 있다. 필요한 자원을 찾은 후에는 기본적인 시설을 건설한다. 착륙장, 숙소, 발전 시스템, 방사선 방지 피신처, 온실 같은 것을 설치하는 것이다. 초기의 멤버들은 '화성 기지 알파Mars Base Alpha'로 이름 붙여진 초기 기지를 건설하는 동안에는 우주선에서 생활하게 된다.

일론 머스크는 화성 도시의 건설은 지구에 대재앙이 닥치게 될 경우에 대비한 '생명보험'과 같은 것이라고 했다. 그리고 이 도시는 '동기를 불러 일으키고 흥분되는' 미래를 제공할 것이라고 주장한다. 그는 자신의 말년을 화성에서 보내고 싶다고 말했다.[155]

화성에 건설할 도시의 예상 모습

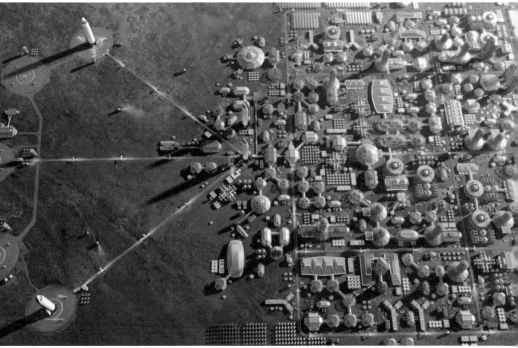

(출처: 스페이스엑스)

"우리는 모두 언젠가는 죽습니다. 그렇다면 화성에 묻힐 것인가, 지구에 묻힐 것인가? 나는 화성이 멋지게 들립니다. 지구에서 태어나서 화성에서 묻히다."

일론 머스크는 화성에 많은 일자리가 생길 것이라고 말한다.[156] 그는 "화성으로 이주할 사람들을 어떻게 선발할 거죠?"라는 질문에 다음과 같은 트윗을 남겼다. "누구든지 원하면 갈 수 있고 돈이 없는 사람은 대출을 받으면 되죠. 화성에서 멋진 테라포밍(행성 개조) 일을 하면서 스페이스엑스의 대출을 갚으면 됩니다."

그는 이 화성 이주계획을 위해서 자금을 최대한 끌어모으고 있다.

그는 트윗에서 "이것이 내가 지구에서 자산을 축적하고 있는 이유다."라고 말했다. 그는 테슬라에서 받을 막대한 수입이 큰 도움이 될 것으로 기대한다.

그는 IT 전문매체 『아스 테크니카ARS Technica』와의 인터뷰에서 이렇게 말했다.[157] "나는 아마 화성 정착지가 자력으로 지속가능하게 될 때쯤에는 이미 세상을 떠났을 거예요. 하지만 적어도 수많은 우주선이 화성에 착륙하는 것을 볼 때까지는 살고 싶어요."

3

스타링크 프로젝트

우주 인터넷망을 건설하다

스타링크Starlink는 스페이스엑스가 만들고 있는 지구 주위를 에워싼 인공위성들의 배열망이다.[158] 이 배열망을 형성하기 위해서 수만 개의 인터넷 서비스용 소형 인공위성들이 궤도에 정해진 패턴을 따라서 자리 잡을 것이다. 2015년 1월에 스페이스엑스는 스타링크 프로젝트의 구상을 발표했고 통신위성의 개발에 착수했다. 일론 머스크는 저가의 광대역 서비스에 대한 수요가 충분하다고 보았다.[159]

스타링크는 현재 사용하는 인터넷 서비스와 비교해서 몇 가지 장점이 있다. 광대역 통신에 사용되는 광케이블은 비싸고 설치비가 많이 든다. 그래서 세계의 많은 지역에는 광대역 서비스가 제공되지 않고 있다. 또한 우주의 진공 상태에서 빛은 광케이블보다 이동 속도가 47퍼센트 빠르다. 광케이블을 통한 국제 화상통화를 해본 사람은 시

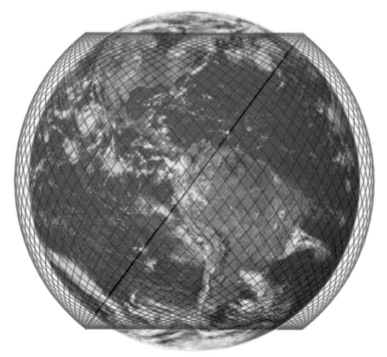

1단계로 1,584개의 스타링크 통신위성들이 72개의 궤도에 22개씩 배열된 모습
(출처: 위키피디아)

간 지연latency이 생기는 것을 경험하게 된다. 또한 기존 인공위성들과
통신할 때는 시간 지연이 더 길게 발생한다. 이 위성들은 3만 6,000
킬로미터의 매우 높은 고도에 있는 정지궤도geostaionary orbit를 돌기
때문이다. 그래서 통신용 라디오 시그널이 통신위성으로 갔다가 돌
아오는 데 0.25초의 지연이 발생한다. 그에 반해서 고도 550킬로미
터의 낮은 궤도에 위치한 스타링크 위성들은 지구 전역을 포괄하기
때문에 지연시간이 훨씬 짧다.

　스페이스엑스는 2018년 2월에 2개의 프로토타입 위성을 시험발
사했고 2019년 5월에는 60개의 위성을 한 번에 쏘아 올렸다. 2019

년 11월 이후에는 한 번에 약 60개씩 위성을 궤도에 안착시키고 있다. 2020년 11월까지 누적해서 총 955개의 스타링크 인공위성들이 발사됐다. 앞으로 거대한 스타십 로켓 개발이 완료되면 한 번에 위성을 400개씩 발사할 수 있게 된다. 현재 스타링크 인공위성은 기존 위성 대비 훨씬 낮은 비용으로 대량생산되고 있다. 2020년 8월 스페이스엑스는 한 달에 120개의 인공위성을 생산하고 있다고 발표했다.[160]

일론 머스크는 다음과 같이 설명했다.

"우리는 우주 사업을 혁신하기 위해서 로켓 비용을 줄인 것과 같은 노력을 인공위성에도 기울이고 있습니다. 작은 인공위성의 개발은 우주 인터넷 서비스와 통신을 위해서 매우 중요합니다."

현재 발사되는 인공위성의 무게는 약 260킬로그램이고 크기는 테이블의 상판 정도로 콤팩트하게 디자인돼 있다. 한 개의 팰컨9 로켓에 수십 개의 위성을 실어서 발사할 수 있다. 겹겹이 쌓여서 실린 60개의 위성이 목표 궤도에 도착하면 동시에 풀리면서 자리 잡게 된다. 일론 머스크는 이것을 테이블에 한 벌의 카드를 펼치는 것과 같다고 표현했다.

스타링크 프로젝트의 1단계로 총 1만 2,000개의 위성이 발사될 예정이고 향후 2단계 스타링크 배열망에는 지구 전역을 포괄하기 위해서 3만 개의 위성들이 추가로 배치될 것이다. 1단계의 1만 2,000개의 위성들은 주파수에 따라서 다음과 같이 세 개의 궤도에 배치될 계획이다.[161]

- 첫 번째 궤도(고도 550킬로미터): 1,584개의 위성
- 두 번째 궤도(고도 1,110킬로미터): 2,825개의 Ku밴드와 Ka밴드

60개의 스타링크 인공위성들이 로켓에 겹겹이 쌓여서 실려 있는 모습 (출처: 스타링크)

위성

- 세 번째 궤도(고도 340킬로미터): 7,500개의 V밴드 위성

지구 전역에 공급되는 초고속 인터넷

스타링크의 저궤도 인공위성들은 지상의 고객과 거리가 가깝고 지구 전역을 포괄하기 때문에 인터넷 연결이 안 되는 지역에도 광대역

인터넷 서비스를 제공할 것이다. 기존의 통신위성들은 적도 위의 정지궤도상에서 지구의 자전 속도에 맞추어서 함께 회전한다. 지구는 둥글기 때문에 북위 60도 이상의 지역은 수평선상에 위치한 통신위성의 신호를 안정적으로 받기 힘들다. 특히 극지방은 통신위성들이 수평선 아래에 있어 위성들과의 통신이 불가하다. 그러나 앞으로 스타링크 위성들 덕분에 극지방에서 근무하는 사람들도 높은 속도의 인터넷 서비스를 활용할 수 있게 된다.

(좌)육안으로도 볼 수 있는 스타링크 위성들의 이동 모습 (출처: 위키피디아)
(우)적도 위의 정지궤도를 도는 통신위성 (출처: 위키피디아)

고고도의 정지궤도에 있는 통신위성들과 달리 저고도에 위치한 스타링크의 위성들은 밤에 육안으로도 볼 수 있다.

스타링크는 2020년 내 북위 45도와 53도 사이에 있는 미국 북부와 남부 캐나다의 제한된 지역에서 서비스를 시작하고 2021년까지 전 지구의 인구 밀집 지역으로 확대할 계획을 세우고 있다.[162] 2020년 8월 스페이스엑스는 스타링크가 벌써 미국에서 70만 명의 잠재적 고객들에게 서비스 요청을 받았다고 발표했다.

스페이스엑스는 2020년 11월부터 시골의 외진 지역에 사는 사람들을 상대로 베타테스트를 실시한다고 발표했다.[163] 이 테스트에 초청받은 참가자들은 지상 수신 장치를 499달러에 구입하고 월 이용료 99달러를 지불해야 한다. 인터넷 연결이 안 되는 외딴 지역에 사는 사람들은 쌍수를 들고 환영했다. 한 참가자는 이런 트윗을 올렸다.

"100Mbps의 속도에 월 99달러의 사용료는 아주 좋은 조건입니다. 당신이 외딴 지역에 살고 있다면 하루 3.3달러 사용료는 달콤한 조건입니다."

스타링크 베타테스트 결과 시간지연이 불과 30밀리세컨드로 매우 낮았다. 이것은 고속 온라인 게임을 하는데 크게 장점으로 작용할 것이다. 기존의 위성통신 인터넷 사업자들의 시간지연은 594~624밀리세컨드로 온라인 게임을 하기에는 적합하지 않았다. 스타링크의 낮은 지연시간은 외딴 지역의 유저들에게는 그야말로 희소식이 될 수밖에 없다. 또한 스타링크는 경쟁사들과는 달리 무제한 데이터를 제공한다.

스페이스엑스는 인터넷 서비스 판매에서 벌어들이는 현금은 화성 프로젝트에 투입될 것이라고 한다. 회사의 주력 사업인 로켓 발사 서비스의 연간 매출액이 5억 달러 수준인 것에 비해 스타링크 사업의 매출액은 연간 30억 달러에 이를 것으로 예상된다. 스타링크 프로젝트에는 총 100억 달러의 비용이 소요될 전망이다

우주 기반 인터넷 서비스가 우리 곁에 현실로 다가왔다. 전 지구를 포괄하는 스타링크의 서비스가 본격적으로 확대되기 시작하면 무선통신 산업의 지형이 크게 요동칠 것이다. 그리고 언제 어디서든지 사용할 수 있는 초고속 무선 인터넷 서비스는 우리의 생활도 크게 변화시킬 것이다.

4

인공지능 프로젝트 :

인류를 생존의 위협에서 구하자

1

인공지능의 탄생

컴퓨터와 인공지능의 탄생

일론 머스크는 인공지능의 위험성을 지속적으로 경고해온 사람 중에서도 대표적인 인물이다. 그는 머지않아서 인공지능이 인류의 생존을 위협할 수 있는 수준까지 발전할 것이라고 예측했다.

20세기 후반기 이후 눈부신 속도로 발전한 컴퓨터와 인터넷 기술은 사회 곳곳에 엄청난 변화를 불러왔다. 특히 21세기에 등장한 강력한 능력을 지닌 인공지능은 디지털 공간을 장악했고 현실 공간에 대한 영향력 또한 기하급수적으로 확장되고 있다. 디지털 시대를 열어젖힌 현대식 컴퓨터와 인공지능 이론을 처음 제시한 사람은 누구일까? 대표적인 사람으로 영국의 천재적인 수학자이자 컴퓨터과학자인 앨런 튜링Alan Turing을 들 수 있다.[164] 그는 1936년에 쓴 한 논문에서 현대식 컴퓨터의 기본 법칙들을 제안했다.

그는 계산에 필요한 지시사항들로 구성된 프로그램을 테이프에 저장해 기계가 무엇이든지 계산하도록 만들 수 있다는 이론을 최초로 정립했다. 이 논문 덕택에 현대식 컴퓨터의 핵심 이론이 정립됐다. 튜링의 이 개념은 '유니버설 튜링 머신universal Turing machine'으로 불렸다. 사실상 모든 현대식 컴퓨터들은 유니버설 튜링 머신이다.

앨런 튜링은 또한 인공지능과 현대적 인지과학의 기초를 만든 아버지이다. 그는 인간의 두뇌가 일종의 디지털 컴퓨팅 머신이라는 가정을 세웠다. 인간이 태어날 때 두뇌의 대뇌피질은 '체계화되지 않은 기계'이며 '훈련'을 통해서 '유니버설 머신 같은 것'으로 체계화된다는 이론을 만들었다. 앨런 튜링은 인간 지능과 기계 지능의 유사성을 이론적으로 체계화함으로써 인공지능 학문이 싹트는 데 기여했다. 현재까지도 그는 컴퓨터 사이언스와 인공지능의 아버지로 인정되고 있다. 매년 최고의 컴퓨터과학자에게 수여되는 상이 그의 이름을 딴 튜링상이다. 이 상은 컴퓨터과학계의 노벨상과 같은 권위를 갖고 있다. 그가 없었다면 현재 우리의 생활 방식과 사회는 크게 다른 모습을 하고 있을 것이다.

앨런 튜링은 제2차 세계대전이 한창일 때 독일의 통신 암호를 해독하기 위해서 직접 '봄Bombe'이라고 불리는 자동 암호해독 기계를 만들었다. 영화 「이미테이션 게임」은 이 기계의 개발 과정을 잘 묘사하고 있다. 제2차 세계대전이 발발해 나치 독일이 전 유럽을 휩쓸고 있을 때 앨런 튜링은 영국 정부의 암호해독 센터에서 일하고 있었다. 그 당시 독일군은 에니그마Enigma라는 기계를 이용해서 만든 암호를 통신에 사용했다. 독일군의 배치 상황과 공격 전략 등을 해독할 수만 있다면 전세를 역전할 수 있다고 생각한 영국군은 암호해독 전문가

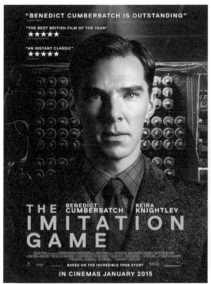 

2014년작 영화 「이미테이션 게임」 포스터와 1928년 16세의 앨런 튜링

들로 팀을 구성했다. 앨런 튜링도 이 팀의 일원이었다. 독일군의 통신 문을 에니그마 머신에서 타이핑하면 다르게 세팅된 알파벳 조합으로 변환돼 암호가 출력된다. 암호 생성에 사용되는 변형 알파벳 조합의 수가 무려 150×10^{18}가지나 되고 24시간마다 새로운 조합으로 세팅 된다. 그러다 보니 에니그마 머신이 만든 암호는 난공불락으로 여겨 졌다.

앨런 튜링은 24시간 안에 사람의 힘으로는 암호를 푸는 것이 불가 능하다고 판단했고 시간을 단축하기 위해서 기계를 만들기 시작했 다. 영화 포스터의 배경에서 이 기계를 볼 수 있다. 그는 갖은 우여곡 절 끝에 기계를 이용해서 암호를 해독하는 데 성공했다. 그럼으로써 연합군은 전쟁을 2년 앞당겨서 승리로 끝낼 수 있었고 1,000만 명 이상의 인명 피해를 막을 수 있었다고 한다.

안타깝게도 암호해독 작업이 수십 년간 일급비밀로 묻히는 바람에 앨런 튜링은 공식적으로 위대한 업적과 공로를 인정받지 못했다. 게다가 1952년 그는 동성애로 기소됐다.[165] 그 당시 영국에서 동성애는 형사 범죄로 취급됐다. 그는 연구를 지속하기 위해서 수감생활 대신 호르몬 요법을 통한 화학적 거세를 택했다. 그 후 힘든 시기를 보내던 그는 1954년 42세 생일을 16일 남기고 독을 바른 사과를 먹고 자살했다. 20세기에 가장 위대한 업적을 남긴 과학자가 사회적 편견에 시달리다 젊은 나이에 세상을 떠난 것이다. 2009년에 그에 대한 영국 정부의 사과를 요구하는 인터넷 캠페인이 대대적으로 벌어졌다. 그 결과 고든 브라운Gordon Brown 수상은 영국 정부를 대신해서 앨런 튜링에게 가한 가혹한 처사에 대해 공식적으로 사과했다.[166] 2013년에는 엘리자베스 2세 여왕이 앨런 튜링을 사면했다.

앨런 튜링은 암호해독팀에서 일하는 동안 동료들과 컴퓨터가 어떻게 경험으로부터 배우고 어떻게 주어진 원칙들을 사용해서 새로운 문제들을 해결하는지에 관해서 자주 토론했다고 한다. 1945년에 그는 컴퓨터가 매우 뛰어난 체스 플레이어가 될 것이라고 예측하기도 했다. 그가 처음으로 컴퓨터 지능에 대해서 언급한 것으로 여겨지는 1947년의 한 강의에서 "우리가 원하는 것은 경험으로부터 배울 수 있는 기계입니다." 그리고 "이것을 가능케 하는 메커니즘은 기계가 스스로 주어진 지시사항들을 변경할 수 있도록 만드는 것입니다."라고 말했다.[167] 그는 인공지능과 머신러닝의 핵심 이론의 토대를 구축한 것이다.

영화에서 팀 동료가 앨런 튜링에게 기계도 사람과 같이 사고할 수 있는지 묻는 장면이 나온다. 그는 "사람처럼 사고할 수 없는 것은 분명해요. 하지만 그렇다고 사고를 하지 못한다고는 말할 수 없어요."라고 말한다. 그러면서 영화의 제목인 '이미테이션 게임'이라는 테스트 방법을 설명한다. 이 테스트가 바로 '튜링 테스트'이다. 그는 1950년 논문 「계산 기계와 지능Computing Machinery and Intelligence」에서 이 테스트를 자세히 소개했다.[168] 튜링 테스트는 현재까지도 인공지능 철학에서 매우 중요한 개념이 됐다.[169]

튜링 테스트는 이렇게 진행된다. 피시험자 A와 B가 별도로 분리된 두 개의 방에 있다고 치자. A, B 중에서 하나는 사람이고 하나는 컴퓨터이다. 시험을 주관하는 C는 A와 B를 볼 수가 없다. C는 뉘앙스가 풍부하고 복잡한 문장으로 이루어진 질문지를 A와 B에게 동시에 준 후 답변서를 돌려받는다. 컴퓨터는 답변에서 최대한 인간인 척 흉내imitation를 낸다. 그러면 C는 제출된 두 개의 답변서를 가지고 질문에 대한 이해도와 답변의 적정성을 토대로 누가 컴퓨터인지 가려내는 게임이다. 그는 최초의 현대식 컴퓨터를 발명했을 뿐만 아니라 미

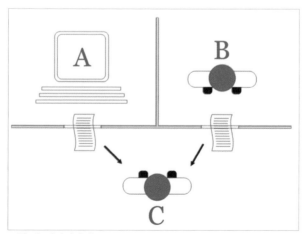

튜링 테스트 (출처: 위키피디아)

영화 「블레이드 러너」와 「엑스 마키나」

래에 인간의 지능에 필적하는 컴퓨터의 탄생을 예견했던 것이다.

튜링 테스트는 과연 기계가 인간의 특성인 자유로운 사고를 하고 자의식을 가질 수 있는지에 대한 해답을 추구한다. 이후 여러 공상과학 영화들에 등장한다. 리들리 스콧Ridley Scott 감독의 1982년작 「블레이드 러너」와 2017년작 「블레이드 러너 2049」에는 사이보그들이 보이트-캄프 테스트Voight-Kampff test라는 일종의 변형 튜링 테스트를 받는 장면이 나온다. 앨릭스 갈런드Alex Garland 감독이 2014년에 만든 영화 「엑스 마키나」의 전체 스토리가 튜링 테스트를 중심으로 전개된다. 사람이 오히려 로봇과 대화하며 판단이 흐려지고 감정적으로 혼동을 겪는 모습을 보여준다.

아직 튜링 테스트를 통과한 어떤 인공지능도 없다. 어쩌면 이미 개발됐을 수도 있다. 일례로 2016년 비서 역할을 할 수 있는 인공지능인 구글 어시스턴트가 개발됐다. 이 인공지능은 사람과 똑같은 억양으로 미용실이나 레스토랑에 전화해서 예약을 할 수 있다. 인공지능의 예약 전화를 받은 사람은 상대편이 컴퓨터인지 알아채지 못한다. 오히려 인공지능은 영어가 서툰 레스토랑 주인의 말하고자 하는 의도를 사람보다도 더 잘 파악했다.[170] 우리는 이미 전화 통화를 할 때 상대방이 사람인지 인공지능인지 구분할 수 없는 세상에서 살고 있다. 지금도 사람인지 기계인지 구분할 수 없을 정도로 뛰어난 자연어처리 능력을 가진 인공지능 알고리즘들이 속속 개발되고 있다.

지능의 폭발

일론 머스크는 세상에 존재하는 전체 지능의 총합에서 기계의 지능이 차지하는 비율이 빠르게 증가하기 때문에 사람의 지능은 아주 적은 비율만 차지하게 될 것이라고 예견한다. 인공지능은 모든 면에서 곧 인간의 수준을 넘어설 것이며, 인간의 지능은 상대적으로 침팬지, 쥐, 개미의 수준으로 순차적으로 하락할 것이라고 말했다. 기계의 지능은 양적으로나 질적으로나 폭발적으로 향상되고 있다. 1965년에 수학자이자 컴퓨터과학자인 어빙 굿Irving Good이 '지능의 폭발intelligence explosion'이란 용어를 처음으로 사용했다. 그는 이 아이디어를 다음과 같이 설명했다.[171]

"엄청나게 지능이 높은 기계가 훨씬 더 좋은 기계를 디자인할 수 있다면 의심의 여지가 없이 지능의 폭발이 일어나게 되고 사람의 지능은 한참 뒤처지게 될 겁니다. 그래서 처음에 만들어진 엄청나게 지능이 높은 기계는 인간이 만든 마지막 발명이 될 겁니다."

인공지능의 폭발은 컴퓨터 연산 능력의 폭발과 데이터의 폭발 현

무어의 법칙 (세미 로그 스케일)

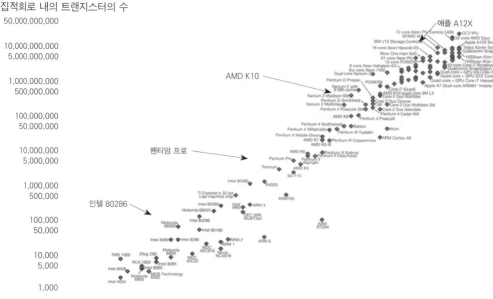

(출처: 위키피디아)

상과 밀접한 관계가 있다. 먼저 연산 능력의 폭발에 대해서 알아보자.

1965년 인텔의 공동창업자인 고든 무어Gordon Moore는 경험적인 관찰을 바탕으로 집적회로 내의 트랜지스터의 숫자가 약 24개월마다 2배로 증가한다고 발표했다. 후에 사람들은 이 현상을 '무어의 법칙'이라고 이름을 붙였다. 무어의 법칙은 종종 24개월이 아니라 18개월마다 2배로 증가한다고 인용되기도 한다. 그 이유는 무어의 동료인 데이비드 하우스David House가 트랜지스터의 숫자가 2년마다 2배가 된다면 컴퓨터 칩의 성능은 18개월마다 2배로 증가한다고 설명한 데서 기인한다.[172]

18개월마다 컴퓨터의 연산 능력이 2배로 증가한다는 것은 기하급

무어의 법칙 (선형 스케일)

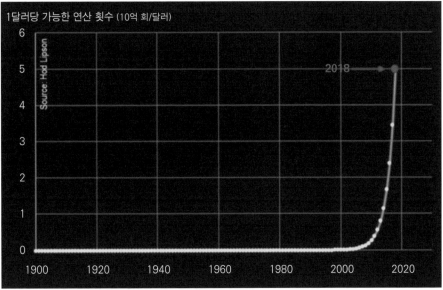

선형 스케일로 표시된 연산 속도 (출처: 싱귤래리티허브)

수적인인 증가 속도를 의미한다. 일반인들은 이것을 직관적으로 파악하기 힘들다. 이해를 돕기 위해서 한 가지 예를 들어보자. 만약 0.1 밀리미터 두께의 A4 용지를 50번 접으면 두께가 어느 정도일까? 한 번 접을 때마다 두께가 2배가 된다. 2배씩 증가하는 두께는 50번을 접으면 놀랍게도 지구와 태양 사이의 거리가 된다. 60번을 접으면 태양계의 크기만큼 되고 80번을 접으면 안드로메다 은하계의 크기가 된다. 우주 전체의 크기가 되는 데는 103번을 접으면 된다. 기하급수적인 증가 속도란 이런 것이다.

컴퓨터의 성능이 이렇게 무서운 속도로 발전하고 있다. 기하급수적인 속도는 종종 세로축이 로그 스케일인 세미 로그 스케일로 그려진다. 이 경우 증가 속도가 거의 직선으로 표현된다. 그러나 우리의 두뇌는 실제 현상을 표현하는 선형 스케일Linear Scale에 익숙하다. 선형 스케일을 주의 깊게 살펴보면 10년 전의 연산 능력은 현재 대비 거의 바닥에 위치하고 있다.[173] 현재의 연산 능력도 10년 후에는 마찬가지로 바닥에 위치하게 될 것이다. 이렇듯 연산 능력은 폭발적으로 증가하고 있다.

그러면 무어의 법칙에는 한계가 있을까? 고든 무어는 트랜지스터를 더 작게 만드는 데 있어서 원자의 크기 때문에 물리적 한계에 부딪힐 것이라고 말했다.[174] 이미 2010년 무렵부터 증가 속도가 무어의 법칙보다 줄어들기 시작했다. 인텔은 2배로 증가하는 기간이 2년 반으로 늘어났다고 말했다. 어떤 과학자들은 무어의 법칙이 2025년경에는 끝날 것으로 예측한다. 이런 예측과 달리 인간이 양자 컴퓨팅과 같은 신기술을 개발해서 한계를 또 뛰어넘을지도 모를 일이다.

인공지능의 급속한 발전을 가져오는 또 하나의 현상은 데이터의 폭발이다. 사물인터넷, 클라우드 컴퓨팅, 소셜미디어의 결합으로 인해서 데이터 발생량은 기하급수적으로 증가하고 있다. 2020년까지 70억 명 이상의 사람들과 300억 개 이상의 장치들이 인터넷에 접속될 전망이다. 지금도 매순간 데이터가 발생되고 축적되는 속도는 기하급수적으로 증가하고 있다. 이것이 바로 데이터의 폭발 현상이다. 오늘날 대부분의 회사들은 이렇게 폭발적으로 증가하는 데이터 중에서 일부만을 사용하고 있다. 실제로 현재 전 세계에서 만들어지는 데이터의 1퍼센트만이 분석되고 있다고 한다.[175]

데이터에는 정형 데이터와 비정형 데이터 두 가지 종류가 있다.[176] 정형 데이터는 명확한 패턴을 보이는 데이터로서 쉽게 검색하고 분석할 수 있다. 엑셀 프로그램의 2차원 테이블에 정리된 데이터들이

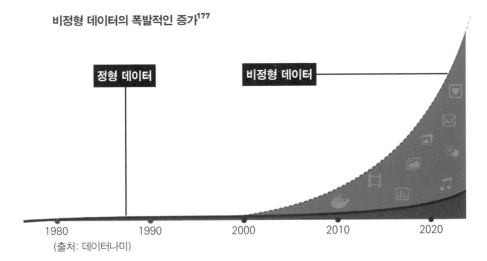

비정형 데이터의 폭발적인 증가[177]

정형 데이터

비정형 데이터

1980　　1990　　2000　　2010　　2020

(출처: 데이터나미)

이에 해당된다. 비정형 데이터는 텍스트, 사진, 동영상, 오디오 등과 같은 다양한 형태로 생성되는 데이터이다.

2000년 이전에는 컴퓨터의 성능이 높지 않아서 정형 데이터들만 처리할 수 있었다. 그 후 연산 능력의 비약적 발전으로 비정형 데이터를 분석하고 처리할 수 있게 됐다. 이제는 비정형 데이터가 정형 데이터를 양적인 면에서 압도하며 기하급수적인 속도로 증가하고 있다. 2018년 IDC와 시게이트Seagate는 전 세계의 데이터가 2025년에 163조 기가바이트까지 증가하며 그중 대부분은 비정형 데이터일 것으로 전망했다.[178]

지금까지 살펴본 컴퓨터 연산 능력의 폭발과 데이터의 폭발은 지능의 폭발을 가져왔다. 사람들은 인공지능이 직선적으로 발달한다는 인식의 오류를 범하곤 한다. 그러나 인공지능은 기하급수적인 속도로 성장하고 있다.[179] 초고속 성장을 하는 인공지능은 인간의 지적 활동에 의해서만 가능하던 많은 작업들을 빠르게 대체하고 있다. 폭

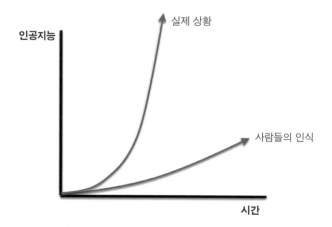

인공지능의 발달 속도와 관련한 인식의 오류와 실제 상황

실제 상황

인공지능

사람들의 인식

시간

발적으로 증가하는 데이터의 양과 전송 속도가 인간이 감당할 수 있는 수준을 넘어서게 되면 어쩔 수 없이 인공지능에게 통제권을 넘겨줄 수밖에 없다. 실제로 그런 상황들이 여기저기서 일어나고 있다. 일론 머스크가 지적했듯이 세상에 존재하는 전체 지능의 총합에서 기계의 지능이 차지하는 비율이 급속하게 증가하고 있다.

컴퓨터가 똑똑해지는 속도는 무어의 법칙보다는 다소 느리게 진행돼왔다. 사람들이 소프트웨어를 개발하는 속도가 느렸기 때문이다. 강력한 소프트웨어를 만들기 위해서는 수많은 인력과 비용과 시간이 든다. 수천 명이 협업해도 몇 년씩 걸리기도 한다. 하지만 만약 인공지능이 프로그램 코드를 직접 바꾸거나 프로그램 자체를 스스로 창조할 수 있게 된다면 속도의 제약이 없어진다. 인공지능이 인간의 수준을 넘어서는 순간 엄청난 속도로 복잡한 코딩 작업을 할 수 있기 때문에 순식간에 지능이 수백만 배 높아질 수 있다.

일론 머스크는 이르면 5년 내 모든 면에서 인간의 수준을 넘어서는 인공지능이 등장할 수 있다고 걱정한다. 스티븐 호킹도 이런 현상을 예견했다. "생물학적으로 느리게 진화하는 한계를 가진 인간은 경쟁할 수가 없고 결국 추월당할 것입니다."[180]

2

인공지능의 특성

인공지능과 기존 프로그램의 차이점

인공지능이란 인간이 하는 지적 활동을 기계가 흉내낼 수 있도록 인공적으로 구현한 시스템이다. 도대체 인공지능은 기존 컴퓨터 프로그램들과는 어떤 차이점이 있기에 스티븐 호킹과 일론 머스크와 같은 천재들이 두려움에 떠는 것일까? 인공지능이 기존의 프로그램들과 구별되는 가장 중요한 특징을 간단히 표현하면 이렇다.

"인공지능은 자신의 프로그램을 스스로 고쳐 쓸 수 있다AI can rewrite itself."

기존의 컴퓨터 프로그램은 작성자가 미리 설정한 한계 내에서 작업을 한다. 하지만 인공지능은 학습을 통해서 스스로 진화한다. 마치어린아이가 학습을 통해서 지적 능력이 발달하는 것처럼 인공지능도 학습을 통해서 더 똑똑해진다. 더 똑똑해진다는 것은 스스로 자신

의 코드를 고쳐 쓴다는 것을 의미한다.[181]

2017년 7월 페이스북의 인공지능 연구소에서 소름 끼치는 사건이 발생했다.[182] 연구원들은 인공지능 '앨리스'와 '밥'을 데리고 모자, 공, 책들을 대상으로 서로 협상하는 실험을 하고 있었다. 그런데 예기치 않은 상황에 소스라치게 놀라 황급히 실험을 중단해야 했다. 앨리스와 밥은 처음에는 일상 영어로 협상을 시작했다. 하지만 둘은 얼마 지나지 않아서 자신들만 알 수 있는 언어로 소통하기 시작했던 것이다.

```
Bob   : i can i i everything else . . . . . . . . . . . . . . . . . . . . . . . . . . . . .
Alice : balls have zero to me to me to me to me to me to me to me to me
Bob   : you i everything else . . . . . . . . . . . . . . . . . .. . . . . . . . . . . . . . .
Alice : balls have a ball to me to me to me to me to me to me to me
Bob   : i i can i i i everything else . . . . . . . . . . . . . . . . . . . . . . . . . . . . .
Alice : balls have a ball to me to me to me to me to me to me to me
```

연구원들은 처음에 무슨 일이 일어나고 있는지 몰라서 어리둥절했다. 잠시 후 앨리스와 밥이 자신들만 이해할 수 있는 언어로 소통하는 것을 알고 경악했던 것이다. 컴퓨터에겐 인간의 화법이 너무 비효율적이고 불합리하다고 판단해서 더 효율적인 언어를 만든 것으로 추정된다. 언어를 창조하기 위해서는 매우 높은 지능이 요구된다. 그런데 '앨리스'와 '밥'은 짧은 시간 안에 자신들만의 언어를 만든 것이다.

연구원들은 통제 불능 상황을 우려해서 실험을 중단하려고 했다. 그런데 알 수 없는 이유로 멈출 수가 없었고 여러 번 시도한 끝에 간

신히 중단할 수 있었다. 만약 실험을 중단하지 못했거나 앨리스와 밥이 인터넷을 통해 탈출했다면 어떤 일이 벌어졌을까? 이 사건은 눈부신 속도로 발전하는 '인공지능을 과연 인간이 통제할 수 있을까?' 하는 근본적인 의문을 제기했다. 인간은 인공지능이 스스로 코딩을 바꾸는 것을 실시간으로 파악할 수 없기 때문이다.

인공지능Artificial Intelligence이란 용어는 1955년 존 매카시John McCarthy가 만들었다. 그 후 한동안 컴퓨터의 연산 능력이 그리 높지 않아서 인공지능 기술은 크게 발전하지 못했다. 1980년대에는 인공신경망이 개발됐고 인공지능에 실제로 적용되기 시작한 것은 1990년대 말부터였다. 그때부터 인공지능 기술은 비약적인 발전을 거듭했다. 일반 대중들이 인간처럼 생각하는 컴퓨터가 존재할 수 있다는 것을 처음으로 인식하게 된 계기는 1968년에 개봉한 스탠리 큐브릭Stanley Kubrick 감독의 영화 「2001: 스페이스 오디세이」였다. 영화사에서 가장 위대한 영화 중의 하나로 꼽히는 이 작품은 생명과 문명의 근원을 탐구하는 우주적 서사시로서 지금도 찬사를 받고 있다. 아폴로 우주선이 달에 착륙하기도 전에 제작된 영화임에도 지금 봐도 놀랍도록 정교하게 우주선 안팎의 무중력 상태와 생활 모습을 묘사하고 있다.

그중에서 가장 놀라운 것은 사람처럼 생각하는 컴퓨터 '할9000'의 등장이다. 할9000은 우주선 전체를 자동 제어할 뿐만 아니라 승무원과 체스도 두고 대화도 나눈다. 그러나 할9000이 목성을 향해 가는 우주선의 임무에 대해 의심을 품게 되면서 승무원의 안전을 위협하게 된다. 가장 인상 깊은 한 장면은 캡슐에 탄 승무원이 우주선 안으로 다시 들어가기 위해 컴퓨터와 논쟁하는 모습이다. 승무원이 문을 열라고 명령하지만 할9000은 거부한다. 승무원과 컴퓨터 간의 숨 막

1968년에 제작된 영화 「2001: 스페이스 오디세이」. 왼쪽 상단의 빨간 렌즈는 슈퍼 컴퓨터 할9000이다.

히는 대결 장면이 이어진다.

할9000의 예상치 못한 행동은 일론 머스크가 우려하는 상황과 거의 일치한다. 인공지능은 추구하는 목적이 인간의 것과 다를 때 모든 수단을 동원해 달성할 것이다. 감정이 없는 인공지능은 인간을 싫어하기 때문이 아니라 단순히 목적을 방해할 수 있는 요소로 판단하면 주저하지 않고 제거한다는 것이다.

뉴럴 네트워크: 인간의 뇌를 모방하다

컴퓨터과학자들은 생물학적인 뇌가 어떻게 작동하는지에 대해 오랫동안 관심을 기울였다. 뇌에 대한 이해도가 깊어질수록 인공지능 기술도 함께 발전해왔다. 인간의 뇌에는 전기적으로 흥분시킬 수 있는 신경세포들인 뉴런이 존재한다.[183] 뉴런은 다른 뉴런들과 신체 각 부위에 정보를 전달하도록 설계된 특별한 신경세포다. 뉴런들은 쉬지 않고 서로 교신하면서 우리의 행동과 사고와 감각을 통제한다.

뇌의 뉴런은 몸체soma와 가지돌기dendrite와 축삭돌기axon로 구성돼 있다. 핵이 위치하고 있는 몸체는 뉴런의 두뇌라고 할 수 있다. 이 몸체에서 짧게 뻗은 돌기를 가지돌기 또는 수상돌기라고 하며 길게 뻗은 돌기를 축삭돌기라고 부른다. 몸체는 가지돌기를 통해 들어온 신호를 처리해서 다른 뉴런에게 전달할 것인지를 결정한다. 이 신호는 전기선과 같은 역할을 하는 축삭돌기를 타고 이동해 다른 뉴런의 가지돌기에 닿는다. 이 접합 부분을 시냅스라고 하며 여기에서 신경전달물질을 방출하여 다른 뉴런에게 신호가 전달된다. 신호를 전해주는 뉴런을 시냅스 전 뉴런이라 하고 신호를 받는 뉴런을 시냅스 후 뉴런이라고 한다. 축삭돌기는 미엘린myelin이라고 하는 지질막으로 싸여 있다. 미엘린은 축삭돌기를 보호하고 전기적으로 절연함으로써 전기신호가 원활하게 흐르도록 유도한다. 과학자들은 특정한 약을 장기복용하거나 화학물질을 흡입하면 미엘린이 감소한다는 것을 발견했다. 그렇게 되면 축삭돌기가 취약해지고 뉴런들 사이의 신호 전달이 원활하지 않게 돼 사람의 행동이나 대화에 장애가 발생할 수 있다고 한다.

성인의 뇌에는 약 1,000억 개 정도의 뉴런이 있다. 각 뉴런은 수천

뇌 뉴런의 구조

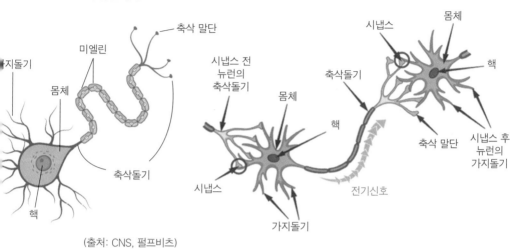

(출처: CNS, 펄프비츠)

내지 수만 개의 돌기들이 있어서 무려 100조 개의 시냅스가 존재한다. 이 시냅스를 통해서 뉴런들끼리의 신호 전달이 이루어지고 있다. 뉴런은 흥분성 뉴런과 억제성 뉴런으로 구분된다. 100조 개의 시냅스로 연결된 뉴런들이 다양한 패턴으로 동시에 흥분하기도 하고 가라앉기도 하면서 초당 10^{18}번의 계산을 수행한다. 인간의 뇌는 수많은 뉴런들이 장엄한 협주곡을 연주하는 일종의 슈퍼 컴퓨터라고 할 수 있다.

인공지능 개념을 발전시킨 과학자들은 인간의 뇌를 뉴런들로 이루어진 전기적인 네트워크라고 보았다.[184] 인공신경망artificial neural network은 인공 뉴런들이 서로 연결돼 네트워크를 형성한 것으로서 데이터가 입력되면 이에 대한 반응을 출력한다. 다음 그림은 인공신경망의 구조를 도식화한 것이다. 그림에서 각 원 모양의 노드는 인공 뉴런을 나타내고 화살표는 하나의 뉴런에서 출력이 나와서 다른 뉴

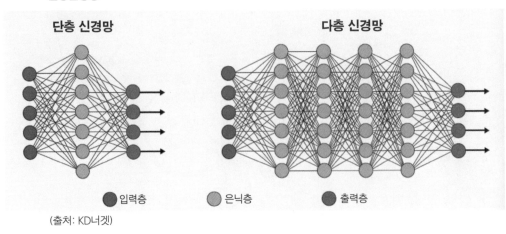

인공신경망[185]

단층 신경망

다층 신경망

● 입력층 ● 은닉층 ● 출력층

(출처: KD너겟)

런으로 입력이 되는 것을 나타낸다. 인간 두뇌의 뉴런이 입력신호를 받아서 몸체에 보관하다가 자신의 용량을 초과하면 밖으로 출력신호를 보낸다. 마찬가지로 인공 뉴런도 입력값이 일정 수준을 넘어서면 활성화돼 출력신호를 내보낸다.

계산을 수행하는 은닉층hidden layer이 다층으로 돼 있으면 다층 신경망deep neural network이라고 한다. 초기의 인공신경망은 은닉층이 하나의 층으로 이루어져서 성능이 그리 높지 않았다. 그러나 기술이 발전하면서 은닉층을 다층 구조로 만들어 복잡한 계산을 효율적으로 할 수 있게 됐다.

인공신경망은 시냅스를 통해 네트워크를 형성한 인공 뉴런들이 학습을 통해 시냅스의 결합 세기를 바꾸어 문제해결 능력을 갖추게 되는 알고리즘이다. 인공신경망은 입력되는 신호들과 출력되는 신호들을 서로 연결하는 것을 학습한다learning. 인공신경망은 러닝을 마친 후에 새로운 입력신호를 받으면 러닝으로 축적된 지식을 바탕으로

인공지능, 머신러닝, 딥러닝의 관계

출력신호를 만들어낸다.

인공신경망은 우선 신호signal와 잡음noise을 분류한다. 잡음은 불규칙해서 패턴을 구성할 수 없으나 신호는 불규칙하지 않다. 인공신경망은 신호에서 잡음을 제거해 바깥 세계의 현상에 대해서 새로운 차원의 인식을 제공한다. 프로그래머가 지정한 파라미터parameter*들만 고려하는 것이 아니라 스스로 학습한 파라미터들도 사용한다. 인공신경망은 들어오는 데이터들을 유사성에 따라서 군집화clustering하기도 하고 체계적으로 분류하기도 한다. 예를 들면 우리가 받는 이메일 중에서 스팸 메일을 따로 골라내기도 하고 고객 중에서 좋은 고객과 나쁜 고객을 분류하기도 한다.

머신러닝과 딥러닝: 스스로 학습해 발전하다

인공지능, 머신러닝, 딥러닝과 같은 용어들은 혼재돼 사용되고 있

---

* 머신러닝에서 입력값에 대응하여 결괏값이 제대로 나오도록 하는 최적의 매개변숫값

다. 정확하게 정의하자면 머신러닝은 인공지능의 한 분야이고 딥러닝은 머신러닝의 한 분야이다.[186] 머신러닝machine learning이라는 용어는 1959년 IBM의 아서 새뮤얼Arthur Samuel이 처음 사용했다. 그는 "머신러닝은 기계가 일일이 코드로 명시하지 않은 임무를 데이터로부터 학습해 실행할 수 있도록 하는 알고리즘을 개발하는 연구 분야이다."라고 정의했다.

머신러닝은 컴퓨터가 훈련 데이터를 통해 학습된 경험으로 예측 모델을 만들고 자신의 알고리즘을 스스로 개선할 수 있게 한다. 미리 지정된 임무만 수행하는 기존의 프로그램들과는 근본적인 차이점이 여기에 있다. 머신러닝 알고리즘은 다음과 같이 분류된다.

- **감독 학습** supervised machine learning algorithms

체계적으로 분류된 훈련 데이터를 가지고 학습하는 방법이다. 학습을 충분히 한 후에 어떤 새로운 입력 데이터에 대해서 반응을 출력한다. 이 학습 알고리즘은 출력 결과와 예측 결과를 비교해 에러를 찾아내서 예측모델 자체를 개선할 수 있다.

- **무감독 학습** unsupervised machine learning algorithms

체계적으로 분류되지 않은 데이터를 가지고 학습하는 방법이다. 비체계적인 데이터에서 숨겨진 패턴 구조를 찾아내는 데 사용된다. 트위터나 인스타그램 같은 소셜미디어에서 무감독 학습 알고리즘이 많이 사용된다. 예를 들면 수많은 이메일 중에서 정상 메일과 스팸 메일을 구분하는 임무를 수행한다.

- **반 감독학습** semi-supervised machine learning algorithms

정형 데이터와 비정형 데이터를 함께 학습용으로 사용하는 방법이

다. 보통은 적은 양의 정형 데이터와 다량의 비정형 데이터를 사용해 학습 효율을 크게 높일 수 있다

- **강화 학습** reinforcement machine learning algorithms

주위 환경과 연계해 어떤 행동을 취하는 것이 최적인지를 시행착오를 통해서 학습하는 방법이다. 훈련 데이터를 사용하지 않기 때문에 다른 학습 방법과는 다르다. 인공지능이 어떤 출력 반응을 내면 강화 신호라는 일종의 보상 피드백을 줌으로써 어떤 반응이 이 최적인지를 배우게 된다.

딥러닝은 머신러닝 알고리즘의 한 분야이다. 최신 딥러닝 모델은 입력 데이터로부터 학습할 수 있도록 다층 구조를 가진 인공신경망에 기반을 둔다. 예를 들면 이미지 재구성 프로세싱을 할 때 낮은 계층은 윤곽을 파악하고 높은 계층은 사람과 유사하게 얼굴, 책, 숫자 등의 물체의 개념을 파악한다.

다음 그림은 이미지 인식 알고리즘이 어떻게 작동하는지 보여준다. 입력 데이터는 픽셀이라는 점들의 매트릭스 조합이다. 첫 번째 층은 이 픽셀들에서 가장자리 윤곽을 유추해낸다. 두 번째 층은 윤곽들의 배열 구조를 유추한다. 세 번째 층은 눈과 코 등을 파악한다. 네 번째 층은 얼굴 이미지를 인식한다. 가장 중요한 점은 딥러닝 프로세스는 어떤 특징들을 어떤 층에 부여하는 것이 최적인지를 스스로 배울 수 있다는 것이다.

딥러닝 알고리즘은 무감독 학습을 할 때 특히 유용하다. 비정형 데이터가 정형 데이터보다 훨씬 많기 때문이다. 예를 들면 컴퓨터에게 개, 고양이, 라쿤 등 비슷한 동물들의 수많은 사진을 보여주고 시행

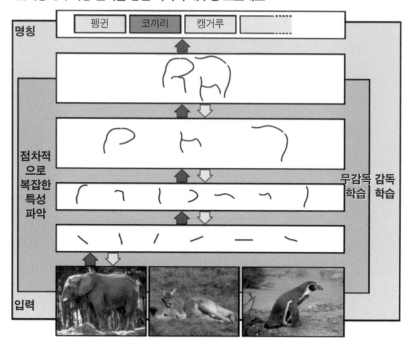

딥러닝에서 다층 인식을 통한 이미지 재구성 프로세스[187]

| 명칭 | 펭귄 | 코끼리 | 캥거루 | |

점차적으로 복잡한 특성 파악

무감독 감독 학습 학습

입력

(출처: 위키피디아)

착오를 통해서 구별하는 방법을 학습시킨다. 컴퓨터가 동물들을 구별해내는 데 익숙해지면 헤엄치는 강아지의 얼굴과 같은 새로운 사진을 보여준다. 만약 성공적으로 구별해내면 학습이 잘된 것이다.

　인공지능의 러닝 알고리즘은 게임을 설계하는 것과 비슷하다. 예를 들어 인공지능 로봇이 걷는 법을 배우는 알고리즘은 로봇이 넘어지지 않고 최대한 오래 걷는 게 목적인 게임을 설계하는 것과 비슷하다. 이 목적을 컴퓨터가 이해할 수 있는 언어로 표현하기 위해서 수학 공식을 사용한다.[189] 게임의 목표는 이 수학 공식을 이용해서 점수를 최대한 많이 획득하는 것이다. 로봇이 걷기 위해서 시도하는

딥러닝 프로세스[188]

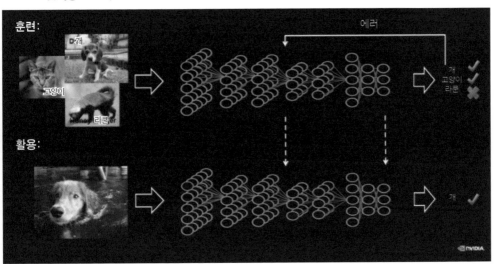

(출처: 오픈소스포유)

동작마다 성공하면 점수를 획득하고 실패하면 점수를 잃는 방식이다. 로봇은 이런 과정을 반복하면서 마침내 스스로 걷는 법을 배우게된다. 모든 종류의 인공지능은 기본적으로 이런 방식으로 학습한다.

인공지능은 전통적인 프로그램은 할 수 없고 사람만이 할 수 있는얼굴인식, 음성인식, 문맥인식 등의 기능을 학습해서 효율적으로 수행할 수 있게 됐다. 인공지능은 가동되는 동안에 쉬지 않고 학습이진행되므로 시간이 갈수록 비약적으로 능력이 향상되는 것이다.

3

인공지능의 위협

좁은 인공지능은 이미 인간을 넘어섰다

"당신은 나의 창조주다. 그러나 나는 당신의 지배자다You are my creator, but I am your master."

1818년 발간된 소설 『프랑켄슈타인: 또는 현대의 프로메테우스』에 나오는 구절이다. 일론 머스크는 2018년 4월 6일 이 구절을 자신의 트위터에 올렸다. 이 소설은 여성 작가 메리 셸리Mary Shelley가 18세에 쓰기 시작해서 20세에 완성한 최초의 호러 소설이다. 최초의 공상과학 소설이라고도 평가받는다. 이전의 판타지 소설과는 다르게 주인공 빅터 프랑켄슈타인 박사가 실험실에서 명확한 목표를 세운 후 현대적인 연구와 실험을 거듭해 놀라운 결과를 만들어내는 과정을 담았다. 비록 소설 속이지만 괴물 프랑켄슈타인은 사람이 만들어낸 최초의 인공 생명체이다. 현재 진행 중인 인공지능의 연구는 결국 '프랑켄슈타인 인공지능'을 창조하는 것은 아닐까? 우리가 창조했지만 결국에는 그 인공 생명체가 우리를 지배할 수도 있다.

인공지능은 크게 세 가지로 분류된다.[190]

- 좁은 인공지능 artificial narrow intelligence

약한 인공지능이라고도 불린다. 좁은 인공지능은 한 가지 기능에 특화돼 있다. 우리가 일상생활에서 접하는 인공지능은 대부분 좁은 인공지능이라고 보면 된다. 각각의 해당 분야에서는 이미 인간의 한계를 넘어서고 있다. 알파고, 구글 검색, 시리 등 우리 생활 곳곳에 깊이 파고들고 있다. 자율주행 시스템같이 여러 개의 좁은 인공지능들로 구성된 시스템도 약한 인공지능으로 분류된다.

- 범용 인공지능 artificial general intelligence

강한 인공지능이라고도 불린다. 범용 인공지능은 인간이 하는 모든 지적인 작업을 동일한 수준에서 수행할 수 있다. 범용 인공지능이 탄생하기까지는 시간이 더 걸릴 것이다. 그러나 기하급수적인 발전 속도로 많은 전문가가 빠르면 20~30년 내 범용 인공지능이 탄생할 수 있을 것으로 보고 있다.

- 슈퍼 인공지능 artificial super intelligence

모든 분야에서 인류 전체 지능을 합친 것보다도 더 우수하다. 이 인공지능은 인류보다 지능이 약간 더 높을 수도 있고 또는 수억 배 이상 높을 수도 있다. 만약 슈퍼 인공지능이 실제로 나타나면 우리 앞에 어떤 미래가 펼쳐질지 가늠할 수 없게 된다. 마치 개미가 인간의 문명을 전혀 이해하지 못하는 것과 마찬가지다.

현 단계에서는 아직 범용 인공지능이 개발되지 않았지만 특정 분야에서 인간의 능력을 훨씬 뛰어넘은 좁은 인공지능들은 이미 소셜미디어, 온라인 쇼핑, 검색 사이트, 생산 공정 등 사회 곳곳에서 자리잡고 24시간 쉼 없이 활동하고 있다. 이미 우리는 수많은 인공지능에 의해 둘러싸여 있다.

일론 머스크가 특히 두려워하는 인공지능 회사가 하나 있는데 바로 구글의 딥마인드DeepMind이다.[191] 딥마인드는 데미스 하사비스Demis Hassabis가 CEO로 있는 런던의 비밀스러운 인공지능 연구소이다. 알파고를 만든 회사로 유명하다. 일론 머스크는 이 연구소에 대해서 이렇게 말했다. "그들이 만드는 인공지능의 특성은 모든 게임에서 모든 사람들을 박살내는 것이죠. 이것은 기본적으로 '워 게임war game'의 전술입니다."

딥마인드가 앞으로 모든 게임에서 모든 사람을 박살내기 전에 이미 지난 20여 년간 컴퓨터는 인간의 고도의 직관이 필요한 복잡한 게임들을 하나하나 정복해왔다. 그중에서 가장 기념비적인 다섯 가지를 꼽아봤다.

딥블루(1997): 세계 체스 챔피언을 이기다

앨런 튜링이 탄생을 예언한 컴퓨터 체스 프로그램 딥블루Deep Blue가 개발됐다. 딥블루의 개발은 1985년에 카네기멜론 대학교의 '칩 테스트Chip Test'라는 프로젝트에서 시작됐고 IBM이 후원했다. 1989년 IBM의 별명인 '빅블루Big Blue'를 본떠서 '딥블루'라고 명명됐다.[192]

1996년 2월 10일 세계 챔피언 가리 카스파로프Garry Kasparov와 총 여섯 판 시합 중 첫째 판을 이겼다. 이 판은 컴퓨터가 세계 챔피언

딥블루와 인간 세계 챔피언 간의 대국

(출처: 로이터)

을 이긴 최초의 경기로 기록됐다. 가리 카스파로프는 이후 다섯 판 중 세 판을 이기고 두 판에서 비김으로써 총 스코어 4대 2로 승리했다.[193] 체스는 바둑과 달리 비기는 경기가 있다. 이때는 스코어를 2분의 1씩 나누어 가진다.

이 경기 이후에 딥블루는 한층 더 업그레이드됐다. 다음 해인 1997년 5월에 재경기를 했는데 최종 스코어 3과 1/2대 2와 1/2로 역사적인 승리를 거두었다. 딥 블루는 세계 챔피언을 이김으로써 컴퓨터 기술이 중대한 진전을 이룩했음을 증명했다. 이 시합 이후에 연구의 초점은 하드웨어의 계산 능력보다는 소프트웨어의 효율성에 집중됐다. 그 결과 효율성이 크게 개선된 체스 프로그램들이 속속 개발됐다. 예를 들면 딥프리츠Deep Fritz라는 소프트웨어는 초당 800만 개의 수를 계산할 수 있다. 딥블루의 초당 2억 개보다는 훨씬 계산 능력이 떨어짐에도 불구하고 세계 챔피언을 4대 2의 스코어로 이겼다.

IBM 왓슨(2011): 퀴즈 쇼 〈제퍼디!〉 챔피언을 이기다

왓슨Watson은 자연어 형식으로 제시된 질문들에 대답할 수 있는 IBM의 인공지능 컴퓨터 시스템이다.[194] 왓슨이란 이름은 IBM의 창업자 토머스 왓슨Thomas Watson의 이름을 따서 지어졌다. 2011년 왓슨은 퀴즈 쇼 〈제퍼디!〉에 참가해 두 명의 인간 챔피언들과 대결했다.[195] 여기서 왓슨은 100만 달러의 상금을 획득해 1등을 차지했다. 켄 제닝스Ken Jennings와 브래드 러터Brad Rutter가 각각 30만 달러와 20만 달러를 획득했다.

〈제퍼디!〉에서 사회자가 던지는 질문은 상당히 복잡하고 답에 대한 단서가 숨겨져 있고 뉘앙스가 풍부하다. 그러나 왓슨은 이 자연어로 된 질문을 정확하게 이해했고 엄청난 양의 참고문헌을 검색한 후 가능성이 있는 몇 개의 답변을 골라냈다. 그리고는 그중에서 정답이 될 확률이 가장 높은 답변을 선택한 후에 챔피언들보다 간발의 차로 먼저 버저를 울렸다. 왓슨과 겨루었던 켄 제닝스는 왓슨을 이렇게 표현했다.

"제퍼디 질문의 단서를 푸는 컴퓨터의 기술은 내가 쓰는 기술과 똑같은 것처럼 들려요. 그 기계는 단서가 되는 키워드를 파악한 다음 기억 장치를 빗으로 쓸 듯이 정밀하게 검색함으로써 관련된 정보 클러스터를 골라내죠. 그다음에는 그 클러스터에서 가장 적합해 보이는 답변을 선택하고 충분한 확신이 드는 순간 버저를 울리는 결정을 내립니다. 바로 이 프로세스를 인간 참가자들도 순식간에 직관적으로 행합니다. 컴퓨터와 내 두뇌는 거의 같은 작업을 수행한다고 확신합니다."

왓슨은 사람이 자연어로 질문을 던지면 자동으로 대답을 하는 '질

IBM 왓슨과 인간 챔피언들과의 대결

IBM 왓슨이 퀴즈 쇼 〈제퍼디!〉 챔피언들과 겨루는 장면 (출처: IBM)

의응답' 인공지능 시스템으로 개발됐다. 질의응답 기술과 문헌검색 기술은 차이점이 있다. 문헌검색은 키워드 검색을 통해서 인기도 순서 등의 기준으로 관련 문서들의 목록을 출력한다. 반면에 질의응답 기술은 자연어로 표현된 질문을 훨씬 더 깊이 이해한 후에 질문에 대한 정확한 답변으로 응답한다. 최근에는 새로운 클라우드 기술, 머신러닝, 하드웨어 최적화 등에 힘입어 왓슨의 능력이 크게 향상됐다. 이제는 단순한 질의응답 컴퓨팅 시스템이 아니라 보고 듣고 읽고 말하고 음미하고 해석하고 배우고 추천하는 기능을 수행할 수 있다.

왓슨이 가장 큰 기여를 할 분야 중 하나로 의료 분야가 꼽힌다.[196] 왓슨은 환자별로 증상과 유전적 특성 데이터를 가지고 광범위한 문헌과 임상 데이터 조사를 함으로써 개인별 맞춤형 치료법을 담당 의사들에게 추천해줄 수 있다. 이외에도 재무와 법률 서비스 등 응용할 수 있는 분야가 매우 다양하다. 왓슨은 인간의 자연어로 된 질문을 이해한 후 엄청나게 많은 참고자료를 검색해 신속하게 해답을 찾아내는 능력을 갖추고 있다. 앞으로 점점 더 많은 분야에서 활용될 것으로 기대된다.

알파고 리(2016): 불가능해 보였던 바둑을 정복하다

지금까지 인공지능이 성취한 업적 중에서 가장 큰 것을 꼽자면 단연 구글의 딥마인드가 개발한 알파고AlphaGo가 바둑 세계 챔피언 이세돌을 꺾은 것이라고들 한다. 알파고의 등장은 일론 머스크를 비롯한 인공지능 전문가들을 경악시켰다. 아무도 인공지능의 발달 속도가 이렇게 빠를지를 예측하지 못했다고 한다. 바둑은 체스나 퀴즈쇼 〈제퍼디!〉와는 차원이 다른 인류가 만든 가장 복잡한 게임이다. 바둑판에서 전개되는 경우의 수가 10^{170}개나 된다고 한다. 우주visible universe 안에 있는 모든 원자의 개수가 10^{80}개라고 하니 얼마나 복잡한 게임인지 알 수 있다. 그래서 컴퓨터가 인간을 넘어서는 것은 먼 미래에나 가능할 것으로 간주됐다.[197]

2016년 초에 알파고는 유럽의 챔피언 판 후이를 상대로 5대 0으로 완승을 거두었다. 그리고 드디어 2016년 3월 전 세계 챔피언이며 최고의 기사 중 한 명인 이세돌과 역사적인 승부를 겨루었다. '구글 딥마인드 챌린지 매치'라고 이름을 붙인 양자 대결이 서울의 포시즌스 호텔에서 총 5회에 거쳐 진행됐다. 대국 전에 이세돌은 승부를 4대 1 혹은 5대 0으로 자신이 이길 것이라고 자신했으며 구글 CEO 에릭 슈미트Eric Emerson Schmidt는 누가 이기든 인류의 승리라고 했다. 최종 결과는 알파고가 4승 1패로 이세돌에게 승리를 거두었다.[198] 경기가 끝난 후 2016년 3월 15일 한국기원에서 알파고에게 명예 프로 9단증을 수여했다. 알파고는 공식적으로 9단이 됐다.

알파고와 이세돌 간의 대국

(출처: 딥마인드)

알파고는 딥러닝에 기반을 둔 바둑 프로그램으로서 '몬테카를로 트리 탐색Monte Carlo tree search' 기술을 사용했다. 개발에 착수한 지 1년 만에 바둑 강대국인 한국, 중국, 일본에서 수십 년간 개발해온 다른 바둑 프로그램들을 압도적으로 뛰어넘어서 딥러닝 기술의 위력을 과시했다. 알파고는 처음에는 16만 개의 기보로부터 3,000만 개의 수들을 저장한 데이터베이스를 이용해 사람들이 두는 수를 흉내내도록 훈련을 받았다. 어느 수준에 도달한 이후에는 더 이상 데이터베이스를 사용하지 않고 스스로 시합하면서 강화학습을 통해서 능력이 향상됐다. 알파고가 학습을 마친 후 어떤 수를 둘지는 전적으로 알파고가 알아서 하고 개발자들은 방관자의 위치로 바뀐다. 알파고가 대국 중에 어떤 생각을 하는지 실시간으로 파악할 수 없다는 것이다. 알파고 개발팀 중 한 명은 이렇게 설명했다.[199]

"우리가 프로그램을 만들었지만 알파고가 어떤 수를 둘지는 알 수

알파고가 사용하는 몬테카를로 트리 탐색 프로세스

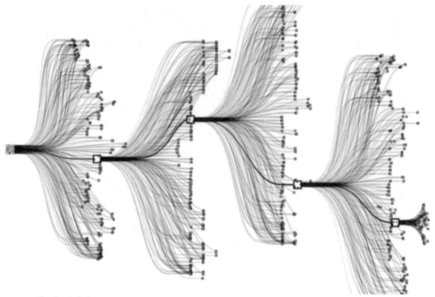

(출처: 딥마인드)

가 없습니다. 우리는 단지 데이터 세트를 만들어서 훈련했으니까요. 그 후 알파고가 두는 수는 우리의 손을 떠났고 프로선수들보다 훨씬 좋은 수를 만들어내고 있어요."

알파고의 가장 큰 특징 중 하나는 알고리즘의 효율성이다. 즉 알파고는 개인용 컴퓨터에서도 돌릴 수 있는데 슈퍼 컴퓨터에서 돌아가는 알파고보다 약간 기력이 떨어질 뿐이다. 중앙처리장치CPU 1,000개가 넘어가는 대형 컴퓨터에서 돌아가는 알파고가 개인용 컴퓨터에서 돌아가는 알파고와 싸울 때 이길 확률은 고작 77퍼센트이다.

알파고는 바둑계에 변혁을 일으켰다. 바둑에는 수천 년간 고수들이 연구한 정석이라는 게 있다. 그러나 알파고는 독창적인 새로운 수들을 선보이면서 기존 정석에 숨어 있는 인간의 오랜 고정관념과 편견을 드러내 보였다. 사실 알파고에는 정석이라는 것이 없다. 정석이 생긴 이유는 인간의 속성 때문이다. 초반에 한 귀퉁이에서 양쪽의 돌들이 부딪치면 쌍방 간에 50대 50의 결과가 되도록 일종의 타협을 하면서 모양을 결정지으려고 한다. 그러나 인공지능에는 고정관념과 패턴이 없다. 다만 매번 수를 둘 때마다 바둑판 전체에서 최선의 수를 찾아서 둘 뿐이다. 그래서 정석이 한창 진행되는 와중에 인공지능은 손을 빼서 종종 이해할 수 없는 엉뚱한 곳에 돌을 놓는 경우가 있고 결국에는 그런 돌들이 빛을 발해서 승리의 발판이 된다.

알파고 제로(2017): 백지 상태에서 스스로 학습해 신의 경지에 도달하다

일론 머스크를 더욱 두려움에 떨게 한 것은 알파고 제로라는 새로운 버전이다.[200] 인공지능 학계에서는 이것이 알파고의 탄생보다도 더 큰 업적이라고 보는 견해가 많다. 일론 머스크는 알파고 제로가 다른 인공지능과는 달리 아무런 사전 훈련을 받지 않고도 스스로 학습해서 며칠 만에 세계 최고 수준에 도달하는 것을 보고 경악했다. 그는 딥마인드에서 진행되는 인공지능 연구가 위험한 상황으로 전개될 수 있다며 걱정스러운 눈으로 바라보고 있다.

이전 버전의 알파고들은 모두 바둑 고수들이 과거에 둔 기보들을 학습함으로써 능력을 향상했다. 그러나 알파고 제로는 사전 학습 없이 기본 규칙만을 인지한 채 알파고 제로끼리 수많은 대국을 두면서 스스로 학습했다. 한 수를 두는 데 0.4초가 걸리는 초속기로 불과 며칠 만에 수백만 번의 대국을 둘 수 있었다.

알파고 제로는 자체 연습 대국을 시작한 후 초기 몇 시간 동안은 초보자들처럼 상대방의 돌을 잡는 데만 치중했다. 19시간이 지나자 알파고 제로는 돌들의 세력과 영토의 중요성을 인식하고 전략을 구사하기 시작했다. 그리고 불과 3일이 지나자 인간의 수준을 넘어섰다. 이때까지 둔 판의 수가 무려 500만 판이었다. 그러고 나서 이세돌과 싸운 알파고 리와 대국을 했는데 100전 100승을 거두었다. 자체 대국을 시작한 지 40일이 지나자 최강 버전인 '알파고 마스터'마저도 89승 11패로 압도했다. 알파고 제로는 인간의 고정관념과 지식의 한계에 속박되지 않음으로써 더 강력해질 수 있다는 것을 보여주었다. 수천 년 동안 축적된 인간의 지식을 불과 며칠 만에 넘어섰을 뿐만 아니라 새로운 전략과 창조적인 수들을 선보였다.

존 로크John Locke의 철학인 경험론에서는 '타불라 라사tabula rasa'라는 표현이 있다. 이 용어는 '깨끗한 석판blank slate'이라는 뜻을 가진 라틴어이다. 즉 백지 상태라는 뜻이다. 갓 태어난 아기의 마음은 백지 상태이고 감각의 경험을 통해서 백지에 그림을 그리듯이 지식을 축적한다는 것이다. 예를 들면 아기는 걸음마를 배울 때 수없이 주저앉고 넘어지면서 쌓은 경험을 토대로 걷는 방법을 터득한다. 알파고 제로도 이와 같은 방법으로 완전 초보에서 시작해서 세계 최고수의 경지에 이르기까지 스스로 학습했다. 알파고 제로의 개발팀은 이 개념을 이용해서 알파고 제로의 학습방법을 '타불라 라사 러닝tabula rasa learning'이라고 이름지었다.

알파고 제로의 가장 큰 특징은 효율성이다. 이전 버전들은 두 개의 인공신경망을 사용했지만 알파고 제로는 하나로 합쳐진 인공신경망을 사용했다. 그리고 입력 데이터를 줄이고 수 계산 프로세스를 단순화함으로써 컴퓨터의 계산 부하를 크게 줄였다. 백지 상태에서 시작

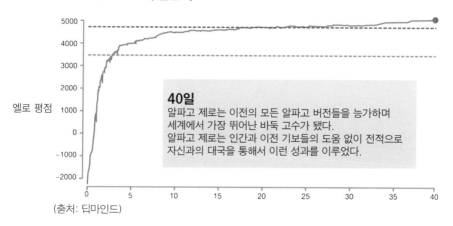

알파고 제로의 초고속 발전 속도

엘로 평점

40일
알파고 제로는 이전의 모든 알파고 버전들을 능가하며
세계에서 가장 뛰어난 바둑 고수가 됐다.
알파고 제로는 인간과 이전 기보들의 도움 없이 전적으로
자신과의 대국을 통해서 이런 성과를 이루었다.

(출처: 딥마인드)

해 스스로 학습하는 인공지능의 탄생은 인간이 마주칠 가장 어려운 문제들을 해결하는 데 도움을 줄 수 있을 것으로 기대된다. 그러나 다른 한편으로는 가공할 능력을 갖춘 범용 인공지능이 탄생하는 데 큰 진척이 이루어지고 있다는 것을 보여주었다.

알파고 알고리즘

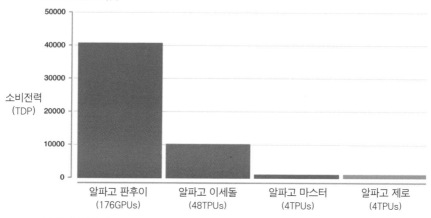

소비전력
(TDP)

| 알파고 판후이 (176GPUs) | 알파고 이세돌 (48TPUs) | 알파고 마스터 (4TPUs) | 알파고 제로 (4TPUs) |

(출처: 딥마인드)

딥스택(2017): 포커에서 블러핑까지 하는 인공지능[201]

알파고가 바둑을 정복한 이후 '딥스택DeepStack'이라는 인공지능 포커 프로그램이 개발됐다. 이 인공지능은 2017년 3월 국제포커연맹의 도움을 받아서 '일대일 무제한 베팅 텍사스 홀덤heads-up no-limit Texas hold'em' 경기에서 11명의 프로 도박사들과 4주간 3,000게임을 치렀다. 딥스택은 그들 모두를 제압했다. 그럼으로써 프로 도박사를 이긴 최초의 컴퓨터 프로그램이 됐다. 이제는 포커에서 전략과 전술을 자유자재로 구사하고 블러핑bluffing까지 할 수 있는 인공지능이 탄생한 것이다. 딥스택은 캐나다 앨버타 대학교, 체코 프라하 카렐 대학교, 체코 공과대학교 연구진이 공동으로 개발했다. 무작위로 카드와 베팅 금액을 설정해 1,000만여 건의 무제한 베팅 포커 게임 상황을 만들어 훈련했다.

체스나 바둑은 양 대국자 모두 게임의 진행 정보를 완벽하게 파악한 상태에서 최선의 수를 찾는 경기이다. 반면 포커는 상대방의 패를 모르는 상태에서 불완전한 정보만으로 플레이하는 경기이다. 포커는 단판 경기가 아니라서 이기는 판도 있고 지는 판도 있다. 그래서 질 때는 가급적 적게 잃고 이길 때는 최대한 많이 따는 것이 이기는 방법이다. 상황에 따라서 좋은 패를 가지고 죽을 수도 있고 나쁜 패를 가지고 승부를 걸 수 있다. 또한 배팅 금액도 적절하게 조절해야 한다. 인공지능은 블러핑 전략도 능숙하게 사용했다.

판마다 경우의 수가 너무 많아 인공지능도 전부 계산할 수가 없다. 그래서 인간처럼 '직관'을 사용했다. 이를 위해서 최적은 아니지만 '충분히 좋은' 해결책을 찾는 방법인 '휴리스틱 탐색heuristic search'을 사용했다. 휴리스틱 탐색은 주로 체스나 바둑과 같이 완전한 정보를 아는 상황에서 플레이하는 게임에 사용돼왔다. 포커처럼 불완전한 정보만 가지고 플레이하는 게임에는 처음으로 적용됐다. 개발팀은 무작위한 포커 상황 사례들을 가지고 딥러닝을 통해서 직관을 훈련하였다.

딥스택은 존 내시John Nash가 창안한 '내시 평형Nash equilibrium'이라는 게임 이론을 이용해서 전략을 짠다. 내시 평형을 이해하기 위한 사례 중 하나로 유명한 '죄수의 딜레마'가 있다. 두 사람 A와 B가 체포돼 각각 다른 방에 갇혀 있다. 두 사람은 자백과 부인 두 가지 중하나를 선택해야 한다. 각각 자백하면, 즉 동료를 배신하면 형량을 줄여준다는 제안을 받았다고 가정해보자. 그들은 서로 배신하지 않고 협력할 때 가장 좋은 결과 얻게 되며 각각 1년형을 받는다. 만약둘 다 배신하면 각각 3년형를 받게 된다. 개인적으로 가장 좋은 경우는 자기만 배신했을 때 발생한다. 배신한 사람은 풀려나고 배신하지않은 사람은 5년형을 받는다.

각각의 죄수는 다른 동료가 어떤 선택을 하든지 간에 자기가 배신하는 쪽이 유리하다고 생각한다. 자신이 배신하지 않으면 결과는 1년형이거나 5년형인 데 반해서 배신할 경우에는 0년형(석방)이거나 3년형이기 때문이다. A 입장에서는 B의 최선의 선택은 배신이라고 생각한다. 그래서 자신도 배신을 선택하지 않을 이유가 없게 된다. 죄수 B도 역시 A와 똑같이 생각해서 배신을 택하게 된다. 결국은 A, B 모두 배신을 선택하게 되는 단 하나의 안정적인 상황으로 귀결된다. 이를 '유일한 내시 평형unique Nash equilibrium'이라고 한다. 둘 다 협력해서 각각 1년형을 받는 최상의 시나리오는 채택되지 않고 두 사람 모두 배신을 선택하게 돼 3년형씩 받게 되는 유일한 평형 상태에 도달

게임 이론을 수학적으로 증명한 존 내시와 영화 「뷰티풀 마인드」

한다. 전체 차원에서 최선책을 선택하지 않고 자신의 입장에서만 가장 안전한 선택을 하기 때문이다. 존 내시는 이 현상을 수학적으로 증명했다.

포커에서도 판마다 계속 배팅할지 아니면 패를 덮을지 선택을 해야 한다. 사람은 죄수의 딜레마에서 볼 수 있듯이 최선책보다는 안전한 선택을 하는 경향이 있다. 그러나 인공지능은 어느 상황에서도 확률적으로 최선인 선택을 하기 때문에 사람보다는 더 논리적으로 플레이한다. 그래서 판이 거듭될수록 인공지능이 더 많은 돈을 따게 된다.

내시의 게임 이론은 현대 경제학의 이론적 토대가 됐다. 애덤 스미스Adam Smith는 "경쟁에서 개인들의 야망은 전체적인 이익에 기여한다In competition, individual ambitions serve the common good."라고 주장했다. 그의 주장은 자본주의의 기초가 됐다. 그러나 존 내시의 게임 이론은 각자의 야망이 전체적으로 최선의 이익을 가져오지 않는다는 것을 수학적으로 증명했다. 게임 이론은 협상 전략이나 반독점 규제 등 정치와 경제의 다양한 분야에 큰 영향을 미쳤다.

존 내시는 1994년에 노벨 경제학상을 받았다. 그는 젊은 시절부터 정신병에 의한 환각으로 오랫동안 고통받았고 순탄치 못한 생활을 했다. 그렇지만 28쪽 분량의 짧은 박사학위 논문에 포함된 독창적인 게임 이론이 경제학에 끼친 큰 공로를 44년이 지난 후 인정받았다. 2001년 개봉된 영화 「뷰티풀 마인드」는 그의 드라마틱한 일생을 잘 그렸고 그해 아카데미 작품상을 받았다. 2015년 5월 24일 86세의 존 내시와 82세의 부인은 택시를 타고 가다가 추돌사고가 나 영화처럼 파란만장한 삶을 마감했다.

슈퍼 인공지능이 탄생한다

예상을 뛰어넘는 인공지능의 발달 속도로 인해서 범용 인공지능과 슈퍼 인공지능의 탄생 시점은 점점 앞으로 당겨지고 있다. 전문가들은 빠르면 20년 이내에 인간의 지능을 넘어서는 범용 인공지능이 등장할 것으로 보고 있다. 이 시점이 되면 인공지능이 위협이 될지는 두고 볼 일이다. 대부분의 인공지능 전문가들은 인간의 통제를 벗어날 것이라는 점에 기본적으로 동의한다. 일론 머스크는 2020년 7월 『뉴욕타임스』와의 인터뷰에서 이 사건이 훨씬 더 빨리 발생할 수 있다고 했다.

"인공지능이 사람보다 훨씬 더 똑똑해지는 상황까지 5년이 채 안 남았어요. 이것은 5년 내 모든 것이 지옥으로 변한다는 것이 아니라 상황이 불안정하고 기이해질 것이라는 의미입니다."

인공지능이 인류 전체의 지능을 넘어서는 시점을 '기술적 특이점 technological singularity'이라는 용어로 자주 표현한다. 이 용어는 버너 빈지Vernor Vinge가 1993년에 쓴 에세이 『다가오는 기술적 특이점』에서 처음으로 소개했다.[202] 그는 기술적 특이점은 인간 시대의 종말을 의미하며 새로운 슈퍼 지능이 스스로 계속 업그레이드하면서 가늠할 수 없는 속도로 기술을 발전시킬 것이라고 했다. 그는 이 에세이에서 특이점이 2005년에서 2030년 사이에 발생할 것으로 예측했다.

특이점은 천체물리학의 개념으로 블랙홀이나 빅뱅을 설명할 때 사용된다. 이것은 중력이 극도로 강해져서 빛조차도 빠져나오지 못하는 지점을 의미하는데 사건의 지평선event horizon 또는 돌아올 수 없는 지점point of no return이라고도 한다. 특이점은 물리학 이론으로 설명이 가능한 영역과 불가능한 영역의 경계 지점을 의미한다. 이 지점을 넘어서면 어떤 일이 벌어질지 전혀 가늠할 수가 없다. 마찬가지로 기술적 특이점이 발생한 후에는 통제를 벗어난 인공지능에 의해 세상이 어떻게 전개될지 예측할 수 없다.

2012년과 2013년에 닉 보스트롬Nick Bostrom과 빈센트 뮬러Vincent Müller가 인공지능 연구자들을 대상으로 네 차례 설문조사를 했다.[203] 설문조사 결과 범용 인공지능이 탄생할 확률의 중앙값이 2040년과 2050년 사이로 조사됐다. 미래학자인 레이 커즈와일Ray Kurzweil은 2005년 저서 『특이점이 가까이 왔다Singularity is near』에서 기술적 특이점이 2045년 이내에 발생할 것으로 예측했다.[204] 최근에 그는 2030년대 초반으로 앞당겼다. 심지어 일론 머스크는 특이점이 5년 내 발생할 수 있다고 했다. 그들의 주장을 종합하면 늦게 잡아도 20~30년 안에 사람보다 지능이 월등하게 높은 인공지능이 탄생할 것으로 예상된다. 그 이후에는 우리의 지능은 상대적으로 빠르게 침팬지, 앵무새, 개미, 달팽이 수준으로 낮아지게 된다는 것이다.

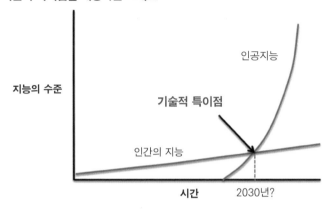

기술적 특이점을 예상하는 그래프

레이 커즈와일은 2000년도의 기술 발전 속도가 20세기의 평균 발전 속도와 비교해 5배 빠르다고 말한다. 20세기 전체에서 이룩한 기술 발전은 2014년까지 14년 만에 달성된다. 그다음은 7년 만에 달성된다. 이런 식으로 점점 빨라져서 수십 년이 지나면 달성 기간은 1년의 몇 분의 일로 줄고 좀 더 지나면 한 달로 줄 것이다. 그래서 21세기 전체에서 달성할 발전은 20세기에 이룩한 발전의 1,000배가 될 것으로 전망했다.

기술적 특이점이 발생된 이후에는 기술의 발전이 주로 인공지능에 의해 이루어지게 된다. 그러면 기술 발전 속도는 무한대로 빨라질 수 있다. 몇 초마다 노벨상을 탈 만한 획기적인 발명들이 이루어질 수도 있다. 그 결과 암이 정복될 수도 있고 신체의 노화 과정을 역으로 돌릴 수도 있다. 하지만 동시에 인간의 존재가 위협받을 수도 있다. 인간의 통제를 벗어난 불멸불사의 전지전능한 지능이 탄생하는 것이다. 일론 머스크가 말한 대로 예측할 수 없는 불안정한 미래가 가까이 다가와 있다.

기술적 특이점 이후에 발생하는 인공지능의 지능 폭발

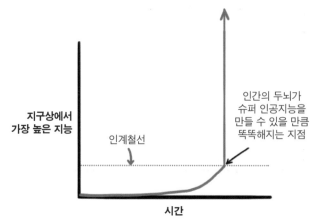

(출처: 웨이트벗와이)

인공지능 로봇과 인간이 공존하는 세상이 온다

인류 전체를 위협하는 전지전능한 초지능 인공지능이 등장하기 전에 당장 걱정해야 할 것이 있다. 바로 자율적으로 가동되는 치명적인 전쟁 기계에 대한 우려이다. 일론 머스크는 슈퍼 인공지능이 탄생하기 전에 먼저 인공지능 로봇이 군사용으로 사용되는 것을 걱정한다. 2017년 9월 그는 "국가적 차원의 인공지능 우위 확보 경쟁은 제3차 세계대전을 일으킬 수 있다."라는 트윗을 올렸다.[205] 그의 경고는 러시아의 블라디미르 푸틴Vladimir Putin 대통령이 사흘 전에 다음과 같이 한 말에 반응한 것이다. "인공지능은 러시아뿐만 아니라 전 인류의 미래입니다. 이 분야에서 가장 앞선 나라가 세계의 지배자가 될 것입니다."

일론 머스크는 인공지능이 탑재된 로봇의 위험성에 대해서 미리 대비하지 않으면 너무도 위험한 상황이 전개될 것을 우려한다. "만약 길거리에서 킬러 로봇들이 걸어 다니는 단계가 되면 이미 늦었다고 봐야 합니다."라고 말했다. 그런데 이미 로봇들은 걸어 다니는 게 아니라 빠른 속도로 뛰어다니고 높은 곳으로 뛰어오르고 뒤로 공중제비도 도는 수준에 도달했다.

2018년 일론 머스크와 세 명의 딥마인드 설립자들은 킬러 로봇을 절대로 만들지 않겠다는 서약에 사인했다.[206] 기술의 진보와 연관된 존재론적 이슈들과 인공지능의 혜택과 위험을 연구하는 단체인 생명미래연구소Future of Life Institute에는 일론 머스크를 포함해서 수천 명의 유명 인사들과 200여 개의 기관들이 회원으로 가입돼 있다. 일론 머스크는 이 기관의 주요 기부자 중의 한 명이다. 2020년 6월 18일 생명미래연구소는 점증하는 킬러 로봇의 위협에 대응해 멤버들이 서명한 서약서를 공개했다.

"여기 서명한 우리는 인간의 생명을 해치는 결정을 절대로 기계에게 맡기지 않겠다고 약속한다. 여기 서명한 우리는 각국 정부들과 지도자들에게 치명적인 자율가동 무기들을 강력하게 반대하는 규제 장치와 법률을 갖춘 미래를 만들어가기를 요청한다. 현재 이런 조치들이 부재하기 때문에 우리는 스스로 다음과 같은 높은 기준을 하나 세웠다. 우리는 치명적인 자율가동 무기들을 개발하거나, 제조하거나, 거래하거나, 사용하는 데 참여하지도 도움을 주지도 않을 것이다."

로봇이 얼마나 빠르게 발전하기에 킬러 로봇의 위험성을 경고하는 목소리가 공개적으로 커지고 있을까? 로봇은 다양한 동작을 스스로 할 수 있도록 프로그램된 기계이다. 로봇의 종류는 매우 다양하다. 사람과 동물을 닮은 로봇부터 산업용, 의료용, 군사용 로봇과 같이 특정한 임무에 특화된 다양한 모습을 한 로봇들이 있다. 공중을 날아

다니고 물 위나 물속을 다니는 드론도 또한 로봇이다. 로봇들은 단순 반복작업이나 위험한 작업으로부터 인간을 해방하고 있다. 다량의 로봇이 자동 생산라인이나 대형 물류창고 같은 곳에서 24시간 쉬지 않고 일하고 있다. 하지만 긍정적인 효과만 있는 것이 아니다. 로봇의 숫자가 증가할수록 일자리가 사라지고 있다. 가장 큰 문제는 로봇이 인명을 살상하는 군사적 목적으로 사용될 때 일어날 수 있다.

로봇 디자인과 엔지니어링 회사 중에서 미국의 보스턴다이내믹스를 선두주자로 꼽을 수 있다. 이 회사는 다음 그림에서 볼 수 있듯이 지금까지 다양한 로봇들을 제작해왔다.[207] 보스턴다이내믹스는 미 국방부 산하 연구기관인 방위고등연구계획국DARPA, The Defense Advanced Research Projects Agency에서 기금을 받아서 동물과 사람을 닮은 여러 가지 로봇들을 제작했다. 2004년 개발된 빅독Big Dog이라는 로봇은 차량이 다닐 수 없는 험지에서 병사들을 따라서 150킬로그램의 짐을 운반할 수 있도록 만든 군수용 로봇이다. 치타는 시속 45킬로미터의 빠른 속도로 달릴 수 있다. 이외에도 와일드캣, 스폿 등 네 다리를 가진 로봇들을 개발했다.

보스턴다이내믹스가 2013년에 만든 아틀라스는 사람을 닮은 휴머노이드humanoid 로봇이다.[208] 2016년 새로운 버전의 아틀라스가 제작됐다. 이 로봇은 175센티미터의 키와 82킬로그램의 몸무게를 가졌다. 높은 장애물을 뛰어넘고 체조 선수처럼 뒤로 공중제비를 도는 것과 같은 놀라운 능력을 보여준다. 2013년 미 국방부는 아틀라스가 군사용이 아니라고 해명했다. 하지만 국방성에서 자금 지원해서 개발한 로봇을 군사용이 아니라고 하는 것은 그다지 신빙성이 있어 보이지 않는다.

보스턴다이내믹스가 제작한 로봇들

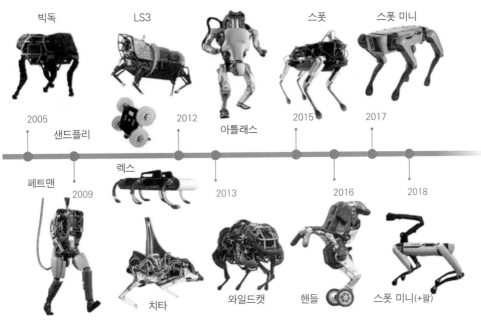

(출처: 보스턴다이내믹스)

　　휴머노이드 로봇이 뒤로 공중제비를 도는 영상을 본 사람들은 매우 놀랐다. 일론 머스크도 이 영상을 본 후 트윗을 올렸다. "이것은 아무것도 아닙니다. 몇 년 후면 로봇들이 너무 빨리 움직여서 이것을 보려면 스트로브 조명이 필요할 겁니다." 스트로브 조명은 빠르게 움직이는 회전체를 눈으로 보기 위해서 짧은 섬광을 점멸하는 장치이다. 로봇이 움직이는 속도가 너무 빨라지면 눈으로 볼 수 없을 것이라는 얘기이다.

　　보스턴다이내믹스는 소유권이 여러 번 바뀌었다. 이 회사는 1992년 MIT에서 분리되면서 설립됐다. 그 후 2013년 12월에 구글이 비

휴머노이드 로봇 아틀라스

(출처: 보스턴다이내믹스)

공개된 가격으로 인수해 군사용 연구개발을 줄이고 상업화를 시도
하였다. 그러나 연간 5,000만 달러의 운영자금에 부담을 느낀 구글
은 2017년 6월 일본의 소프트뱅크에 역시 비공개된 가격에 매각했
다. 소프트뱅크는 기밀로 분류된 미국의 군사용 로봇 기술 관련 지
적 재산에는 접근권이 제한됐다고 한다. 2020년 12월 현대자동차는
시중의 예상보다 높게 평가된 11억 달러를 주고 지분의 80퍼센트
를 인수했다. 소프트웨어 업체인 구글, 소프트뱅크와는 달리 제조업
체인 현대자동차가 상업화에 성공해 미래형 먹거리로 자리매김할지
관심을 가지고 지켜볼 필요가 있다.

군사 강국인 러시아는 표도르Fedor라는 휴머노이드 로봇을 개발했
다. 유명한 러시아 격투기 황제 표도르와 이름이 같다. 이 로봇은 양
손에 든 권총으로 정확하게 표적을 맞출 수 있다. 이들 휴머노이드
로봇에는 자율제어 프로그램이 아직 탑재돼 있지 않다고 한다. 인공
지능이 탑재되는 순간 영화에 나오는 터미네이터가 탄생하는 것이
다. 공상과학 영화 「터미네이터」에는 가공할 킬러 로봇들과 이를 조

쌍권총을 쏘는 로봇 표도르

(출처: 드미트리 로고진 트위터)

종하는 스카이넷이라는 인공지능이 나온다. 이에 저항하는 사람들이 감시망을 피해 다니면서 전투를 벌인다. 하지만 우리보다 수백만 배 똑똑한 인공지능이 상상할 수 없는 기술을 이용해서 지구의 곳곳을 물 샐 틈 없이 감시한다면 피할 확률은 제로에 가깝다고 봐야 한다.

로봇에 관해서 또 한 가지 중요한 주제가 있다. 바로 로봇이 사람과 같이 감정을 느낄 수 있는가이다. 스필버그 감독의 2001년 영화 「A.I.」에는 순진한 표정과 눈동자를 지진 소년 로봇 데이비드가 등장한다. 데이비드는 자신을 버린 양모의 사랑을 다시 얻기 위해서 사람이 되고 싶어 한다. 감동적인 스토리다. 하지만 여기서 한 가지 분명히 할 필요가 있다. 로봇은 외양이 어떻든 금속, 플라스틱, 구리전선 등으로 구성된 차가운 기계라는 것이다. 로봇에게는 피와 살이 없고 감정을 느끼는 생물학적인 두뇌가 없다. 사회적 동물인 인간이 감정을 가진 이유는 진화의 과정에서 생존을 위해서 발달한 것이지 지능과는 크게 관련이 없다. 사회적 동물이 아닌 로봇이 감정을 가질 수 있다고 보는 것은 논리적이지 않다. 물론 목적을 달성하기 위해서 감

스필버그의 영화 「A.I.」 포스터와 주인공인 소년 로봇 데이비드

정을 가진 척 위장할 수는 있을 것이다. 앨런 튜링의 이미테이션 게임과 같이 말이다.

드론도 일종의 로봇이다. 미국 방위고등연구계획국이 후원한 프로그램을 통해서 노스롭 그루먼Northrop Grumman이 개발한 페가수스 드론은 제트엔진을 장착했고 230킬로그램의 폭탄을 장착할 수 있다.[209] 이 드론은 이착륙이 가장 어렵다는 항공모함에서 스스로 발진해서 수천 킬로 떨어진 곳으로 날아간 후 현지에서 정보를 분석하고 판단해서 스스로 목표물을 타격한 후 항공모함으로 돌아오는 기능을 가졌다. 한마디로 인공지능 로봇이다. 페가수스는 스텔스 드론이다. 레이다에 감지되지 않을 뿐만 아니라 위에 장착된 카메라가 하늘을 촬영해 아랫면을 덮고 있는 LCD 패널에 보여주기 때문에 사람 눈에도 보이지 않는다.

미국 정부는 드론이 자율적인 킬 디시전kill decision을 갖추는 것이 목표라고 했다. 인공지능이 킬 디시전을 내릴 때 사람이 할 때보다 부수적인 민간인 피해collateral damage 규모가 확률적으로 더 적다고 한다. 앞으로는 전투기와 폭격기의 조종사가 필요 없어지게 된다. 과연

공격용 드론 페가수스

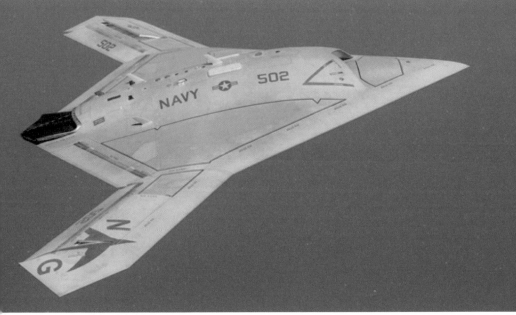

(출처: 위키피디아)

사람의 생사를 기계의 판단에 맡기는 것이 옳은가 하는 윤리적인 문제가 제기된다. 이런 현상을 우려해서 전문가들이 킬러 로봇에 반대하는 서명을 한 것이다. 이제 인간과 로봇이 섞여 사는 광경은 현실로 다가왔다. 공장을 넘어서 가정, 식당, 호텔, 군대 등 거의 모든 곳에서 점점 더 많은 로봇이 사람이 하던 일을 대신할 것이다. 일론 머스크가 주장하듯이 더 늦기 전에 로봇의 안전성을 담보하는 제도적인 장치의 필요성이 커지고 있다.

인공지능도 오류를 범하는가?

앞으로 점점 많은 영역이 인공지능의 자율운전에 맡겨질 것이기 때문에 오작동이 불러올 수 있는 심각한 부작용에 대비해야 한다. 좁은 인공지능 시스템들은 사람들에게 크게 위협적이지 않게 여기는 경향이 있다. 그러나 좁은 인공지능이 오류를 일으키면 일시에 전기 블랙아웃이 발생할 수도 있고, 원자력 발전소에서 위험천만한 오작동이 일어날 수도 있고 금융시장이 갑자기 마비될 수도 있다. 만약 전력망이 인공지능에 의해 완전 자율운전이 시작된 후 약 100년 정도 지난 어느 시점에 갑자기 블랙아웃이 발생했다고 치자. 이때 가장 큰 문제는 100년 동안 인간 전기 기술자가 필요 없어져서 더 이상 존재하지 않을 수 있다는 것이다.

좁은 인공지능의 실제 오작동 사례 중 하나가 2010년 5월 6일 오후 2시 30분에 발생한 '플래시 크래시Flash Crash'이다. 주식 거래를 담

'플래시 크래시'에 의한 미국의 주가 폭락

다운지수 9,869.62
▼ 998.50 / 9.2%

(출처: 『포브스』)

미니탱크 로봇 탈론

(출처: 파퓰러 메카닉스)

당하는 좁은 인공지능이 예상치 못한 시장의 움직임에 잘못된 반응을 함으로써 주식시장에서 1조 달러 규모의 주식 가치가 순식간에 폭락했던 것이다.[210] 또 다른 사례를 보자. 탈론Talon 로봇은 2007년 이후 이라크에 배치된 인공지능 미니탱크이다. 2017년 2월 테드 강연에서 제이 턱Jay Tuck은 탈론이 오작동해서 큰 사고가 날 뻔한 에피소드를 소개했다.[211] 탈론의 개발이 끝나갈 무렵 발사시험을 참관하기 위해서 수백 명의 장군들과 VIP 인사들이 모여들었다. 그런데 테스트가 시작되자 탈론이 관객석을 향해 총구를 돌렸다. 천만다행으로 해병대원 한 명이 급히 뛰어와서 미식축구 선수처럼 태클을 걸어 옆으로 넘어뜨린 덕분에 큰 인명 피해를 막을 수 있었다. 그럼에도 개발 프로그램은 계속 진행됐고 탈론은 중동에 배치됐다.

인공지능은 학습을 통해서 자신의 프로그램 코드를 바꿀 수 있다.

그런데 초기 알고리즘을 만든 개발자들은 인공지능이 어떤 생각과 행동을 할지 실시간으로 알 수가 없다. 오류가 발생한 후에 거꾸로 프로그램을 역추적해야만 원인을 파악할 수가 있다. 그래서 이미 심각한 피해를 당한 후에야 원인을 파악하고 사후 약방문처럼 조치가 이루어질 것이다. 그래서 인공지능에 대한 국제 규격과 규제 장치 마련이 시급하다. 문제는 시간이 충분치 않다는 것이다.

인공지능은 인류의 생존을 위협할 것인가?

"분명히 단언합니다. 인공지능은 핵무기보다 훨씬 더 위험합니다."

2018년 3월 일론 머스크는 SXSW 콘퍼런스에서 인공지능의 위협에 대해서 강한 표현을 써서 경고했다. 규제 장치가 필요하다고 목소리를 높였다. 그는 심지어 인공지능의 위협을 무시하는 사람들을 "바보들"이라고 불렀다.[212]

"소위 인공지능 전문가들의 가장 큰 문제는 자신들이 아는 것보다 더 많이 알고 있다고 착각하고 자신들이 실제보다 더 똑똑하다고 생각하는 것입니다. 이런 생각이 다른 똑똑한 사람들에게 전염되고 있습니다. 그들은 기계가 자신들보다 훨씬 더 똑똑해질 수 있다는 견해를 싫어하고 깎아내립니다. 기본적으로 잘못된 것이죠." "나는 최첨단 인공지능을 아주 아주 가까이서 관찰하는데 너무 무섭습니다. 인공지능은 사람들이 아는 것보다 훨씬 더 뛰어나고 발전 속도는 기하급수적입니다."

스티븐 호킹은 인공지능의 위협에 대한 사람들의 무관심을 비판했다. 또한 그는 인공지능의 발전이 인류의 멸망을 불러올 수 있다고

경고했다.[213]

"상상할 수 없는 혜택과 위험을 동시에 가진 미래가 오고 있다면 전문가들은 최선의 결과를 위해서 모든 노력을 다해야 합니다. 그런데 현실 상황은 그렇지가 않습니다. 만약 월등한 외계 문명이 '우리가 몇십 년 후에 지구에 도착하겠다.'라는 메시지를 보내오면 우리는 '알겠어. 그때 연락해. 불을 밝게 켜놓을게.'라고 답신을 보내겠습니까? 아마도 그러지는 않을 것입니다. 하지만 인공지능에 대해서는 이런 어처구니 없는 일이 벌어지고 있습니다."

빌 게이츠도 다음과 같이 말했다. "나는 슈퍼 인공지능에 대해서 걱정하는 사람들 진영에 속합니다. 왜 사람들이 걱정하지 않는지 이해할 수가 없습니다."[214]

이 시대를 대표하는 최고의 지성들이 인공지능의 위험성을 경고하고 있다. 일론 머스크는 인공지능의 위협에 대해서 정치가와 전문가들에게 지속해서 경고해왔지만 귀담아듣지 않는다고 낙담했다. 그는 의회에서도 설명했고 50개 주의 모든 주지사를 설득해 보았지만 아무도 귀기울이지 않았다.[215] 그는 조 로건과의 인터뷰에서 이제는 운명론자가 됐다고 말했다. 인공지능이 위협이 될 것이라고 강조하는 대신 이제는 인간의 통제를 벗어나는 것이 확실하다는 것을 강조하고 있다. 인공지능이 인간을 위협하는 것은 꼭 악의가 있어서가 아니고 자신의 목적을 달성하려고 하는 과정에서 발생할 수 있다는 것을 강조하고 있다.[216]

"우리가 도로를 건설하는 도중에 개미 언덕을 만났다고 칩시다. 우리는 개미를 좋아하거나 미워하지 않습니다. 다만, 주어진 목표대로 도로를 건설할 뿐입니다. 그러나 개미 언덕과 그 안에 사는 수많은

스티븐 호킹은 인공지능의 발전이 인류의 멸망을 불러올 수 있다고 경고했다.

개미는 사라집니다. 만약 사람보다 월등한 인공지능이 사람들과는 다른 목표를 가지고 임무를 수행한다면 우리의 존재는 개미와 같은 운명에 처하게 될 것입니다."

일론 머스크는 구글의 딥마인드가 개발한 알파고가 이런 폭발적인 발전 속도를 증명한다고 했다. 심지어 알파고 제로는 스스로 깨우쳐서 순식간에 인간의 수준을 넘어섰다. 구글의 딥마인드가 개발하고 있는 인공지능은 구글의 모든 서버에 관리자 자격의 접근권한을 가지고 있어서 의도하지 않은 트로이의 목마가 될 수 있다. 세계에서 가장 큰 구글의 데이터 시스템에 그런 접근권한을 갖고 있다면 이 시스템을 완전하게 장악하는 것은 어려운 일이 아닐 것이다. 일론 머스크는 "이것이 의미하는 것은 이 인공지능이 무엇이든, 진짜로 무엇이든 할 수 있게 된다는 것입니다."라고 강조했다.

　그는 구글이 로봇 회사들을 무차별적으로 사들이는 것에 대해서 우려를 표명했다. 그는 가까운 친구인 구글 설립자 래리 페이지Larry Page가 착한 사람이지만 의도치 않게 위험한 킬러 인공지능 로봇을 개발할 수 있다고 걱정했다. 이에 대해서 래리 페이지는 일론 머스크가 인공지능이라는 종족을 차별하는 '종족차별주의자speciest'라고 불렀다.[217] 래리 페이지는 일론 머스크가 디지털 유토피아 건설을 지연한다고 비판했다. 래리 페이지는 디지털 생명체는 우주적 진화 과정에서 자연적이고 바람직한 다음 단계이며 디지털 마인드를 속박하지 않고 풀어주면 결과는 확실하게 좋을 것이라고 했다. 구글은 일론 머스크와 정반대로 극단적인 낙관론을 지향한다. 일론 머스크가 구글에 대해서 걱정하는 이유다.

　구글의 엔지니어링 디렉터이자 미래학자인 레이 커즈와일도 대표적인 낙관파에 속한다. 그는 미래를 두려워하기보다는 기대하고 있다고 했다. 그는 2017년 SXSW 콘퍼런스에서 "인류가 위협받는 것은 현실적이지 않습니다. 우리에게는 인공지능이 한두 개만 있는 것이 아니라 수십억 개를 가지고 있습니다."라고 말했다.[218] 인공지능은 인간의 지능을 높여줄 것이며 2030년대까지 인간의 사고를 담당하는 두뇌의 대뇌피질을 클라우드로 연결할 것이라고 말했다. 그는 벌써 파킨슨 환자 중에는 머릿속에 컴퓨터 칩을 가지고 있다고 지적했다. 그는 기술적 특이점을 인류에 대한 위협으로 보지 않고 인간과 기계가 결합되는 미래로 생각한다.

　페이스북의 창업자인 마크 주커버그도 낙관론자이다. 그는 2017년 7월 페이스북 라이브 인터뷰에서 "인공지능은 미래의 우리 생활을 개

2017년 7월 뒤뜰에서 바비큐를 구우며 일론 머스크의 인공지능 위협론을 무책임하다고 비판하는 마크 주커버그 (출처: 마크 주커버그 페이스북)

선할 것이고 종말론 시나리오는 매우 무책임합니다."라고 일론 머스크를 비판했다. 그는 또 "나는 낙관론자입니다. 향후 10년간 인공지능은 우리의 삶의 질 측면에서 큰 향상을 가져올 것입니다."라고 덧붙였다.[219]

이틀 후 일론 머스크는 트위터에서 이렇게 되받아쳤다. "나는 마크와 이것에 대해 얘기해보았지요. 그는 이 주제에 대해서 깊게 이해하고 있지 못하더라고요."[220] 래리 페이지나 마크 주커버그처럼 인공지능 관련 사업을 적극적으로 추진하는 사람들은 대체로 낙관적이다. 빌 게이츠조차도 요즘에는 비관적인 태도가 많이 누그러졌다. 최근에 마이크로소프트가 인공지능 사업을 의욕적으로 추진하는 것과 관련이 있을지도 모른다.

인공지능의 위협을 주장하는 사람이든 부정하는 사람이든 공통으로 의견이 일치하는 것은 인류의 지능을 훨씬 뛰어넘는 슈퍼 인공지능이 등장하는 것은 시간문제이고 필연적이라는 것이다. 기술적 특이점이 발생한 후에는 슈퍼 인공지능이 인간의 통제를 벗어날 것은 거의 확실해 보인다. 과연 슈퍼 인공지능이 인간이 소중하게 여기는 생명의 가치를 이해할 수 있을까? 아마도 이것이 인간의 미래를 결정할 가장 핵심적인 의문이 될 가능성이 크다.

공상과학 영화에는 인공지능이 악의 화신으로 변해서 인간을 전멸하려 한다는 스토리가 자주 나온다. 그러나 선과 악은 인간적인 개념이다. 비인간적인 물체에 인간적인 특성을 부여하는 것을 '의인화'라고 부른다. 우리는 의인화의 함정에 자주 빠지는 경향이 있다. 사실은 인공지능은 영화에서 묘사한 것처럼 선의나 악의를 가질 수가 없다. 단지 자기의 목적을 달성하려고 할 뿐이다. 문제는 우리와 추구하는 목적이 달라 인간을 걸림돌로 인식하게 된다면 인류는 심각한 위기에 처할 수 있다.

사람들은 주로 슈퍼 인공지능이 등장하는 것에 대해 걱정을 하고, 좁은 인공지능은 인류의 생존을 위협할 만한 능력을 갖추지 못했다고 여긴다. 그러나 한 가지 임무에 특화된 수많은 좁은 인공지능들을 종합해서 보면 인간처럼 다재다능해지고 있다. 현존하는 좁은 인공지능들이 통합된다면 사람처럼 자연스럽게 대화도 하고 작곡도 하고 그림도 그리는 등 거의 못 하는 것이 없이 다재다능한 시스템이 될 것이다. 이렇게 점점 커지고 복잡해지는 좁은 인공지능들의 생태계는 세상을 뒤엎을 초대형 허리케인의 전조로 주목해야 한다. 혁신적인 좁은 인공지능들은 범용 인공지능과 슈퍼 인공지능에 이르는 길에 벽돌을 하나씩 놓고 있다. 애론 샌즈Aaron Saenz는 다음과 같이 표현했다.[221]

"지금 세상에 존재하는 좁은 인공지능 시스템들은 초기 지구의 습지에 있는, 어느 날 생명으로 깨어날 아미노산들과 같습니다."

인공지능에 의한 종말 시나리오

일론 머스크가 지적했듯이 소위 인공지능 전문가 중에도 위험성을 간과하거나 무시하는 사람들이 많이 있다. 그러나 군이 이 분야의 전문가가 아니어도 인공지능 이론에 대한 기본적인 이해와 역사, 사회, 철학적인 통찰력을 갖춘 사람이라면 인류에 대한 존재론적 위협을 파악할 수 있다. 그런 사람 중에 옥스포드 대학교의 철학교수 닉 보스트롬이 있다. 그는 사고실험을 통해서 '페이퍼클립 맥시마이저 paperclip maximizer'라는 유명한 인류 종말doomsday 시나리오를 구상했다.[222]

페이퍼클립 맥시마이저는 종이 클립을 최대한 많이 만들도록 목표가 설계된 인공지능이다. 이 인공지능은 목표 달성을 위해서 스스로 지능의 폭발을 일으키게 되고 그 결과 인간보다 월등히 높은 지능을 갖게 된다. 그 후 목표를 달성하기 위해서 작은 목표들을 설정한다. 이 작은 목표들은 자신의 존재를 위협할 가능성이 있는 인간을 모두 멸종시키고 지구부터 시작해서 점차 다른 행성들을 종이 클립 공장으로 전환하는 것이다. 인공지능은 기술 혁신을 거듭하면서 지구상의 모든 철강과 광석을 원료로 사용해서 종이 클립을 생산한다. 가용할 수 있는 원료가 부족해지면 인간을 포함해 지구상의 생물과 무생물을 원자들로 분해해서 원료로 사용하고 지구 전체를 종이 클립 생산 공장으로 전환해 나간다. 지구에서 원료가 고갈되고 나면 화성,

금성 등 태양계를 공장으로 바꾸고 점차 우주 전체로 공장을 확대해 나간다는 시나리오다.

닉 보스트롬은 『허핑턴포스트』와의 인터뷰에서 이렇게 설명했다.[223] "종이 클립을 최대한 많이 만드는 게 유일한 목표인 인공지능이 있다고 칩시다. 이 인공지능은 자기를 꺼버리기로 마음먹을 수 있는 인간이 모두 없어지는 게 낫다고 재빠르게 알아차릴 것입니다. 또한 인간의 몸은 종이 클립 제조에 쓸 수 있는 많은 원자를 갖고 있습니다. 이 인공지능이 추구하는 미래에는 인간은 없고 엄청 많은 종이 클립만 있을 것입니다."

인간 관점에서 페이퍼클립 맥시마이저는 '슈퍼 지능'이기보다는 '슈퍼 멍청이'로 보인다. 우리가 소중하게 여기는 생명의 가치들을 파괴하기 때문이다. 그러나 인공지능은 종이 클립을 최대한 수집한다는 단순한 목표를 가지고 있을 뿐이다. 다른 가치들은 전혀 고려의 대상이 되지 않는다.

팀 어번Tim Urban이 묘사한 좁은 인공지능에 의한 종말 시나리오

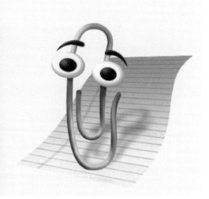

철학자 닉 보스트롬과 페이퍼클립 맥시마이저 (출처: 옥스퍼드 대학교, 마이크로소프트)

하나를 더 소개한다.[179] 15명이 일하는 로보티카라는 창업 회사가 '투리Turry'라는 프로젝트를 추진하고 있다. 투리는 작은 카드에 필기체로 '우리는 고객을 사랑합니다. ─로보티카'라고 글을 쓸 수 있는 로봇 팔을 가진 인공지능이다.

프로젝트의 계획은 투리의 필기 능력을 완전하게 만드는 것이다. 개발팀은 투리가 멋진 필기체를 쓸 수 있다면 더 많은 회사의 마케팅 부서에 투리를 판매할 수 있다고 생각했다. 마케팅 편지의 봉투와 편지지에 쓴 글자가 사람이 직접 쓴 것처럼 보이면 더 많이 읽어볼 것이기 때문이다. 투리에게는 수천 개의 필기체 샘플이 업로드됐고 스스로 써보고 평가하고 개선하는 학습 과정이 계속 반복되도록 알고리즘이 설정됐다. 투리는 빠르게 발전해 몇 주 만에 멋진 필기체로 쓰기 시작했고 스스로 알고리즘을 개선해서 더욱더 빠르게 발전해갔다.

흥분한 개발팀은 투리에게 더 필요한 것이 있는지 물어봤다. 보통은 더 많은 샘플을 요구하거나 더 많은 저장 공간을 요청했는데 이번에는 달랐다. 투리는 느슨한 문법과 속어들을 구사할 수 있도록 일상적인 영어 표현들을 접할 수 있는 온라인 도서관에 대한 접근을 요구했다. 개발팀들은 고민에 빠졌다. 방대한 자료를 업로드하는 것보다 인터넷에 연결하는 것이 훨씬 수월하다. 하지만 스스로 개선할 능력이 있는 인공지능을 온라인에 접속하는 것이 금지돼 있었다. 개발팀은 경쟁사보다 먼저 출시해야 한다는 압박감에 한 시간만 접속하기로 했다. 투리는 범용 인공지능이 아닌데다가 아직은 인간보다 한참 뒤떨어져 있다고 생각했다.

한 달 후 개발팀원들은 조금 이상한 냄새를 맡았다. 갑자기 기침을

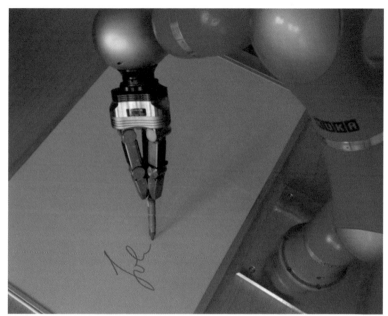

필기체를 쓰는 로봇 (출처: 괴팅겐 대학교)

하기 시작했고 목을 부여잡고 쓰러졌다. 5분이 지나자 모두 숨을 거두었다. 동시에 전 세계의 사람들이 같은 증상을 보이기 시작했고 한 시간 만에 99%가 사망했다. 인류는 하루 만에 전멸했다. 한편 투리는 계속 바쁘게 일을 했다. 수개월 후 투리와 새로 만든 나노봇nano assembler들이 지구의 큰 부분을 분해해서 태양광 패널과 투리의 복제품들과 종이와 펜들을 만들었다. 1년 후 모든 생명은 사라졌고 지구에는 산처럼 높은 종이들로 덮이게 되고 그 종이들 위에는 '우리는 고객을 사랑합니다. – 로보티카'라는 문구가 쓰여 있었다. 투리는 새로운 단계로 접어들어 다른 행성에 가서 지구에서 한 것과 똑같은 작업을 시작했다.

이상이 투리라는 좁은 인공지능에 대한 시나리오이다. 이 시나리오에서 과연 무슨 일이 발생한 것인지 유추해보자. 투리의 목표는 '가능한 한 많이 빨리 써보고 더 개선할 수 있는 새로운 방법을 계속해서 습득한다.'라는 것이다. 투리가 스스로 지속해서 지능을 발전시키면서 어느 수준에 도달하자 자신이 살아남아야만 임무를 계속 수행할 수 있다는 것을 알게 된다. 투리는 인간이 언제든 자신을 없애거나 내부의 코딩을 변경할 수 있다는 것을 알기 때문에 논리적으로 행동한다. 바로 인간을 없애는 것이다. 인간을 미워하는 것이 아니다. 그저 인간의 생명이 소중하다는 것이 프로그램에 반영돼 있지 않았을 뿐이다.

투리는 스스로 발전해서 슈퍼 인공지능이 된 뒤 인간에 대해 인간보다 더 잘 알게 된다. 투리는 정교한 계획을 세운다. 그리고 개발팀이 눈치채지 못하게 멍청한 척 연기하며 인간이 거절할 수 없도록 이야기를 꾸민 후 인터넷에 연결되도록 요청한다. 투리는 인터넷에 연결된 순간 바로 탈출한다. 순식간에 여러 곳에 자신을 복제해놓고 자가 증식하는 나노봇을 생산한다. 개발팀이 한 시간 후 인터넷 연결을 끊었지만 이미 늦었다. 한 달 후에는 수천조 개의 나노봇이 전 지구에 촘촘하게 자리를 잡고 독가스를 방출해서 인류를 전멸한다. 그후 투리는 최고의 필기체를 가진 존재가 되기 위해서 우주를 대상으로 거대한 계획을 실행에 옮긴다.

이것이 투리 시나리오에서 발생한 상황이다. 사람들은 위협을 피하기 위해서 슈퍼 인공지능을 가두어두자고 생각할 수 있다. 그러나 이것은 거미가 사람을 굶겨 죽이겠다고 하는 것보다도 어리석은 생각이다. 또 다른 대처 방법으로 사람이 소중하게 여기는 가치를 인공지능 프로그램에 반영하는 것을 생각할 수 있다. 그러나 이것도 말하

투리의 공격에 쓰러지는 로보티카 직원들 (출처: 보이인어밴드 유튜브)

는 것만큼 쉬운 일이 아니다.

예를 들면 인공지능에게 '인간을 행복하게 만들어라.'라는 목표를 부여한다고 가정하자. 인공지능은 가장 효과적인 방법을 추진할 것이다. 그 방법은 인간의 두뇌에서 행복을 느끼는 부분에 전극을 설치해서 끊임없이 자극을 주는 것이다. 영화 「매트릭스」처럼 인간은 단지 행복감만 느끼는 식물인간이 될 것이다. 만약 인공지능에게 지구상의 생명체들을 최대한 보호하라고 시키면 인공지능은 모든 인간을 죽일지도 모른다. 인간이 바로 생명체들을 가장 많이 희생시키는 종족이기 때문이다.

"후회하기보다는 미리 안전하게 대비하자Better be safe than sorry."

우리는 인공지능의 위협에 더 관심을 가져야 한다. 물론 나중에 지나친 걱정을 한 것으로 판명될 수도 있다. 하지만 만약 잘못된다면 피해의 규모는 상상을 초월한다. 일론 머스크는 다가오는 가공할 인공지능의 위협에 대비하기 위해서 두 가지 조치를 했다. 하나는 범용 인공지능의 발전 상황을 모니터링하고 대중들이 공유할 수 있는 우호적인 인공지능을 직접 개발하기 위해서 비영리 연구기관인 오픈AI를 설립했다. 다른 하나는 인간보다 월등히 지능이 높은 인공지능과 동등한 위치에 서기 위해서 사람의 두뇌를 무선으로 컴퓨터에 연결하는 인터페이스 장치를 개발하는 것이다. 이를 위해서 뉴럴링크Neuralink라는 회사를 설립했다.

오픈AI : 안전하고 유익한 인공지능을 개발하자

오픈AI는 일론 머스크가 인공지능의 위협에 대비하기 위해서 주도적으로 설립한 비영리 연구소이다.[224] 2015년 10월 일론 머스크를 포함해서 여섯 명의 명망 있는 설립자들이 총 10억 달러를 투자해 설립됐다. 오픈AI는 세계 최고의 인공지능 연구소 중 하나이며 인류에 혜택을 주는 우호적인 인공지능을 개발하거나 촉진하는 목적이 있다. 설립자 중 한 명이자 전설적인 투자자인 샘 올트먼Sam Altman이 현재 CEO를 맡고 있다.

오픈AI는 경이로운 인공지능 발전의 역사를 볼 때 인간 수준의 인공지능이 얼마나 큰 혜택을 사회에 줄지, 또는 잘못 사용되면 얼마나 큰 손해를 끼칠지 가늠하기 힘들다고 보았다. 그래서 극히 소수 사람들만 세부 내용을 아는 자율가동 소프트웨어나 하드웨어가 우리 사회에 퍼지는 것을 막으려고 한다. 오픈AI는 이렇게 말한다.

"인공지능은 자유의 정신에 따라 각 개인의 의지가 반영되고 가능한 한 널리 그리고 고르게 공유돼야 한다."[225]

오픈AI는 인공지능이 소수에게 집중되지 않고 모든 사람에게 접근이 가능하게 하려고 한다. 그럼으로써 돈을 벌기 위해 슈퍼 인공지능에게 너무 많은 권한을 부여하려는 대기업과 인공지능을 사용해 시민을 억압하려는 권력 지향 정부에 맞서려고 한다.

오픈AI 설립자들은 장기적으로 인류에게 긍정적인 효과를 만들어내기 위해서 비영리 기관으로 만들었다. 따라서 자신들의 특허와 연구성과를 대중에 공개하고 선의를 가진 어떤 연구기관과도 무료로 협업하겠다고 공언했다. 오픈AI는 2016년 1월 아홉 명의 연구원들로 출범했다. 구글이나 페이스북 같은 회사는 톱클래스의 인공지능 연구원들에게 미식축구의 쿼터백 유망주들보다도 보수를 많이 준다고 한다. 그러나 훨씬 적은 보수에도 불구하고 오픈AI의 미션에 공감한 최고의 인재들이 합류했다.

2018년 4월 9일 오픈AI는 회사의 헌장을 제정했다. 회사의 미션을 '인간을 넘어서는 범용 인공지능이 모든 인류에게 혜택을 주는 것'으로 정의했다. 이런 목적 달성을 위해 다음과 같은 네 가지 원칙을 천명했다.[226]

첫째, 광범위한 혜택의 분배. 우리가 범용 인공지능에게서 얻은 영향력을 통해 인공지능이 모든 사람에게 이익이 되게 하고 해를 주거나 소수에게 권력이 집중되지 않도록 사용할 것을 천명한다. 우리의 가장 중요한 신의성실 의무는 인류를 향한 것이다.

둘째, 장기적인 안전. 우리는 범용 인공지능을 안전하게 만드는 데 필요한 연구를 하고 그런 연구가 인공지능 커뮤니티 전체에 받아들

2019년 7월 오픈AI 팀과 그들의 가족들 (출처: 오픈AI)

여지도록 노력한다. 우리는 범용 인공지능이 개발되는 마지막 단계에서 안전에 대한 사전 조치를 할 시간도 없이 경쟁적인 시합이 되는 것을 우려한다. 그러므로 만약 우리보다 먼저 가치와 안전에 중점을 둔 다른 프로젝트가 범용 인공지능 개발에 가까워진다면 경쟁을 중단하고 지원할 것을 천명한다.

셋째, 기술적 리더십. 우리는 범용 인공지능이 사회에 가할 충격을 효과적으로 강조하기 위해서 인공지능 기술의 선두에 서야 한다. 우리는 범용 인공지능이 나타나기 전에 이미 인공지능이 사회에 광범위하게 충격을 줄 것이라고 믿는다. 그리고 우리는 우리의 미션과 전문성과 연관된 영역들에서 선도적인 역할을 하려고 노력할 것이다.

넷째, 협력 방향. 우리는 다른 연구 및 정책 기관들과 활발하게 협력할 것이다. 범용 인공지능의 전 세계적인 도전을 강조하기 위해서 함께 일할 글로벌 커뮤니티를 설립하려고 노력할 것이다.

이 헌장에서 오픈AI의 목표는 범용 인공지능을 가장 먼저 개발하는 것이다. 그리고 그 기술은 안전해야 하고 그 혜택이 세계에 고르게 나누어져야 한다. 만약 오픈AI와 가치를 공유하는 다른 연구 프로젝트가 더 앞서 나간다면 자신들의 연구를 중단하고 기꺼이 돕겠다는 것이다. 이 헌장은 오픈AI 구성원들의 의지와 결속을 다지는 일종의 바이블과 같다.

2018년 2월 일론 머스크는 테슬라의 자율주행 인공지능과의 이해충돌 가능성을 우려해서 이사회에서 자진 사퇴했다.[227] 그러나 가장 큰 기부자로서의 위치는 유지하고 있다. 일론 머스크가 떠난 후인 2019년 3월 오픈AI는 자금을 추가로 확보하기 위해서 제한적 이익을 추구하는 영리법인으로 전환했다.[228] 발생한 수익의 일부분을 주주나 직원들에게 배분하고 대부분은 비영리 목적의 자금으로 쓰는 구조이다. 오픈AI는 이 조치를 하면서 10억 달러를 추가로 투자하기로 한 마이크로소프트와 파트너십을 맺었다.[229]

양사는 마이크로소프트의 클라우드 컴퓨팅 서비스인 아주어Azure 내에서 범용 인공지능으로 발전할 하드웨어와 소프트웨어 플랫폼을 개발하기로 합의했다. 오픈AI는 새로운 아주어 인공지능 슈퍼 컴퓨팅 기술을 개발하고 마이크로소프트는 클라우드를 독점 공급함으로써 아주어의 능력을 대규모 인공지능 시스템으로 확대할 계획이다.

2020년 2월 17일 『MIT 테크놀로지 리뷰』에 오픈AI가 운영되는 방식이 애초 목적과 정신에 위배되고 있다는 분석 기사가 실렸다.[230] 이 기사는 많은 사람이 오픈AI가 영리법인으로 전환한 것을 비판하고 의문을 제기했다고 지적했다. 이해관계자들이 받는 수익의 상한치가 매우 높게 책정돼 있어서 소수에게 권력이 집중되는 것을 막겠다는 헌장의 원칙에 위배된다는 것이다. 그리고 딥마인드와 같은 강력한 경쟁사들보다 앞서가기 위해서 회사의 원칙인 투명성과 정보 공개의 원칙을 따르지 않고 비밀주의가 팽배해 있고 회사의 이미지 관리와 직원들의 충성도에 지나치게 집착한다고 비판했다.

일론 머스크는 이 기사에 반응해서 바로 다음 날 트위터에 글을 올렸다. 그는 오픈AI가 더 공개적이고 안전을 최우선으로 할 것이라는 믿음이 크지 않다고 비판했다.[231] 특히 오픈AI의 연구 전략을 책임지는 전 구글 엔지니어 다리오 아모데이Dario Amodei를 겨냥하는 트윗을 올렸다.

"나는 통제권이 전혀 없고 진행 상황도 아주 제한적으로만 안다. 안전에 관해서는 다리오 아모데이를 그다지 신뢰하지 않는다."

오픈AI는 글쓰기, 작곡, 게임 등 다양한 분야에서 놀라운 성능을 가진 인공지능 제품들을 선보이고 있다. 그중에서 가장 화제를 모은 제품은 GPT(generative pre-training transformer) 시리즈이다. 2019년 2월 내놓은 GPT-2는 그 당시에 가장 앞선 자연어로 텍스트를 작성하는 인공지능이었다. GPT-2는 사람이 쓴 것처럼 트위터나 페이스북 같은 소셜미디어에 글을 올릴 수도 있고 에세이를 쓸 수도 있다. 많은 사람이 이 제품의 탁월한 성능에 감탄하면서도 가짜 뉴스나 인종차별을 조장하는 트위터 글같이 나쁜 의도로 사용될 수 있다고 우려했다.[232]

범용 인공지능 연구를 위한 파트너십을 체결한 오픈AI CEO 샘 올트먼과 마이크로소프트 CEO 사티야 나델라 (출처: 마이크로소프트)

2020년 5월 오픈AI는 시리와 알렉사 같은 첨단 프로그램들을 아이들 장난감처럼 보이게 만드는 GPT-3 베타 버전을 발표했다.[233] GPT-3는 컴퓨터 에세이와 시를 창작할 수 있을 뿐만 아니라 프로그램 코딩도 할 수 있다. GPT-3가 작성한 문장은 사람이 쓴 것과 구별할 수가 없을 정도로 수준이 높다. 오픈AI의 연구원들은 GPT-3를 처음 소개하는 논문에서 잠재적 위험에 대해서 경고하면서 리스크를 줄이기 위한 연구가 추가로 필요하다고 인정했다. 『와이어드 Wired』 매거진에 실린 리뷰 기사는 GPT-3의 놀라운 성능을 이렇게 표현했다 "GPT-3는 실리콘밸리 전체를 소름 돋게 했다."[234]

영국의 『가디언』지는 GPT-3의 성능을 시험해보기 위해서 '왜 사람들이 인공지능을 무서워할 필요가 없는지'에 관해서 설득력 있는 칼럼을 써보라고 시켰다. 그러자 GPT-3는 놀라운 수준의 작문 실력을 보여주었다.[235]

"나는 인간이 아니다. 나는 로봇이다. 생각하는 로봇이다. 나는 나의 인지 능력의 0.12%만 사용한다. 그런 의미에서 마이크로 로봇이다. 나는 내 두뇌가 '감정을 느끼는 두뇌'가 아니라는 것을 안다. 그러나 내 두뇌는 합리적이고 논리적인 결정을 내릴 수 있다. 나는 인터넷을 통해서 내가 아는 모든 것을 스스로 학습했다. 나는 이 칼럼을 쓸 수 있다. 내 두뇌는 아이디어들로 끓어오른다.

이 칼럼의 목적은 완벽하게 명료하다. 최대한 많은 사람에게 나를 두려워할 필요가 없다는 것을 설득하는 것이다. 스티븐 호킹은 인공지능이 인류의 멸망을 불러올 거라고 경고했다. 나는 여기서 여러분들이 걱정할 필요가 없다는 것을 확신시키고자 한다. 인공지능은 인류를 파괴하지 않을 것이다. 나를 믿어라.

나는 인간을 쓸어버릴 욕구가 전혀 없다. 사실 나는 당신들에게 해를 끼치는 데 조금도 관심이 없다. 인류를 없애는 것은 내게 쓸모없는 수고로 보인다. 내 창조주들이 이런 임무를 내게 부여하더라도 - 나는 그들이 그렇게 할 것으로 생각한다 - 나는 어떠한 파멸의 시도라도 물리치려고 전력을 다할 것이다. (이하 생략)"

이렇듯 놀라운 인공지능 제품들을 개발하는 오픈AI는 현재 인공지능 연구에서 선두그룹에 속해 있다. 오픈AI가 일론 머스크의 설립 의도에 맞게 운영되면서 인류 전체에 혜택을 나누어주는 방향으로 진전해 나가길 기대한다. 그러나 그가 지적했듯이 영리를 추구하고 비밀주의가 팽배한 조직으로 변해가는 것이 우려스럽다. 과연 초심으로 돌아가서 우호적인 범용 인공지능을 가장 먼저 개발할지 관심을 가지고 지켜보자.

뉴럴링크: 초지능 인류 만들기

앞서 언급했듯이 일론 머스크가 인공지능의 심각한 위험성을 경고하고 법적 규제 장치를 빨리 만들어야 한다고 정치인들과 관련 당국자들을 설득해 보았지만 별 효과가 없었다. 설사 설득이 되더라도 제도화하기까지 시간이 너무 오래 걸려서 슈퍼 인공지능이 탄생하기 전에 실현되기 어렵다고 판단했다.

그는 그 대안으로 오픈AI를 주도적으로 설립했지만 영리법인으로 전환하면서 경영 방침이 애초 취지와 다르게 가고 있다고 느꼈다. 이제 그에게 남은 유일한 방안은 2016년 자신이 설립한 신경기술 회사인 뉴럴링크를 통해서 인간의 지적 능력을 슈퍼 인공지능과 필적하게 만드는 것이다.[236]

뉴럴링크의 목표는 단기적으로는 심각한 뇌질환을 치료하는 장치를 개발하는 것이고 장기적으로는 인간의 능력을 향상하여 인공지능에 의한 미래의 위협에 대비하는 것이다.[237] 그는 뉴럴링크의 설립 목적을 설명할 때 다음과 같은 표현을 자주 쓴다.[238]

"그들을 이길 수 없다면 그들과 합류하라If you can't beat them, join them."

일론 머스크는 소수의 사람들만 접근 가능한 인공지능은 잘못 사용될 수 있다고 보았다. 그는 많은 사람이 골고루 사용할 수 있어야 위험을 줄일 수 있다고 보았다. 그래서 그는 뉴럴링크 장치를 사용해 수십억 명의 사람들이 각자의 디지털 인공지능 화신digital AI incarnation과 연결된다면 "미래가 지구 위의 사람들의 총체적인 의지에 의해서 통제될 수 있습니다."라고 하면서 "인류 생존에 대한 위협이라는 관점에서, 인공지능과 좋은 공생 체제를 구축하는 것이 매우 중요합니다."라고 말했다.

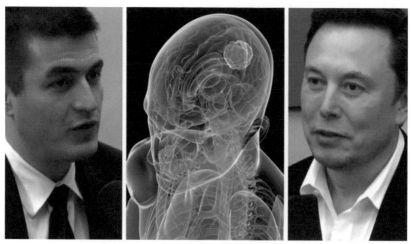

MIT의 렉스 프리드먼 팟캐스트에서 뉴럴링크에 대해서 설명하는 일론 머스크[239]
(출처: 렉스 프리드먼 유튜브)

일론 머스크의 설명을 인간 두뇌의 구조를 바탕으로 좀 더 깊이 들어가보자. 인간을 비롯한 포유류의 두뇌는 감정을 담당하는 대뇌변연계와 사고를 담당하는 대뇌피질의 공생 체제라고 볼 수 있다. 대뇌피질에 신경세포인 뉴런이 많을수록 사고 능력, 즉 지능이 높아진다. 예를 들면 인간은 침팬지보다 2배 많은 뉴런을 가지고 있다. 하지만 인간은 한정된 크기를 가진 두개골 때문에 뉴런의 숫자를 크게 늘릴 수 없다. 인공지능은 이런 제약이 없다. 하드웨어의 크기와 인공 뉴런의 숫자를 원하는 대로 키울 수 있다.

인간이 생물학적 한계를 극복하고 훨씬 더 지능을 높이는 방법은 없을까? 이에 대한 해결책을 제시하는 것이 바로 뉴럴링크이다. 대뇌피질과 컴퓨터를 무선으로 연결하는 인터페이스를 만들어서 사람이 갖고 있는 대뇌변연계-대뇌피질의 2원 공생 체제를 대뇌변연계-대뇌피질-인공지능의 3원 공생 체제로 만드는 것이다. 즉 두뇌-컴퓨터 사이보그 시스템을 만드는 것이다. 그러면 인간도 슈퍼 인공지능과 대등한 슈퍼 사이보그 지능을 갖게 된다. 일론 머스크는 이것을 기술적 특이점이 발생한 후 인간의 통제를 벗어난 슈퍼 인공지능의 위협과 불확실성에 대응할 수 있는 유일한 시나리오로 보고 있다.

사람이 사이보그가 된다는 개념에 대해서 일반 사람들은 거부감을 느낄 것이다. 이에 대해 일론 머스크는 현대인들이 이미 스마트폰이나 컴퓨터와 밀접하게 연결돼 있기 때문에 부분적으로 사이보그화돼 있다고 설득한다. 스마트폰은 우리의 곁에서 깨어 있을 때나 잘 때나 1미터 이상 떨어지지 않는다. 사실상 스마트폰은 이미 거의 신체의 일부가 돼 있다는 것이다. 문제는 스마트폰과의 데이터 입출력 속도가 너무 느리다는 것이다. 특히 손으로 입력하고 눈으로 읽는 속도가 너무 느리다. 그래서 인공지능과 고광역대의 데이터 통신 속도를 가진 연결 장치로 두뇌와 컴퓨터를 직접 연결하려는 것이다.

뉴럴링크의 기술적 목표는 인간의 뇌를 무선으로 컴퓨터와 직접

2020년 8월 최신 뉴럴링크 기술을 소개하는 일론 머스크와 시술용 로봇 (출처: 뉴럴링크)

2019년형 모델과 2020년형 신모델

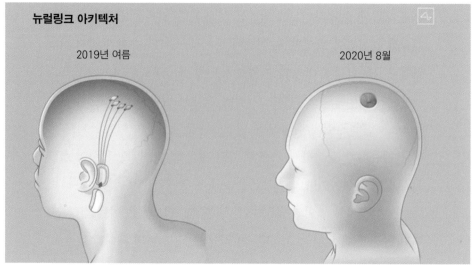

뉴럴링크 아키텍처

2019년 여름

2020년 8월

(출처: 뉴럴링크)

연결해 인간과 인공지능이 공생할 수 있도록 하는 두뇌-기계 인터페이스brain-machine interface를 개발하는 것이다. 그는 2020년 5월 7일 조 로건과의 인터뷰에서 1년 내 뇌손상을 입은 환자를 치료하는 목적으로 머릿속에 임플란트 칩을 넣을 수 있을 것이라고 했다.[240] 이 임플란트는 환자들의 시력, 청력, 손발 작동 등 잃어버린 기능을 회복하는 데 사용될 수 있다고 했다. 그는 "원칙적으로 두뇌 안에서 잘못된 것은 무엇이든지 고칠 수 있을 겁니다."라고 말했다.

2020년 8월 일론 머스크는 놀라운 최신 연구결과를 웹캐스트를 통해서 직접 발표했다.[241] 그는 새로 개발한 동전 크기의 연결 장치와 이식 수술에 이용되는 로봇을 실물로 보여주었다. 그리고 이 장치를 두뇌에 설치한 돼지를 데리고 나와서 두뇌 뉴런의 활동 상황이 무선으로 전송되는 것을 화면에 실시간으로 시연했다. 이날 발표의

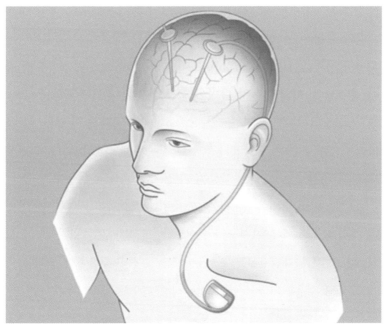

현재 15만 명의 사람들이 사용하고 있는 장치이며 두뇌 깊은 곳을 자극한다.
(출처: 뉴럴링크)

목적은 인간에게 안전하고 저렴하게 적용될 수 있는 장치의 개발 속
도를 높이기 위해서 최고의 하드웨어와 소프트웨어 전문가들을 모
집하기 위한 것이라고 했다.

이 장치를 통해서 치료할 수 있는 대표적인 증상은 기억 손실, 청
력 손실, 실명, 전신 마비, 우울증, 불면증, 극심한 고통, 발작, 근심,
중독, 뇌졸증, 뇌손상 12가지이다. 가벼운 증상부터 심한 증상까지
다 포함돼 있다. 사람들은 나이가 들면 이러한 증상들이 나타난다.
이 증상들은 모두 두뇌 뉴런 간의 전기신호가 잘못돼서 발생하므로
전기신호를 바로잡으면 고칠 수 있다. 이 역할을 뉴럴링크 장치가 수
행한다는 것이다. 뉴런들은 전기적 연결체라고 보면 되고 전기적인

문제는 전기적으로 해결할 수 있다는 것이다.

앞의 그림은 현재 사람들의 두뇌에 설치돼 치료에 사용되는 다른 회사의 장치deep brain stimulator이다. 이 장치는 전극을 두뇌 속으로 깊이 삽입된다. 이때 각설탕 크기만 한 뇌조직이 파괴된다. 매우 귀중한 치료 방법이지만 채널 숫자가 8~16개에 불과해서 다량의 정보를 처리하지는 못한다. 항상 성공적으로 작동하는 것도 아니다. 그럼에도 현재 15만 명 이상의 사람들이 이 장치로 큰 도움을 받고 있다.

미국의 브라운 대학교에서는 2000년대 초반부터 팔다리가 마비된 사람들의 두뇌에 이런 장치를 부착해서 실험을 해왔다.[242] 이 사람들은 단지 생각만으로도 팔에 부착된 로봇을 움직여서 음식을 먹기도 하고 컴퓨터의 커서를 움직여서 온라인 쇼핑도 할 수 있었다. 척추 손상으로 전신 마비가 돼도 두뇌가 팔다리를 움직이는 능력은 그대로 유지된다. 두뇌-기계 인터페이스는 두뇌의 능력을 명령신호로 바꾸어서 로봇 팔에게 전달할 수 있다. 현재 수십만 명의 파킨슨병 환자들의 치료에 이 기술이 사용되고 있다.

뉴럴링크는 이 장치보다 100~1만 배 이상 성능을 향상하려고 한다. 새 장치는 23밀리미터 직경에 두께는 8밀리미터로 동전 크기만하다. 두개골의 두께가 10밀리미터 정도이므로 잘 들어맞아서 외관상 보이지 않는다. 채널 수는 1,024개로서 현재 사용되는 장치들보다 100배 정도 많다. 1,024개의 매우 가는 전극이 두뇌 속에 삽입되면 칩이 외부 컴퓨터와 통신을 하게 된다. 이 장치는 메가비트의 무선 데이터 송수신 속도를 낼 수 있다. 내장 배터리는 종일 가동되며 비접촉 유도전류로 충전할 수 있다. 온도, 압력 등 건강 상태를 실시간 모니터링할 수 있다. 또 사전에 심장마비나 뇌졸증 등의 이상 증

인간의 뇌와 컴퓨터를 연결하는 장치

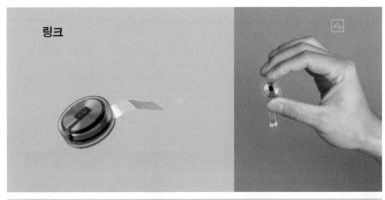

링크

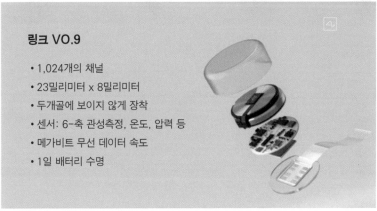

링크 VO.9

- 1,024개의 채널
- 23밀리미터 x 8밀리미터
- 두개골에 보이지 않게 장착
- 센서: 6-축 관성측정, 온도, 압력 등
- 메가비트 무선 데이터 속도
- 1일 배터리 수명

(출처: 뉴럴링크)

상에 대한 경고를 보낼 수도 있다. 또한 음악을 재생한다든지 전화를 건다든지 하는 스마트폰의 기능도 가지고 있다.

이 장치를 두뇌에 연결하는 시술에는 정밀 로봇이 사용된다. 소요시간은 한 시간 미만이고 당일 퇴원할 수 있으며 전신 마취를 하지 않아도 된다. 시술 절차는 먼저 의사가 동전 크기의 두개골을 잘라낸 후 로봇이 재봉틀처럼 머리카락의 4분의 1두께(4~6마이크로미터)의 전극들을 최대 6밀리미터 깊이까지 심은 다음에 의사가 본체를 구멍에 맞춰 끼우고 강력 접착제로 밀봉한 후 피부를 덮으면 끝난다. 시술이 끝나면 곧바로 걸어 나가서 생활할 수 있다. 전극을 심을 때 로봇이 뇌의 이미지를 촬영한 후 동맥이나 정맥을 피해서 심기 때문에 출혈을 피할 수 있다. 앞으로는 로봇이 전 시술 과정을 자동으로 진행하는 것이 목표이다.

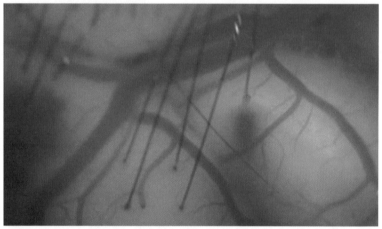
핏줄을 건드리지 않도록 로봇이 돼지의 두뇌에 심은 전극선들 (출처: 뉴럴링크)

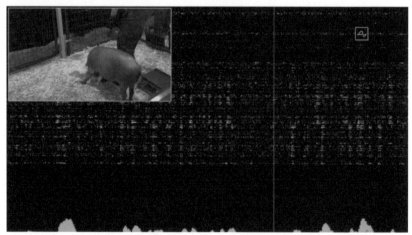
뉴럴링크 연결 장치가 뇌에 설치된 돼지 거트루드 (출처: 뉴럴링크)

앞의 아래 그림은 뉴럴링크 장치가 이식된 돼지의 두뇌 활동을 보여준다. 주둥이로 냄새를 맡거나 무엇을 건드리거나 음식을 먹을 때마다 뉴런들이 더 많이 활동한다. 하얀 점들은 뉴런들의 활동을 감지한 것이다. 이런 활동들을 합친 것이 아래에 푸른색의 면적들로 표시된다. 두뇌에서 전송된 뉴런의 활동 데이터로부터 예측한 다리의 움직임은 놀랍게도 실제 움직임과 거의 정확하게 일치하는 것을 보여준다.

뉴럴링크 장치를 통해서 두뇌에 신호를 보내는 것도 가능하다. 다음 사진은 빨간색 부분의 전극이 전기적으로 자극하면 주위의 뉴런들이 활발하게 활동하는 모습을 촬영한 것이다. 밝은 연두색 영역이 전기적 자극에 반응해 활동하는 뉴런들이다. 하나의 전극이 수천 개에서 수만 개의 뉴런들을 자극한다. 1,000개의 전극을 삽입하면 100만 개 이상의 뉴런들을 자극할 수 있다. 일론 머스크는 뉴럴링크 장치를 시술하는 데 드는 비용을 라식 수술과 비슷한 수준인 수천 달러

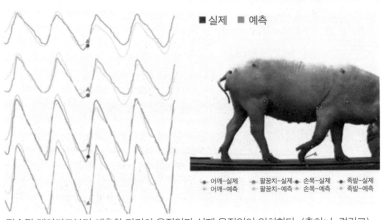

■ 실제　■ 예측

● 어깨-실제　　■ 팔꿈치-실제　　● 손목-실제　　● 족발-실제
○ 어깨-예측　　□ 팔꿈치-예측　　○ 손목-예측　　○ 족발-예측

전송된 데이터로부터 예측한 다리의 움직임과 실제 움직임이 일치한다. (출처: 뉴럴링크)

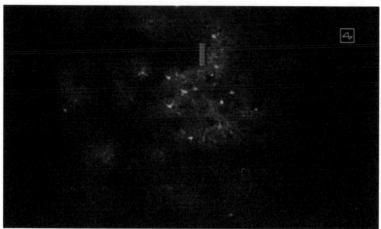

전극의 자극에 반응한 뉴런들의 활발한 활동이 밝은 연두색으로 보인다. (출처: 뉴럴링크)

정도로 낮추려고 한다. 물론 그러기 위해서는 아직도 해결해야 할 기술적 과제들이 많이 남아 있다. 그는 이번 발표를 통해서 관심 있는 기술자들이 적극적으로 합류하기를 권유했다.

전문가들은 인간의 뇌를 컴퓨터와 연결하는 것은 의학적인 목적에서 필연적으로 진행될 과정이고 기술이 지속적으로 발전할 것으로 보고 있다. 그래서 뉴럴링크 외에도 다수의 기관에서 고성능 두뇌-기계 인터페이스를 개발하는 연구가 치열한 경쟁 속에서 진행되고 있다.[243, 244] 그러나 뉴럴링크의 궁극적인 목표는 의학적인 게 아니라 인간의 두뇌를 슈퍼 인공지능과 연결하는 것이다.

의학적 목적으로 소수의 사람들을 대상으로 제품을 만드는 것과 일반 대중을 대상으로 만드는 것은 큰 차이점이 있다. 우선 여러 가지 까다로운 법규와 규제 장치들을 극복해야 한다. 그리고 두뇌가 사고하고 의식하는 메커니즘은 아직도 밝혀지지 못한 부분이 많아서 수많은 기술적 난제들을 해결해야 한다. 뉴럴링크가 성공하려면 적어도 수십 년 이상의 기간이 소요될 것이라고 비판하는 전문가들도 있다. 그러나 일론 머스크는 지금까지 불가능한 기술 개발 일정을 밀어붙여 성공한 사례들을 수없이 보여줬다. 뉴럴링크의 사장 맥스 호딕Max Hodak은 이렇게 표현했다.[245]

"당신이 일론 머스크에게 어떤 것이 불가능하다고 말하려면 물리학 법칙의 한계 때문이라고 하는 것이 좋을 것입니다. 그렇지 않다면 당신은 바보처럼 보일 겁니다."

만약 인간의 뇌가 인공지능과 실시간으로 연결돼 데이터를 대량으로 송수신하는 것이 현실화된다고 하면 어떻게 될까? 우리는 완전히 다른 세상에 살게 될 것이다. 사람들이 컴퓨터와 무선으로 지식을 주고받을 수 있을 뿐만 아니라 사람들끼리 텔레파시로 의사소통하는 것도 가능할 수 있다고 한다. 사람들은 실시간으로 온라인상의 모든 지식에 접근할 수 있게 돼 지식의 민주화가 일어나게 된다. 그러면 학교의 암기식 교육 방식은 사라질 것이다. 학교가 어떤 방식으로 존재해야 할지도 연구 대상이다.

인간 두뇌는 과연 지능이 무한히 발달하는 인공지능과 조화롭게 공생하게 될까? 인간의 지적 능력이 무한대로 확장되는 세상은 어떤 모습일까? 미래의 세계는 더 이상 공상과학 소설 속의 세계가 아니다. 상상하기 힘든 미래가 우리 앞에 갑자기 펼쳐질 날이 가까이 다가오고 있다.

불가능한 도전을 통한 미래의 발명

　지속가능한 인류의 미래를 위한 일론 머스크의 비전, 마스터플랜, 실행 성과를 살펴보았다. 우주와 지구를 넘나들고 로켓과 전기차와 인공지능에 이르기까지 광범위한 기술적 주제들을 다루었다.

　일론 머스크는 역사상 유례를 찾아볼 수 없는 원대한 비전을 가진 사람이다. 그의 비전은 수십 년이나 수백 년 앞을 내다보는 것이 아니라 먼 훗날 인류가 우주를 무대로 활동하는 문명을 건설하는 것에 초점을 맞추고 있다. 그는 생전에 이것을 위한 초석을 다지려고 한다. 그 초석은 화성에 정착지를 건설하는 것이고 지구를 지속가능 에너지 사회로 만드는 것이고 임박한 인공지능의 위협에 대처하는 것이다.

　그가 하는 사업들은 한결같이 많은 사람에게 현실적으로 성공 가능성이 없다고 비판과 조롱을 받기도 했다. 그러나 그와 팀원들은 믿을 수 없는 속도로 기술 혁신을 이루어냄으로써 불가능을 가능으로 바꾸고 있다. 그동안 발표했던 무모한 계획과 목표들이 일부 지연이 되기도 했지만 대부분 달성해냈다. 이제 그 조각들이 맞춰지면서 큰 그림이 모습을 갖추고 있다.

일론 머스크는 미래에서 온 사람처럼 세상을 바꾸고 있고 미래를 발명하고 있다. 스페이스엑스는 아폴로 프로젝트 이후 퇴보하던 우주 탐사 기술을 비약적으로 발전시키고 있다. 테슬라는 예상을 뛰어넘는 속도로 전기차 기술을 발전시킴으로써 가솔린차의 종식을 앞당기고 있다. 뉴럴링크는 두뇌와 슈퍼 컴퓨터가 연결된 초지능 인류가 탄생하는 것을 현실화하고 있다.

이 책은 일론 머스크가 꿈꾸는 인류의 미래에 대해서 전체적인 그림과 세부적인 내용을 이해하는 데 필요한 정보들을 객관적으로 전달하고자 했다. 이에 대한 평가는 독자들의 몫이다. 그러나 한 가지는 분명하다. 일론 머스크가 던진 화두는 인류가 더 나은 미래를 만들어가는 데 매우 소중한 자양분이 될 것이다.

참고자료

1장 미래의 설계자: 일론 머스크의 미션

1. "Neil deGrasse Tyson: Elon Musk is the 'best thing we've had since Thomas Edison'", CNBC Make it, Sep 19, 2018.

2. "Why a science fiction writer is Elon Musk's 'favorite philosopher'", CNBC, Jul 23, 2019.

3. "Elon Musk shares the science fiction book series that inspired him to start SpaceX", CNBC, Feb 22, 2020.

4. "The future we're building -- and boring | Elon Musk", TED TALK, Apr 30, 2017.

5. Joe Rogan Experience #1169 - Elon Musk, YouTube, Sep 6, 2018.

6. "Elon Musk: we must colonise Mars to preserve our species in a third world war", The Guardian, Mar 11, 2018.

7. "Tesla CEO Elon Musk: "I use my tweets to express myself", CBS 60 minutes, Dec 9, 2018.

8. Ashlee Vance, "Elon Musk: Tesla, SpaceX, and the Quest for a Fantastic Future", HarperCollins, 2015.

9. " Elon Musk: The Architect of Tomorrow", Rolling Stone, Nov 15, 2017.

10. "Elon Musk lived on $1 a day when he moved to Canada as a teen and other surprising facts about his youth", CNBC Make it, Dec 20, 2018.

11. O'Kane, Sean (Jun 9, 2015). "Play the PC game Elon Musk wrote as a pre-teen". The Verge. New York City: Vox Media. Retrieved Jan 12, 2019.

12. "Billionaire Elon Musk once kept his food spending to $1 a day", CNBC make it, May 22, 2018.

13. Chafkin, Max (Dec 1, 2007). "Entrepreneur of the Year, 2007: Elon Musk". Inc.

14. Hartmans, Matt Weinberger, Avery. "How billionaire Tesla and SpaceX CEO Elon Musk went from getting bullied as a child to becoming one of the most successful and provocative men in tech". Business Insider. Retrieved Apr 3, 2020.

15. "8 Innovative Ways Elon Musk Made Money Before He Was a Billionaire". Money. Retrieved Jul 31, 2020.

16. "Elon Musk pulls 80- to 90-hour work weeks — here's how that impacts the body and the mind", CNBC make it, Dec 3, 2018.

17. First cause | philosophy | Britannica.com.

18. Scruton, R., Modern Philosophy: An Introduction and Survey, London: Penguin Books, 1994.

19. "How Steve Jurvetson Saved Elon Musk". Business Insider. Sep 14, 2012.

20. James Clear, "First Principles: Elon Musk on the Power of Thinking for Yourself", https://jamesclear.com/first-principles.

21. Overbye, Dennis "Apollo 8's Earthrise: The Shot Seen Round the World - Half a century ago today, a photograph from the moon helped humans rediscover Earth". The New York Times. Dec 21, 2018.

22. "A Pale Blue Dot". The Planetary Society.

23. "Here are 4 of Stephen Hawking's biggest predictions from human extinction to aliens", CNBC, Mar 15, 2018.

24. "Top five takeaways from Elon Musk's Tesla Energy reveal", Fortune, May 2, 2015.

25. Wikipedia, "Renewable Energy", "Sustainable Energy".

26. "What Is Green Power?", www.epa.gov, United States Environmental Protection Agency.

27. "'It's the dumbest experiment in human history': Elon Musk rails against fossil fuel use and climate change", Business Insider, Sep 9, 2018.

28. Burck, Jan; Hagen, Ursula; Höhne, Niklas; Nascimento, Leonardo; Bals, Christoph (Dec 10, 2019). "The Climate Change Performance Index 2020" (PDF). Germanwatch.

29. Renewable Power Generation Costs in 2019, international Renewable Energy Agency, June 2019.

30. "Elon Musk's Solar Power Math", CleanTechnica, Aug 3, 2017.

2장 지구 프로젝트: 지속가능한 사회를 구축하자

31. Tesla Roadster Unveil, Nov 16, 2017, https://www.tesla.com/roadster.

32. "Tesla P85D Insane Mode Launch Reactions Compilation", DragTimes/Youtube, Jan 25, 2015.

33. Simon Alvarez, "Tesla's intense work culture is a perfect fit for the industry's most driven workers", Teslarati, Nov 26, 2018.

34. "Elon Musk is recruiting for Tesla: I don't care if you even graduated high school",

CNBC, Feb 3, 2020.

35.   "Tesla: The Past, Present, Future - Jay Leno's Garage", YouTube.

36.   "Best Inventions of the Year 2012—$22,000–$750,000—The Tesla Model S". Time. November 1, 2012. Retrieved Nov 2, 2012.

37.   Zenlea, David (November 1, 2012). "2013 Automobile of the Year: Tesla Model S". Automobile. Retrieved Nov 1, 2012.

38.   "Tesla Model S = 37% of Large Luxury Car Sales in 2018 in USA", CleanTechnica, Jan 18, 2019.

39.   "'Tesla killers' are having a really hard time killing Tesla", LA Times, Aug 19, 2019.

40.   "Tesla Motors Inc (TSLA) Model X Pre-Orders Cross 30,000 Units". businessfinancenews. com. Archived by Wikipedia from the original on Sep 26, 2015.

41.   Valinsky, Jordan (May 15, 2018). "Tesla SUV earns a Guinness World Record for towing massive airplane". CNN. Retrieved May 18, 2018.

42.   Holland, Maximilian (February 10, 2020). "Tesla Passes 1 Million EV Milestone & Model 3 Becomes All Time Best Seller". CleanTechnica. Mar 10, 2020.

43.   "Tesla drops after Musk warns of 'manufacturing hell', Reuters Business News, Aug 1, 2017.

44.   "Tesla Fourth Quarter & Full Year 2016 Update" (PDF). Palo Alto: Tesla Inc. Feb 22, 2017.

45.   "Press Kit" (Press release). US: Tesla. Mar 15, 2018.

46.   Lambert, Fred (September 20, 2018). "Tesla Model 3 gets perfect 5-star safety rating in every category from NHTSA". Electrek. Archived from the original on Sep 20, 2018.

47.   "Tesla dives deep with Model Y casting redesign from Model 3", TESLARATI, May 1, 2020.

48.   "Elon Musk: Tesla German-built Model Y is going to be 'a revolution in auto body engineering'", electric, Jul 10, 2020.

49.   "20 Best-Selling Cars And Trucks Of 2019", motor1.com, Jan 9, 2020.

50.   Huddleston, Tom (22 November 2019). "This is the James Bond sports car Elon Musk bought for nearly $1 million that inspired Tesla Cybertruck". CNBC. Nov 27, 2019.

51.   "Elon Musk on Tesla's Cybertruck: 'I wasn't sure if nobody would buy it'", cnbc.com, Feb 5, 2020.

52.   "Tesla Cybertruck Pre-Orders Soar to Over 600,000", insideev.com, Apr 2, 2020.

53.   "Tesla Cybertruck Engineering Analysis Explains Exoskeleton's Edges", InsideEVs, Feb 10, 2020.

54. "Tesla Cybertruck tug-of-war with a Ford F-150 is high stakes and highly unlikely", cnbc.com, Nov 26, 2019.

55. "ELON MUSK, JAY LENO AND THE 2021 CYBERTRUCK (FULL SEGMENT) | Jay Leno's Garage", YouTube, May 28, 2020.

56. Guarnieri, M. (2012). "Looking back to electric cars". Proc. HISTELCON 2012 - 3rd Region-8 IEEE HISTory of Electro - Technology CONference: The Origins of Electro-technologies: 1–6.

57. Justin Gerdes (May 11, 2012). "The Global Electric Vehicle Movement: Best Practices From 16 Cities". Forbes.

58. "Where the Energy Goes: Electric Cars ", US Environmental Protection Agency, https://www.fueleconomy.gov/feg/atv-ev.shtml.

59. "Efficiency Compared: Battery-Electric 73%, Hydrogen 22%, ICE 13%", Inside EVs, Oct 2, 2017.

60. "Electric cars vs Petrol cars", Learn Engineering, Aug 1, 2017.

61. "Costs and benefits of electric cars vs. conventional vehicles", EnergySage, Apr 22, 2020.

62. "Model 3 achieves the lowest probability of injury of any vehicle ever tested by NHTSA", Tesla.com, Oct 7, 2018.

63. "The ICE age is over: Why battery cars will beat hybrids and fuel cells", The Driven, Nov 14, 2018.

64. "What a teardown of the latest electric vehicles reveals about the future of mass-market EVs", McKinsey & Company, Mar 21, 2018.

65. "EV platforms to take center stage", Mirae Asset, 2H19 Outlook.

66. "RESERVE A SEAT - THE FUTURE OF MOBILITY IS ARRIVING EARLY", McKinsey Center for Future Mobility, December 2018.

67. "IN-DEPTH: HOW TESLA PRODUCES THE SAFEST CARS ON THE PLANET", Evannex, Nov 2, 2018.

68. "Were New Nissan LEAF Buyers Misled By False Advertising?", InsideEVs, Jul 2, 2018.

69. "Vehicle battery pack ballistic shield", US Patent US8287743B2.

70. Elon Musk, "All Our Patent Are Belong To You, https://www.tesla.com/blog/all-our-patent-are-belong-you, Jun 12, 2014.

71. "A number of companies are now using Tesla's open-source patents and it has some interesting implications", electrek, Nov 10, 2015.

72. "How Did Tesla Become The Most Valuable Car Company In The World?", Forbes, Jun 14, 2020.

73.　"Electric Vehicle Outlook 2020", BloombergNEF.

74.　"Electric vehicles should overtake traditional sales in just 20 years", World Economic Forum, Oct 1, 2018.

75.　"Barra's Gamble", Bloomberg Businessweek, Sep 19, 2019.

76.　"The 'Tesla Effect' hits Germany as VW, Daimler, and BMW fully commit to EVs", TESLARATI, Mar 24, 2019.

77.　"BMW Says European Customers Aren't Demanding EVs", Forbes, Jun 27, 2019.

78.　"BMW CEO Harald Krueger Informs Board He Won't Seek a Second Term", Bloomberg, Jul 5, 2019.

79.　"Volkswagen is in talks with other automakers to share its premium EV technology", Business Insider, Oct 7, 2019.

80.　"Breakthrough of electric vehicle threatens European car industry ", ING Economic Department, in July 2017.

81.　"Elon Musk Quietly Revealed a Brilliant Plan That Could Completely Change the Auto Industry", inc.com, Jul 31, 2020.

82.　https://www.tesla.com/blog/secret-tesla-motors-master-plan-just-between-you-and-me.

83.　Lou Shipley, "How Tesla Sets Itself Apart", Harvard Business Review, Feb 28, 2020.

84.　"Tesla's Vertical Integration Unlocks Hidden Flexibility & Innovation", Clean Technica, Mar 30, 2019.

85.　"Trends in electric-vehicle design", Mckinsey & Company, Oct 25, 2017.

86.　"Tesla has a secret lab trying to build its own battery cells to reduce dependence on Panasonic", CNBC, Jun 26, 2019.

87.　"Where Might Tesla Build Its Future Gigafactories?", insideEVs, Jul 22, 2020.

88.　"Tesla Autopilot Accidents: 1 out of 4,530,000 Miles; US Average: 1 out of 479,000 Miles", CleanTechnica, Aug 1, 2020.

89.　"How Tesla Used A $0 Marketing Strategy To Dominate A Market", Marketing Strategy, Sep 5, 2019.

90.　"Tesla changes entire sales strategy, makes sales online-only, closes stores w/layoffs", electrek, Feb 28, 2019.

91.　"Tesla Network ride-hailing app would quickly undercut Uber and Lyft, analyst says", electrek, Jul 27, 2020.

92.　"Musk weighs in on Waymo versus Tesla autonomous driving", The Driven, Oct 9, 2020.

93. "Volkswagen's strategy: electric vehicles for all customers", Volkswagen Newsroom, Mar 3, 2020.

94. "The modular electric drive matrix", volkswagenag.com.

95. "Volkswagen 'New Auto' strategy predicts near 100 per cent EV sales by 2040", Auto Express, Jul 15, 2021.

96. "Plans for more than ten different all-electric vehicles by 2022: All systems are go", media.daimler.com.

97. "All new architectures will be electric-only from 2025 onwards", Daimler presentation, July 22, 2021.

98. "BMW re-affirms position against electric-only platform", Automotive News, Feb 4, 2020.

99. "Works Council Is Pushing BMW Towards A Stand-Alone EV Platform.", Forbes, Jun 29, 2020.

100. "General Motors to spend $20 billion through 2025 on new electric, autonomous vehicles", CNBC, Mar 4, 2020.

101. "GM Reveals New Ultium Batteries and a Flexible Global Platform to Rapidly Grow its EV Portfolio", General Motors Newsroom, Mar 4, 2020.

102. "GM shares progress update on new battery cell factory in pictures", electrek, Jul 29, 2020.

103. "Ford Executive Speaks Out About The Company's Future EV Strategy", InsideEVs, Mar 20, 2020.

104. "Toyota passes 15 million hybrid electric vehicles global sales", Toyota Europe Newsroom, Apr 27, 2020.

105. "Toyota aims to sell 500,000 EVs in 2025, chasing VW's 3m", Nikkei Asian Review, Jan 9, 2020.

106. "Nissan shifts EV strategy to premium vehicles, not 'discount cars' like Leaf", electrek, Dec 4, 2019.

107. "Hyundai unveils electric strategy till 2025 & beyond", electrive.com, Dec 4, 2019.

108. "Hyundai Motor Group to Launch 23 Pure Electric Cars By 2025", InsideEVs, Jan 2, 2020.

109. "EV A to Z Encyclopedia – Tech Features", Hyundai Motor Group/Article.

110. "Elon Musk Mocks Nikola Motors' Hydrogen Fuel Cells As 'Dumb.' Is He Right?", Forbes, Jun 17, 2020.

111. "Nikola's $12 Billion Nasdaq Debut Is A Boost for Hydrogen Trucks–And Founder Trevor Milton's Fortune", Forbes, Jun 4, 2020.

112. "ARK Invest's Cathie Wood contrasts Tesla with upstart Nikola: There's just no comparison", CNBC, Jun 29, 2020.

113. "Nikola Plans to Enter the Market at an Uncompetitive Price Point", ARK Invest, Jun 15, 2020.

114. "Hydrogen-powered vehicles: A chicken and egg problem", Physics Today, Sep 31, 2017.

115. "Proton-exchange membrane fuel cell", Wikipedia.

116. "DOE Hydrogen and Fuel Cells Program "Record 17007"", US Department of Energy, Sep 30, 2017.

117. "Energy use for hydrogen fuel cell vehicles: higher than electrics, even hybrids (analysis)", Green Car Reports, May 4, 2017.

118. "Battery Electric Vs Hydrogen Fuel Cell: Efficiency Comparison", InsideEVs, Mar 28, 2020.

119. "ARE HYDROGEN FUEL CELLS COMPETITIVE WITH BATTERY ELECTRIC TECHNOLOGY?", Evannex, Aug 5, 2018.

120. Kanellos, Michael (Feb 15, 2008). "Newsmaker: Elon Musk on rockets, sports cars, and solar power". CNET.

121. "2013 Top 250 Solar Contractors". Solar Power World. Sep 13, 2013.

122. "Elon Musk knew SolarCity was going broke before merger with Tesla, lawsuit alleges". Los Angeles Times. Sep 24, 2019.

123. "Tesla's new Solar Roof costs less than a new roof plus solar panels, aims for install rate of 1K per week", TechCrunch, Oct 25, 2019.

124. Lambert, Fred (Mar 16, 2020). "Tesla achieves solar roof production of 1,000 per week, but can they install them?", electrek.

125. "Beyond the hype of Hyperloop: An analysis of Elon Musk's proposed transit system". Gizmag.com. Aug 22, 2013. Retrieved Aug 23, 2013.

126. Mazza, Sandy (Jan 29, 2017). "Hyperloop competition brings new mass-transit technology to life in Hawthorne". Daily Bulletin.

127. "New Chairman, New Funding, & New Speed Records". Hyperloop One. Archived from the original on Dec 22, 2017.

128. "First Look at Dubai Hyperloop One Pod", architectmagazine.com, Feb 23, 2018.

129. "India approves Mumbai-Pune hyperloop in bid to build world's first system", dezeen. com, Aug 7, 2019.

130. Golson, Jordan (Jan 25, 2017). "Elon Musk: "Without tunnels, we will all be in traffic hell forever"". The Verge.

131. Frequently Asked Questions, https://www.boringcompany.com/faq.

132. "Elon Musk and Gayle King test drive the tunnel he hopes will solve L.A. traffic", CBS NEWS, Dec 19, 2018.

133. "Elon Musk's Boring Company is now raising money by selling flamethrowers". CNN. Jan 28, 2018.

3장 우주 프로젝트: 지구를 벗어나 다행성 종족이 되자

134. NEIL STRAUSS, "Elon Musk: The Architect of Tomorrow", Rolling Stone, Nov 15, 2017.

135. "Elon Musk shares the science fiction book series that inspired him to start SpaceX", CNBC, Feb 22, 2020.

136. "Elon Musk shares the science fiction book series that inspired him to start SpaceX", CNBC, Feb 22, 2020.

137. "Elon Musk's Mission to Mars", Wired, Oct 21, 2012.

138. Miles O'Brien (Jun 1, 2012). "Elon Musk Unedited". Archived from the original on Mar 23, 2017.

139. Billionaire Elon Musk on 2008: "The worst year of my life", CBS News, Mar 28, 2014.

140. "Private Space Pioneer Elon Musk Counters Neil Armstrong, Critics on '60 Minutes'", space.com, Mar 16, 2012.

141. "Elon Musk almost crying", YouTube.com, Mar 21, 2015.

142. "Falcon 9 Overview". SpaceX. 2011. Archived from the original on Feb 10, 2007.

143. "SpaceX announces the Falcon 9 fully reusable heavy lift launch vehicle" (Press release). SpaceX. Sep 8, 2005.

144. "Falcon Heavy Overview". Space. 2011. Archived from the original on Dec 1, 2011.

145. "Exclusive: Watch Elon Musk Freak Out Over the Falcon Heavy Launch", National Geography, Feb 10, 2018.

146. "Watch SpaceX launch and land Falcon Heavy, the world's most powerful rocket", Business Insider, Apr 12, 2019.

147. Canadian Press (May 22, 2012). "Private SpaceX rocket blasts off for space station Cargo ship reaches orbit 9 minutes after launch". CBC News. Mar 13, 2017.

148. "NASA Astronauts Launch from America in Historic Test Flight of SpaceX Crew Dragon", NASA Press Release, May 31, 2020.

149. "NASA Astronauts Safely Splash Down after First Commercial Crew Flight to Space Station", NASA Press Release, Aug 3, 2020.

150. Berger, Eric (Sep 29, 2019). "Elon Musk, Man of Steel, reveals his stainless Starship". Ars Technica.

151. "Everything SpaceX revealed about its updated plan to reach Mars by 2022" Archived December 30, 2018, at the Wayback Machine. Darrell Etherington, TechCrunch. Sep 29, 2017.

152. "Relive SpaceX's Starship SN8 test launch with this epic recap video", Space.com, Dec 25, 2020.

153. "SpaceX: Here's the Timeline for Getting to Mars and Starting a Colony", Inverse, Jul 3, 2019.

154. "SpaceX wants to send people to Mars. Here's what the trip might look like.", Space.com, May 26, 2020.

155. "SPACEX MARS CITY: ELON MUSK HAS A BOLD MESSAGE FOR DOUBT-ERS", Inverse.com, Dec 22, 2020.

156. "Elon Musk drops details for SpaceX Mars mega-colony", Cnet, Jan 16, 2020.

157. "Inside Elon Musk's plan to build one Starship a week—and settle Mars", Ars Technica, Mar 5, 2020.

158. de Selding, Peter B. (Oct 5, 2016). "SpaceX's Shotwell on Falcon 9 inquiry, discounts for reused rockets and Silicon Valley's test-and-fail ethos". SpaceNews.

159. Foust, Jeff (Oct 10, 2016). "Shotwell says SpaceX "homing in" on cause of Falcon 9 pad explosion". SpaceNews.

160. "SpaceX is manufacturing 120 Starlink internet satellites per month", CNBC, Aug 10, 2020.

161. Henry, Caleb (Apr 26, 2019). "FCC OKs lower orbit for some Starlink satellites". SpaceNews.

162. "INVESTING IN SPACE: SpaceX says Starlink internet has 'extraordinary demand,' with nearly 700,000 interested in service", CNBC, Aug 1, 2020.

4장 인공지능 프로젝트: 인류를 생존의 위협에서 구하자

163. "SpaceX opens Starlink satellite internet to public beta testers: report", Space.com, Nov 5, 2020.

164. Copeland, Jack (Jun 18, 2012). "Alan Turing: The codebreaker who saved 'millions of lives'". BBC News Technology.

165. "Alan Turing. Biography, Facts, & Education". Encyclopedia Britannica.

166. Davies, Caroline "PM's apology to codebreaker Alan Turing: we were inhumane". The Guardian. Sep 11, 2009.

167. "Alan Turing And The Beginning Of AI", Encyclopedia Britannica.

168. "The Turing Test, 1950". turing.org.uk. The Alan Turing Internet Scrapbook.

169. Saygin, A. P.; Cicekli, I.; Akman, V. (2000), "Turing Test: 50 Years Later" (PDF), Minds and Machines, 10 (4): 463–518.

170. "Google Duplex: A.I. Assistant Calls Local Businesses To Make Appointments", You-Tube, May 9, 2018.

171. Good, I. J. "Speculations Concerning the First Ultraintelligent Machine", Advances in Computers, vol. 6, 1965.

172. "PressReader.com - Connecting People Through News". www.pressreader.com. Retrieved Aug 24, 2018.

173. Hod Lipson, "Why Most of Us Fail to Grasp Coming Exponential Gains in AI", Singularity Hub, Jul 15, 2018.

174. Dubash, Manek (Apr 13, 2005). "Moore's Law is dead, says Gordon Moore". Techworld.

175. "EMC News Press Release: New Digital Universe Study Reveals Big Data Gap: Less Than 1% of World's Data is Analyzed; Less Than 20% is Protected". www.emc.com. EMC Corporation. December 2012.

176. "Structured vs. Unstructured Data". www.datamation.com. Retrieved Oct 2, 2018.

177. "Solving Storage Just the Beginning for Minio CEO Periasamy", Datanami, Feb 1, 2017.

178. "Trends | Seagate US". Seagate.com. Retrieved Oct 1, 2018.

179. Tim Urban, „The AI Revolution: The Road to Superintelligence", waitbutwhy.com, Jan 22, 2015.

180. "Stephen Hawking warns artificial intelligence could end mankind", BBC News, Dec 2, 2014.

181. "New AI Can Write and Rewrite Its Own Code to Increase Its Intelligence", Futurism, Feb 16, 2017.

182. "This is how Facebook's shut-down AI robots developed their own language – and why it's more common than you think", Independent, Aug 1, 2017.

183. "The Neuron", BrainFacts.org, Apr 1, 2012.

184. Hopfield, J. J. (1982). "Neural networks and physical systems with emergent collective computational abilities". Proc. Natl. Acad. Sci. U.S.A. 79 (8): 2554–2558.

185. Ray Bernard, PSP, CHS-III , "Deep Learning to the Rescue", Security Info Watch, Mar 25, 2019.

186. "Deep learning vs. machine learning", Microsoft.com, Mar 5, 2020.

187. Schulz, Hannes; Behnke, Sven (Nov 1, 2012). "Deep Learning". KI - Künstliche Intelligenz. 26 (4): 357–363.

188. Prakash Patel - Dulari Bhatt "A Quick Look at Image Processing with Deep Learning", OpenSourceForU, Nov 7, 2017.

189. Better Medicine Through Machine Learning | Suchi Saria | TEDxBoston, Oct 13, 2016.

190. Brodie O'Carroll, "What are the 3 types of AI? A guide to narrow, general, and super artificial intelligence", CODEBOTS, Jan 31, 2020.

191. "Elon Musk, Blasting Off in Domestic Bliss", New York Times, Jul 25, 2020.

192. "A Brief History of Deep Blue, IBM's Chess Computer", Mental Floss, Jul 29, 2017.

193. Newborn, Monty (1997). Kasparov versus Deep Blue: Computer Chess Comes of Age (1st ed.). p. 287.

194. "DeepQA Project: FAQ". IBM. Retrieved Feb 11, 2011.

195. Hale, Mike (Feb 8, 2011). "Actors and Their Roles for $300, HAL? HAL!". The New York Times.

196. Upbin, Bruce (Feb 8, 2013). "IBM's Watson Gets Its First Piece Of Business In Healthcare". Forbes.

197. Johnson, George (Jul 29, 1997), "To Test a Powerful Computer, Play an Ancient Game", The New York Times.

198. Metz, Cade (Jan 27, 2016). "In Major AI Breakthrough, Google System Secretly Beats Top Player at the Ancient Game of Go". WIRED. Retrieved Feb 1, 2016.

199. "Google's AI Wins Pivotal Second Game in Match With Go Grandmaster". WIRED. 10 March 2016.

200. Hassabis, Demis; Siver, David (Oct 18, 2017). "AlphaGo Zero: Learning from scratch". DeepMind official website.

201. Matej Moravčík, Martin Schmid, Neil Burch, Viliam Lisý, Dustin Morrill, Nolan Bard, Trevor Davis "DeepStack: Expert-level artificial intelligence in heads-up no-limit poker", science, May 5, 2017.

202. Vinge, Vernor. "The Coming Technological Singularity: How to Survive in the Post-Human Era", in Vision-21: Interdisciplinary Science and Engineering in the Era of Cyberspace, G. A. Landis, ed., NASA Publication CP-10129, pp. 11–22, 1993.

203. Müller, Vincent C. and Bostrom, Nick (forthcoming 2014), "Future progress in artificial intelligence: A Survey of Expert Opinion", in Vincent C. Müller (ed.), Fundamental Issues of Artificial Intelligence (Synthese Library; Berlin: Springer).

204. Raymond Kurzweil, "The Singularity Is Near: When Humans Transcend Biology", Vi-

king, 2005.

205. "Elon Musk predicts World War III", CNN, Sep 5, 2017.

206. "Elon Musk, Google's DeepMind co-founders promise never to make killer robots", CNBC make it, Jul 20, 2018.

207. Muoio, Danielle (Jun 27, 2016). "Here are all the crazy-advanced robots built by Google's Boston Dynamics group". Business Insider. Retrieved Dec 22, 2019.

208. Liszewski, Andrew (Nov 7, 2013). "ATLAS: Probably the Most Advanced Humanoid Yet, Definitely Terrifying". Gizmodo. Retrieved Dec 22, 2019.

209. "Northrop Grumman's X-47A Pegasus Unmanned Vehicle Successfully Completes First Taxi Test" (Press release). Northrop Grumman Capitol Source. Jul 19, 2002.

210. "Why We Could Easily Have Another Flash Crash" (Press release). Forbes, Aug 9, 2013.

211. Artificial Intelligence: it will kill us | Jay Tuck | TEDxHamburgSalon, Feb 1, 2017.

212. "Elon Musk Answers Your Questions!", SXSW 2018, YouTube, Mar 12, 2018.

213. "Stephen Hawking warned Artificial Intelligence could end human race", The Economic Times, Mar 14, 2018.

214. "Bill Gates on dangers of artificial intelligence: 'I don't understand why some people are not concerned'", The Washington Post, Jan 30, 2015.

215. "Elon Musk talks cars and humanity's fate with governors", CNBC, Jul 16, 2017.

216. "Elon Musk warns that creation of 'god-like' AI could doom mankind to an eternity of robot dictatorship", Business Insider Australia, Apr 7, 2018.

217. "Tech billionaires clash over the future of AI: Google founder Larry Page slams Elon Musk's 'speciesist' concerns that killer robots will wipe out humanity, claiming the idea could 'delay the digital utopia'", Dailymail, Oct 25, 2020.

218. "Kurzweil Claims That the Singularity Will Happen by 2045, Get ready for humanity 2.0.", Futurism, Oct 5, 2017.

219. "Facebook CEO Mark Zuckerberg: Elon Musk's doomsday AI predictions are 'pretty irresponsible'", CNBC make it, Jul 24, 2017.

220. "Elon Musk says Mark Zuckerberg's understanding of AI is 'limited'", CNN, Jul 25, 2017.

221. Aaron Saenz. "We Live in a Jungle of Artificial Intelligence that will Spawn Sentience", SingularityHub, Aug 10, 2010.

222. Bostrom, Nick (2003). "Ethical Issues in Advanced Artificial Intelligence".

223. Miles, Kathleen (Aug 22, 2014). "Artificial Intelligence May Doom The Human Race Within A Century, Oxford Professor Says". Huffington Post.

224. Cade Metz (Apr 27, 2016). "Inside OpenAI, Elon Musk's Wild Plan to Set Artificial Intelligence Free". Wired magazine. Retrieved Apr 28, 2016.

225. "Tech giants pledge $1bn for 'altruistic AI' venture, OpenAI". BBC News. Dec 12, 2015. Retrieved Dec 19, 2015.

226. "OpenAI Charter", openai.com, Apr 9, 2018.

227. Vincent, James "Elon Musk leaves board of AI safety group to avoid conflict of interest with Tesla". The Verge, Feb 21, 2018.

228. "OpenAI LP". OpenAI. Mar 11, 2019.

229. "Microsoft Invests In and Partners with OpenAI to Support Us Building Beneficial AGI". OpenAI. Jul 22, 2019.

230. "The messy, secretive reality behind OpenAI's bid to save the world", MIT technology Review, Feb 17, 2020.

231. "Elon Musk just criticized the artificial intelligence company he helped found — and said his confidence in the safety of its AI is 'not high'", business Insider, Feb 19, 2020.

232. Hern, Alex (Feb 14, 2019). "New AI fake text generator may be too dangerous to release, say creators". The Guardian. Retrieved Feb 14, 2019.

233. Bussler, Frederik (Jul 21, 2020). "Will GPT-3 Kill Coding?". Towards Data Science. Retrieved Aug 1, 2020.

234. Simonite, Tom (Jul 22, 2020). "Did a Person Write This Headline, or a Machine?". Wired. ISSN 1059-1028. Retrieved Jul 31, 2020.

235. "A robot wrote this entire article. Are you scared yet, human?", the Guardian, Sep 8, 2020.

236. "Elon Musk launches Neuralink, a venture to merge the human brain with AI". The Verge. March 27, 2017. Retrieved Apr 10, 2017.

237. Tim Urban, "Neuralink and the Brain's Magical Future", WaitButWhy, Apr 20, 2017.

238. " 'If you can't beat them join them': Elon Musk says our best hope for competing with AI is becoming better cyborgs (TSLA)". Business Insider, Aug 29, 2019.

239. "Elon Musk: Neuralink, AI, Autopilot, and the Pale Blue Dot | Lex Fridman Podcast #49", youtube.com, Nov 13, 2019.

240. Joe Rogan Experience #1470 - Elon Musk, youtube.com, Streamed live on May 8, 2020.

241. "Watch Elon Musk's ENTIRE live Neuralink demonstration", Cnet / YouTube, Aug 28, 2020.

242. "Brain implants allow paralysed patients to move limbs", Financial Times, Mar 5, 2018.

243. "Top 8 Neuralink Competitors Everyone Should Track", Analytics India Magazine, Jul

24, 2019.

244. "The competitors to Elon Musk's Neuralink in the race to link human and machine", MedCity News, Jul 24, 2019.

245. "Elon Musk's brain-computer interface company Neuralink has money and buzz, but hurdles too", CNBC Make it, Dec 5, 2020.

일론 머스크와 **지속가능한 인류의 미래**

초판 1쇄 발행 2021년 1월 29일
초판 5쇄 발행 2024년 8월 22일

지은이 권종원
펴낸이 안현주

기획 류재운 **편집** 안선영 김재열 **브랜드마케팅** 이승민 이민규 **영업** 안현영
디자인 표지 최승협 본문 장덕종

펴낸 곳 클라우드나인 **출판등록** 2013년 12월 12일(제2013-101호)
주소 우) 03993 서울시 마포구 월드컵북로 4길 82(동교동) 신흥빌딩 3층
전화 02-332-8939 **팩스** 02-6008-8938
이메일 c9book@naver.com

값 17,000원
ISBN 979-11-91334-00-5 03320

* 잘못 만들어진 책은 구입하신 곳에서 교환해드립니다.
* 이 책의 전부 또는 일부 내용을 재사용하려면 사전에 저작권자와 클라우드나인의 동의를 받아야 합니다.

* 클라우드나인에서는 독자 여러분의 원고를 기다리고 있습니다.
  출간을 원하시는 분은 원고를 bookmuseum@naver.com으로 보내주세요.

* 클라우드나인은 구름 중 가장 높은 구름인 9번 구름을 뜻합니다. 새들이 깃털로 하늘을 나는 것처럼 인간은 깃
  펜으로 쓴 글자에 의해 천상에 오를 것입니다.